JN265406

津野倫明

長宗我部氏の研究

吉川弘文館

目次

はしがき

戦国〜豊臣期における土佐の大名長宗我部氏の政治・外交を考察すること、これが本書の主題である。主題に関する研究史は本書各章において詳説しているので、ここでは本書が長宗我部氏研究に占める位置を端的に述べておきたい。誤解をおそれず比喩的にいうならば、本書は泰斗山本大氏の研究に対する挑戦者である。一九六〇年上梓の代表作『長宗我部元親』(1)の所論が一九九〇年代においても通説であったことに象徴されるように、山本氏の研究は偉大であった。その研究に対峙して新説を唱えようなどという営為は文字どおり「蟷螂が斧」であろう。ただ、長宗我部氏研究は長足の進歩をみせた他の大名研究とは一線を画していた観もあり、いわばガラパゴス現象が生じていた。もし、本書の所説に幾許かでも意義が存在するならば、その要因はかかる研究状況にあると思われる。

本書には著者が一九九六年から二〇一〇年にかけて発表してきた九編の旧稿と補論二編の新稿が収録されている。そのため、体系的叙述にはなっておらず、また初出時の発表媒体のちがいなどによる文体・用語・体裁の不統一もある。これらの統一は最低限にとどめ、旧稿は原則として書き直しをせず、ほぼ原文のまま収録した(2)。よって、少なからぬ過誤を残しており、訂正を要する場合には補註を加えている。

その補註が示すように、大幅に書き直すべきであったかもしれない旧稿もある。これらをあえて右のように収録する理由について説明しておこう。まず、研究の軌跡を抹消してはならないと判断したからである。旧稿の発表媒体は容易には入手できないものもあり（本書「あとがき」参照）、大幅な書き直しは過誤も含めて軌跡をたどることを困難にしてしまうであろう。また、このことと関連して、研究史における旧稿の意義を有耶無耶にしてはならないと判断したからである。私見を支えているのは、次の至言である。[3]

> 学問のばあいでは、自分の仕事が十年たち、二十年たち、また五十年たつうちには、いつか時代遅れになるであろうということは、だれでも知っている。これは、学問上の仕事に共通の運命である。いな、まさにここにこそ学問的業績の意義は存在する。たとえこれとおなじ運命が他の文化領域内にも指摘されうるとしても、学問はこれらのすべてと違った仕方でこの運命に服従し、この運命に身を任せるのである。学問上の「達成」はつねに新しい「問題提出」を意味する。それは他の仕事によって「打ち破られ」、時代遅れとなることをみずから欲するのである。学問に生きるものはこのことに甘んじなければならない。（後略）

旧稿のなかには「打ち破られ」、「時代遅れ」となったものがあるかもしれない。[4] しかし、それゆえにこそ、これらには研究史における「達成」「問題提出」としての意義が認められてよいであろう。また、部分的に「打ち破られ」ることは、必ずしも「時代遅れ」となることと同義ではなかろう。[5]

各章の配列順はそれぞれの対象時期の時系列に概ねしたがっているが、もともとは個別の論考として発表したものなので、関心を持った順に読んでも理解しうると考えている。後述のごとく、第二章と第三章は逆順に読んだほうがむしろ理解しやすいかもしれない。以下、各章の概要を紹介してゆこう。

第一章「小牧・長久手の戦いと長宗我部氏」では、天正一二（一五八四）年に勃発した小牧・長久手の戦い当時における長宗我部氏の動向について論じる。実戦としては過小評価されてきたこの戦いに際して、長宗我部氏は羽柴秀吉に対抗する者という観点から織田・徳川同盟を選択した。また、当時の長宗我部氏は伊予のみならず讃岐・阿波も完全には統合していなかった。かかる状況をふまえると、長宗我部側にとっての同盟の意義として三つの利点を指摘しうる。すなわち、伊予金子氏に自陣営の優勢を伝えることで離反を回避する、秀吉と微妙な関係にあった毛利氏の大攻勢をうけない、秀吉はこの毛利氏への対応と長宗我部勢渡海への警戒のため長宗我部攻撃を十全に展開できない、これらである。こうした意義に着目すると、小牧・長久手の戦いは実戦レベルでも「大規模な戦役」であったと評しうる。なお、依拠した刊本の釈文に誤読があったため、讃岐・阿波の統合に関する私見は批判された。誤読に関連する発言は撤回すべきであるが、両国の統合に関する私見も否定されたかのごとき見解は容認しがたい。そこで、私見の修正と反論をするために、補論一「長宗我部氏による讃岐・阿波統合の状況」を今回執筆した。

第二章「長宗我部権力における非有斎の存在意義」では、滝本寺の僧非有斎の長宗我部権力における存在意義について、同じ滝本寺の僧栄音の動向も視野におさめて論じる。戦国期、栄音が外交の面で活躍したのに対して、非有斎は支配行政の面で手腕を発揮していた。それゆえ、領国の支配体制強化が最重要課題となった豊臣期には非有斎が台頭してゆくことになる。その背景としては、第三章で論じてゆく状況のほか、豊臣政権への服属後に当主の留守期間が長期化したこともあげられる。

第三章「豊臣期における長宗我部氏の領国支配」では、非有斎に注目して、豊臣期における長宗我部氏の権力構造や領国支配について論じる。当時、長宗我部氏は一族や家老を支柱とする旧来の分権的な支配体制を否定し、奉行人組織を備える集権的な支配体制を確立しようとしていた。この新体制のもと非有斎は多岐にわたる権限を行使した。その権勢は当主元親らの信頼によるもので、非有斎は出頭人とみてよく、かかる非世襲性を帯びた僧侶は権力を集中しつつあった当主にとり好都合の存在であった。配列は前後するが、本章は議論としては第二章の前提をなすものであり、こちらから読んでもよいと思われる。

第四章「長宗我部盛親の家督相続」では、豊臣期における長宗我部権力の元親・盛親父子による「二頭政治」について論じる。領国支配などに関する諸権限、両人に対する呼称、盛親の花押変遷など家督相続を考察するための視角を提示しつつ、知行宛行権は移譲されるものの、盛親への代替わりは一挙にはなされなかった状況を明らかにする。さらに、盛親は豊臣政権から家督継承者として認知されていなかったとみる私見を提示する。

第五章「慶長の役における長宗我部元親の動向」では、慶長の役における元親ら長宗我部勢の動向について論じる。ここ数年、朝鮮出兵とくに慶長の役に関する研究にも携わってきた。(6) それは、朝鮮出兵に関する研究が文禄の役あるいは講和交渉期でとどまる傾向にあり、慶長の役における渡海諸将の基本的な動向の解明が課題として残されていたからである。長宗我部氏も例外ではなかった。そこで、本章では全州会議の諸決定を明示し、それらに注目しつつ、長宗我部勢の動向を明らかにする。

第六章「軍目付垣見一直と長宗我部元親」では、第五章で明らかとなる元親らの動向を前提として、慶長の役における軍目付垣見一直と元親との関係について論じる。新出の一直宛元親書状や豊臣秀吉による論功行賞などを分析してゆくと、一直と元親とが慶長の役の最中に険悪な関係になったとするエピソードは虚構とみなすほかない。むしろ、元親は軍目付一直に対する平身低頭の態度を堅持していたとみるべきである。なお、かかる両者の関係をふまえつつ軍目付研究の作業仮説も提示する。

第七章「朝鮮出兵期における造船に関する一試論」では、朝鮮出兵期における豊臣政権の造船政策と長宗我部領国土佐との関係について論じる。政権の造船命令に関する一連の文書を分析すると、その発令は慶長三（一五九八）年であり、「七端八端帆」の船二五〇艘の建造が命じられていた事実が判明する。さらに、その建造の場は土佐であり、豊臣政権が律速因子の問題を解決するなどして「造船地帯」を形成しようとしていた様相も明らかとなる。

第八章「南海路と長宗我部氏」では、看過されてきた元親宛書状写を分析し、南海路と長宗我部氏との関係について論じる。この書状写の年次は天正四年に比定され、また発給者は島津義久と判断される。その内容からは義久が大名管理下の廻船往来を元親に提案していた事実が判明する。秀吉に服属したのちも長宗我部氏は島津氏への「大船」進上が示すように南海路に執心しており、これと右の事実をふまえると、長宗我部氏と島津領あるいは島津氏との交流には二つの大きな意義が看取される。それは、一条と大友・伊東との協調に対する軍事・経済の両面における対抗策、そして明・琉球などとの国際交易への長宗我部氏の参入である。

第九章「安国寺恵瓊の虚像と実像」では、恵瓊大名説を否定して恵瓊の実像を提示しつつ豊臣政権や毛利権力の特質について論じる。恵瓊は秀吉と「雇」関係にあり、その恵瓊が豊臣政権の「取次」と共通する役割を担っていたように政権の政治体制は機構としては未熟であった。豊臣政権下の毛利権力では当主輝元の権力が強化されてゆき、その過程で輝元とのパーソナルな関係を有する「なりあがり」の者や豊臣政権の政策を受け入れる「窓口」となりうる者が権力中枢を構成するようになる。輝元の帰依僧でもあった恵瓊にはこれらの者と共通する性格が認められ、彼もまた権力中枢を構成していた。恵瓊は当時の毛利権力における政治動向を具現する存在であったといえる。その恵瓊は輝元の出頭人とみなされ、長宗我部権力における非有斎との類似性が注目される。旧稿に対しては恵瓊大名説の立場から批判が提示された。そこで、旧稿発表後に接した史料も紹介しつつ私見を述べるために、補論二「恵瓊大名説の再検討」を今回執筆した。

本書を「長宗我部氏の研究」と命名した。このいたってシンプルかつ不敵な書名の所以は、右で紹介のごとくほぼ一貫して長宗我部氏を主な対象とする内容、体系的叙述とはなっていないスタイル、そして冒頭に掲げた主題にある。

註

（1）山本大『長宗我部元親』（吉川弘文館、一九六〇年）。

（2）第一章は藤田達生編『小牧・長久手の戦いの構造戦場論上』（岩田書院、二〇〇六年）に掲載されたバージョンではなく、平成一三～一六年度科学研究費補助金（基盤研究（A）（1））「近世成立期の大規模戦争と幕藩体制」（研究代表者藤田達生）の研究成果報告書『近世成立期の大規模戦争と幕藩体制』（二〇〇五年）に掲載されたバージョンを収録した。後者の電子データのみが手元に保管されていること、前者は編集方針により体裁が変更されたものであること、これらが理由である。また、第五章については今回の収録にあたり図を加えた。

（3）マックス＝ウェーバー著・尾高邦雄訳『職業としての学問』（岩波書店、一九三六年）二九～三〇頁。

（4）本書収録の旧稿を批判している主な研究としては平井上総『長宗我部氏の検地と権力構造』（校倉書房、二〇〇八年）をあげておく。

（5）たとえば、註（4）平井著書で批判されている第二・三章のもとになった旧稿は、森脇崇文「豊臣期大名権力の変革過程」（『ヒストリア』第二二五号、二〇一一年）において豊臣期大名権力の集権化に着目する研究の先例としてあげられている。

（6）朝鮮出兵に関する拙稿のうち、本書に収録されていないものを発表順に掲げておく。「蔚山の戦いと秀吉死後の政局」（『ヒストリア』第一八〇号、二〇〇二年）。「文禄・慶長の役における毛利吉成の動向」（高知大学人文学部人間文化学科『人文科学研究』第九号、二〇〇二年）。「慶長の役における黒田長政の動向」（『海南史学』第四二号、二〇〇四年）。「朝鮮出兵の在番体制に関する一朱印状写」（『日本歴史』第六八四号、二〇〇五年）。「慶長の役における鍋島氏の動向」（『織豊期研究』第八号、二〇〇六年）。「朝鮮出兵と長宗我部氏」（『LIBERATION』VOL. 5、二〇〇七年）。「朝鮮出兵と西国大名」（佐藤信・藤田覚編『前近代の日本列島と朝鮮半島』山川出版社、二〇〇七年）。「慶長の役における「四国衆」」（地方史研究協議会編『歴史に見る四国』雄山閣、二〇〇八年）。「壬辰倭乱の原因・目的に関する日本の諸学説」（『日本学』第二八輯、二〇〇九年）。「黒田長政宛鼻請取状について」（高知大学人文学部人間文化学科『人文科学研究』第一七号、二〇一一年）。「朝鮮出兵と長宗我部氏の海洋政策の一断面」（高知大学人文学部「臨海地域における戦争と海洋政策の比較研究」研究班編『臨海地域における戦争・交流・海洋政策』リーブル出版、二〇一一年）。

第一章　小牧・長久手の戦いと長宗我部氏

はじめに

天正一二（一五八四）年三月に勃発した小牧・長久手の戦いに関して花見朔巳氏は「或る意味を以て言へば非常な大規模な戦役であるが、又見方に依つては甚だ小規模の戦とも言はれるであらう」「啻に交戦部隊の進退駈引のみならず、その遠大なる外交戦等について仔細に観察すべきである」と指摘し、中村孝也氏も「外交戦の駈引の間に戦はれた軍事戦である。故に軍事戦の方だけより見れば、さつぱり見栄えがないが、戦争の性格の複雑さからいへば、非常に興味がある。敵も味方も宣伝に憂き身を窶してゐるからである」と指摘し、ともに外交戦として分析する視点を提唱した(1)。これは両氏が、狭義の当事者である秀吉と信雄・家康が軍事的には雌雄を決しなかった事実、その一方で両者が広範に諸勢力と同盟・友好関係を構築していた事実に着目したからで、この戦いの特質の一つが外交戦であった点に異論はなかろう(2)。

ただ、かかる特質があまりに強調される傾向に対して三鬼清一郎氏が「この戦役の評価は必ずしも高いものではないが、表面的事象のみを云々し、結果論的な判断におちいっていないだろうか」と警鐘を鳴らしており、近年これをうけて戦いの経過を具体的に検討した白峰旬氏は尾張だけでなく美濃・伊勢も戦域であった実態を明らかにし、「東海戦役」なる呼称を提唱した(3)。ようやく、小牧・長久手以外の地域における戦闘もこの戦いの一環として分析する視点が明示されたのであり、これを前記の視点とともに継承しつつ、検討の対象をより遠隔地域に拡大してゆくことが新たな課題であると考えられる。当時は北国・西国などでも紛争は頻発していたのであるが、ところが、これらと小牧・長久手の戦いとの関係については十分に検討されてこなかった。四国統合を進める長宗我部勢力とその対抗勢力との対立を軸として展開された紛争の場合もまたしかりで、長宗我部—織田・徳川同盟にもとづく長宗我部勢の畿内方面への渡海計画を織田・徳川側が盛んに喧伝し、外交戦に利用した点は注目を集めてきたものの、この同盟関係が一方の長宗我部側ひいては四国情勢に与えていた影響は看過されがちであった。

そこで、本章ではこの同盟関係を重視しつつ当時の長宗我部氏の動向を検討することで小牧・長久手の戦いが四国情勢に与えていた影響を明らかにしてゆくが、具体的には、なにゆえ長宗我部氏は織田・徳川氏との同盟を選択したのか、戦い当時の長宗我部氏による四国統合はいかなる状況にあったのか、さらに長宗我部側にとってこの同盟関係にはいかなる意義が存在したのか、これらの諸問題を主たる考察の対象とする。かかる考察を通じて、この戦いが有したもう一つの特質を解明することを本章の課題としたい。

1　長宗我部—織田・徳川同盟の前提

天正九（一五八一）年六月、織田政権は対四国政策を大きく転換した。藤田達生氏の研究(4)によれば、それまで信長は明智光秀を仲介者として長宗我部氏と友好関係を結んでおり、長宗我部氏による阿波・讃岐の三好勢力の掃討を承認していたが、急遽、三好氏を援助するよう長宗我部氏に伝えたのであり、これは断交宣言ともいうべきものであった。その政策転換は秀吉の画策によるとみなされており、実際に長宗我部攻撃の指揮をとったのも秀吉であった。

淡路・阿波に派遣されたのは黒田孝高・生駒親正・仙石秀久・明石則実らの部隊であり、同年一〇月の時点[補註1]で秀吉は淡路の志智城に進駐した孝高(5)に次のように指示していた。

史料A(6)

書中令披見候、来島一書口上之趣聞届、委細申遣候、随而木津・土佐泊兵粮之事、申付相渡候、右両城玉薬事、先度書付候分、是又申付候、其元弥丈夫ニ可被申付事、専一候、讃州表事、敵引退候由、可為其分候、猶追而様子可被申越候、恐々謹言、

筑前守

秀吉（花押）

十月十日

黒田官兵衛《(孝高)》殿

ここで秀吉は孝高に篠原自遁・森村春がそれぞれ在城する木津城と土佐泊城への兵粮・玉薬の輸送を命じており、阿波の三好勢力を支援していたことが知られる。このような四国政策の転換に対して長宗我部氏は伊予東部を勢力圏とする金子氏と同盟関係を結び(7)、四国統合を進めるとともに織田政権への対決姿勢をとるようになる。また、これ以前より長宗我部氏はやはり織田政権と対立していた毛利氏との間にも「芸土入魂」といった友好関係を構築しており(8)、この関係は微妙な変化をみせつつ、小牧・長久手の戦い当時の四国情勢に影響を与えてゆく。

天正一〇年、信長は三男信孝を指揮官とする本格的な長宗我部攻撃を開始しようとしていた。五月七日に信長はその信孝に対して、讃岐は信孝、阿波は三好康長にそれぞれ与え、伊予・土佐の措置は自身が淡路に出陣した際に発表すると伝えていた(9)。長宗我部勢力はすでに康長ら先遣部隊により阿波で劣勢に追い込まれており、本隊渡海が実現すれば危機を迎えていたであろうが、渡海の直前に本能寺の変がおこった。変の一因は親長宗我部の立場をとっていた

光秀が四国政策の転換により窮地に立たされた点に求められるのであり、その意味で決して偶然この時期に変はおこったのではなく[10]、危機を脱した長宗我部勢力は優勢となり、九月には三好勢力を統率していた十河存保を阿波から讃岐に敗走させた。

周知のとおり、変ののち光秀を討った秀吉は信長後継者争いでまず信孝・柴田勝家、ついで信雄・家康と対立することになるが、その過程で秀吉は以前より自身が推進してきた長宗我部攻撃の方針を継続していた。天正一一年四月にも秀吉は讃岐引田に仙石秀久の部隊を派遣するなど十河勢力を支援しており、以降もこうした支援は続いてゆく。以上のように天正九年以降、秀吉は四国政策に関しては長宗我部攻撃という方針を貫いており、長宗我部氏にとって秀吉は織田政権の部将であった頃も含めてまさに不倶戴天の敵だったのである。その秀吉が自己の政権を確立した場合には、事実そうであったように本格的な長宗我部攻撃が開始されることになる。それゆえ、長宗我部氏は信長後継者争いが展開される過程で秀吉に対抗する者といった観点から、まず信孝・勝家と連携し[11]、そして小牧・長久手の戦いに際しては信雄・家康と同盟する道を選んだのである。この信雄・家康との同盟関係がのちの長宗我部氏ひいては四国情勢に大きな影響を与えてゆく。

2　長宗我部氏による四国統合の状況

かつては、天正一三（一五八五）年春の伊予河野氏の降伏をもって、長宗我部氏による「四国統一」が完了したとされていた。しかし、藤田達生氏の研究[12]により、河野氏の降伏は史実ではなく、長宗我部氏は伊予を統合しておらず、それゆえ「四国統一」説も成立しえないことが明らかにされた〔補註2〕。ところが、これ以降も阿波・讃岐の状況については再検討が加えられてこなかった。「四国統一」説をとる諸研究は当然ながら長宗我部氏による阿波・讃岐の統合を指摘しており、たとえば山本大氏は天正一〇年九月に勝瑞城の十河存保が讃岐に敗走し、岩倉城も落城したことで「阿波一国の完全制覇」がなった、さらに同一二年六月に「十河・虎丸等の諸城の陥落によって、全讃岐の制覇」がなったと述べており、『高知県史』『香川県史』にも同様の記述がある(13)。また、藤田氏も「元親は、讃岐に逃れた十河存保を追放し、同国を完全に掌握した」と述べるように阿波・讃岐の統合は達成されたとみている(14)。

まずは讃岐の情勢から再検討しよう。かねてより、「全讃岐の制覇」「完全に掌握」といった讃岐統合説とは相容れない指摘が存在してきた。『香川県史』は統合説をとりながらも、虎丸城は落城しなかったと指摘しており、『香川県の地名』「虎丸城跡」の項は落城説を掲げつつ、「若一王子大権現縁起（若王寺蔵）には、元親軍はついに虎丸城を攻め落すことはできなかったとある」とも指摘している(15)。たしかに『元親記』『十河物語』などは十河勢力の讃岐退去を記すものの、『長元記』やその系統の『長元物語』『土佐軍記』には異なる記述がみられる。たとえば、『長元記』には「三好存保を阿波の勝瑞より讃州虎丸へ送り、其以後存保土佐へ降参も無シ。此虎丸一城元親公御手不入。其後従秀吉公四国陣の時、存保を被召出仙石権兵衛《秀久》与力に御付被成処也」とある(16)。『長元記』は潤色が少ない良質の軍記物であり、さらに長宗我部側の立場から作成された点を重視するならば(17)、やはり統合説は再検討が必要であろう。そこで、通説も依拠した一次史料を検証してみたい。

史料B(18)

六月十一日芳翰令披見祝著候、仍十川要害被攻崩之由珍重候、然上者、淡州へ被差渡、彼表之儀可被討果事専要候、羽柴濃州《秀吉》へ相越候間、可及一戦候、幸之儀候間被聞合、其口御行之儀簡要候、（中略）

八月十九日　　　　　　　　　　信雄（花押）

香宗我部（親泰）左近大夫殿

これは天正一二年の八月一九日付信雄書状である。宛所の親泰は長宗我部元親の実弟で、土佐国香美郡の香宗我部氏に入嗣し、阿波・讃岐攻略や外交を担当していた[19]。この書状からは、親泰が六月一一日付書状で十河城攻略を報じた事実が知られる。よって長宗我部勢力がそれ以前に十河城を攻略したのはまちがいなく、このことは次の史料からも確認しうる。

史料C[20]

猶以、淡州へ被差越、彼表被討果候、在陣尤候、其旨具承度候、

去十一日芳札、当月十五日ニ令拝見候、元親阿州迄御出馬、殊十川城被責落之由、祝著被申、以飛脚被申候、

（中略）

一淡州儀、先早々被及御行、可被討果事専一候、

（中略）

八月廿日　（織田）信張（花押）

香宗我部（親泰）左近大夫殿　御宿所

これは織田信張が親泰に送付した書状で、「去十一日芳札」とは史料Bからすると六月一一日付の信張宛親泰書状とみてよく、それへの返書にあたる[21]。この書状に「十川城被責落之由、祝著被申、以飛脚被申候」とあるように、信張は十河落城の報に接した信雄が「祝著」し、この旨を「飛脚」つまり史料Bで伝えたと述べているので、ここからも長宗我部勢力が六月一一日以前に十河城を攻略した事実が確認される。統合説は「十河・虎丸等の諸城の陥落によって、全讃岐の制覇」がなったと説くものの、一次史料から落城が確認されるのは十河城のみである。統合説は一部

の軍記物の所見を重視するあまり、十河落城をもって虎丸城も当然落城したとみなしてしまったのではなかろうか。ただ、一次史料から虎丸落城は確認しえないことを理由に、かかる見解を否定するのはいささか早計に過ぎよう。そこで、右の両書状の一〇日ほど前に発給された文書を検証してみたい。

史料D(22)

（前略）仍讃州表敵拘之城何も被責詰、一城被成置之由候、無比類儀候、然者、彼地落居之上、到淡州可有渡海之由専一候、此表之様子無替子細候間、不能懇説候、将亦当秋関東之諸勢相立候条、尚々諸口相示可押上候、（中略）尚本田弥八郎（本多正信）可令申候、恐々謹言、

八月八日　　家康（花押）

香宗我部左近（親泰）大夫殿

これは八月八日付家康書状で、「仍讃州表敵拘之城何も被責詰、一城被成置之由候」なる箇所からは長宗我部勢力が十河勢力を「一城」のみに包囲していた事実が判明する。この「一城」がもし十河城ならば、史料B・Cでその落城が知られる以上、十河勢力は讃岐から一掃されたことになる。しかし、この「一城」は十河城とは考えられないのである。

史料E(23)

（前略）仍其表之御様子、十河之城被取巻之前夜、義堅（十河存保）懸落、残党之備無正体之由候、万方御行可被差急之条、落居被仰付、大智表被取寄之由、誠ニ雖不始儀候、御粉骨不及是非候、其上至淡州可被及御行之段肝要候、（中略）

八月九日　　（本多）正信（花押）

香宗我部左近大夫殿《親泰》　御宿所

これは史料Dの副状にあたる八月九日付本多正信書状で、「十河之城被取巻之前夜、義堅懸落、残党之備無正体之由候」なる箇所からすると、十河落城はやはりまちがいない。ただ、「大智表被取寄」とあるように、そののち長宗我部勢は「大智表」に進攻していたのである。つまり、十河落城をもって十河勢力は即座に讃岐から退去したのではなく、「大智表」で抗戦を続けていたのである。してみると、史料Eは史料Dの副状なのであるから、問題の「一城」とは十河城ではありえず、「大智表」に存在した城と想定してよかろう。

不可解なことに、讃岐統合説をとる研究においては史料Eの「大智表」に関する部分は看過されてきた。管見の限りでは、この部分に言及したのは中村孝也氏のみで、「親泰は十河落城、存保の逃亡及び大智城攻囲のこと等讃岐における戦況を詳細に正信に書き送つたもののごとく」と解説している。(24) おそらく、かかる厳密な解釈を試みたのは中村氏だけで、とくに「大智城攻囲」は刮目すべき指摘である。ただ、「大智城」なる城は確認されず、肝心の「一城」を特定していない点で難を残している。「大智」と表記される讃岐の地名は見あたらないものの、読み「おおち」に該当する地名として「大内」があり、これを冠する大内郡は讃岐の東端に位置していた。(25)「大智城」とは、この大内郡とくに旧大内町（二〇〇三年に引田町・白鳥町と合併）にあった城と判断すべきで、まず山田郡の十河城ではありえない。ここで想起すべきはあの虎丸城で、その城跡は旧大内町に存在する。中村氏が「大智城」と指摘した城つまりは史料Dの「一城」とは、虎丸城にほかなるまい。

史料B〜Eの内容を整合的に解釈するならば、天正一二年の六月頃に長宗我部勢は十河城を攻略したものの、そこから存保が逃げ入った虎丸城については包囲するにとどまっていたと考えるほかなく、(26) 現に次の史料が示すように十河勢の抵抗は継続していた。

史料F（27）

（前略）讃至東方、馬を被出候、静謐案申候、貴所早速御出張候哉、仍先度国真方ニ拙夫へ御神書被下候、既貴方之御事、元親無二御馳走之上候、併如何ニ候哉、猶長久可得御意候、恐々謹言、

久武彦七
親直（花押）

七月十九日

金子備前《（備後）》守殿《（元宅）》　人々御中

これは同年の七月一九日付久武親直書状である。親直は長宗我部有力家臣であり、宛所の金子元宅は前述のごとく長宗我部氏と同盟関係にあった。まず注目されるのは「讃至東方、馬を被出候」なる箇所で、長宗我部勢が讃岐東部に出兵していた事実が知られる。これは十河勢による攻勢への対応とみるほかなく、しかもその攻勢は「静謐案申候」と親直が述べるように予断を許さぬものだった〔補註3〕。そこで、「貴所早速御出張候哉」とあるように、長宗我部側は元宅にも自身の出馬を要請していた。虎丸城を拠点とする十河勢は守勢一辺倒ではなく、かかる攻勢をとりさえしたのである。それを支援していたのは、秀吉であった。

史料G（28）

十河城江兵粮米遣候条、備前衆・千石権兵衛《（秀久）》遣候、然者、千石権兵衛申次第、警固之船相催、両三人可相越候、不可有由断候、恐々謹言、

筑前守
秀吉（花押）

六月十六日

小西弥九郎《（行長）》殿

石井与次兵衛殿

梶原弥助殿

これは同年の六月一六日付秀吉書状で、ここで秀吉は十河城に兵粮米を送付すべく宇喜多勢や仙石秀久を派遣しており、その輸送のために小西行長らに「警固之船」の用意を命じている。おそらくこの時点では十河落城の報が秀吉のもとには達していなかったため、かかる命令が発せられたのであろうが、重要なのは秀吉が十河援助を実施しようとしていた事実である。こうした援助は十河勢が讃岐から退去していたならば、時すでに遅しで以後は途絶したかもしれない。しかし史料Fが示すように十河勢は七月段階でも長宗我部勢に抵抗していたのであり、こうした抵抗は『長元記』などの記述もふまえるとその後も続いていたと判断される。この判断が妥当ならば、以後の秀吉による十河援助が確認されてしかるべきであろう。この点については、阿波の状況を検討しつつ述べてゆきたい。

阿波に関しては天正一〇年九月の存保の讃岐敗走と岩倉落城をもって長宗我部氏により統合されたとするのが通説であるものの、「阿波一国の完全制覇」といった統合説とは相容れない指摘が讃岐の場合と同様に存在する。『徳島県の地名』「土佐泊城跡」の項は「元親が阿波を制圧したときは当城が離島であったため落城を免れたと伝えられている。その後志摩守（森村春—津野註）は羽柴秀吉から兵糧補給を受けながら、阿波の浪人衆を多数城に迎え入れて浦々の警固を行った」としている。[29] その有力な根拠は次の史料である。

史料H[30]

八木弐百石、あわとさとまり（阿波土佐泊）しの（篠）原甚五・もりしまのかみ（森志摩守）かたへ、はりましかまつ（播磨飾磨津）にて可相渡者也、

天正十弐

十月十六日　秀吉（花押）

弥ひやうへ（浅野長政）

このように秀吉は天正一二年一〇月の時点で浅野長政に対して、播磨の飾磨で篠原甚五・森村春に兵粮二〇〇石を渡すよう命じている。甚五はかつて木津城に在城した自遁の一族とみられ、おそらく長宗我部勢が本能寺の変を契機に勢力を挽回するなかで土佐泊城に撤退していたのであろう。秀吉は天正九年一〇月に自遁が在城した木津城と村春が在城した土佐泊城への兵粮・玉薬の輸送を命じていたが、こうした篠原・森の両氏に対する支援は天正一二年一〇月の段階でも継続されていたのである。翌年に実施された本格的な長宗我部攻撃で秀長勢がまず土佐泊に上陸したこと、その秀長勢と長宗我部勢との緒戦が木津城包囲戦であったこと[31]、これらもふまえるならば、土佐泊城の非落城説にしたがうべきであろう。

以上のように、長宗我部氏は讃岐・阿波の両国を完全には統合しておらず、十河勢が秀吉の援助を背景に虎丸・土佐泊の両城を拠点として抗戦しており、それは長宗我部氏が伊予の同盟者に加勢を依頼するほど手強いものであった。

3　長宗我部—織田・徳川同盟の意義

十河勢力の攻勢に際して長宗我部氏は金子氏に加勢を依頼していたが、この金子氏は河野—毛利同盟さらにその背後にいる秀吉、これらの脅威に晒されはじめる。

史料Ⅰ[32]

（前略）

一[a]万一其表人数渡候ハヽ、阿讃両国之事をハ其表手宛にて候、当国之事ハ惣国元親を始、小田表・三間口・郡内

表迄可被打出覚悟にて候、其趣者筑へ懇申渡候、

（中略）

一方角へ御聞合も此節にて候、万々御心遣肝要候、必々急度仁体一人、可被差越候、追々可申談候、[b]其表人数渡候ハヽ、親泰（香宗我部）早々可被打出候、其内此方よりも一人は碯有仁可被申付候、[c]芸・道後、羽柴（秀吉）一味にて候共、一戦の事ハ可御心易候、十川ハ千石渡候て結句ハ城落去由候、従芸人数渡候て、又可得利運候、此方少も無油断、心遣被申渡候間、万々可御心易候、

一通直（河野）帰国之節、又ハ人数之彼方被打立候節、万々御心付奉待候、猶追々可得御意候、恐々謹言、

滝本寺

八月十八日　栄音（花押）

金備公（金子元宅）　御宿所

これは天正一二（一五八四）年の八月一八日付栄音書状である。栄音は元親・信親父子が旦那だった滝本寺の僧で、金子氏との交渉を担当していた[33]。同年二月より毛利勢力は伊予上陸を開始していたが、その交戦相手は長宗我部勢力ではなく河野・毛利の両氏に対抗する来島勢力の得居通幸らであった[34]。しかし、金子・長宗我部の両氏と河野氏は敵対しており、傍線部cが示すように毛利勢の来襲を警戒していた。そこで長宗我部側は、毛利勢来襲の場合には傍線部aのように「阿讃両国」の軍勢（傍線部bによれば親泰指揮下の部隊）[35]を派遣するプランを提示しているものの、前述のごとく当の金子氏に讃岐への出兵を依頼していた事実からすると、このプランは実施困難な窮余の一策であったと考えられる。

かかる長宗我部勢力の苦境をふまえると、畿内方面への渡海計画もまた実施困難であったと考えられよう。これま

で渡海計画に関しては、「四国統一」説を前提に実施直前であったかのように説明されてきた。(36) しかし、右のような苦境にあった長宗我部勢には渡海する余裕などなかったはずである。そもそも大毛島東部に位置し、鳴門海峡で淡路島の門崎と対峙する土佐泊が古来四国と淡路・紀伊を結ぶ要衝であったことからすると、(37) ここを占拠しえなかった長宗我部勢が畿内方面に渡海するのは無謀であろう。

ただ、同盟の当事者間で渡海計画があたかも実施直前のような情報が交換されていたのは事実である。しかし、「我々が戦争において入手する情報の多くは互に矛盾している、それよりも更に多くの部分は誤っている、そして最も多くの部分はかなり不確実である」と実戦も経験した軍事研究家が看破したように、(38) 古今東西を問わず戦時の情報は吟味を要する。渡海計画が実施困難だった事実をふまえるならば、むしろいかなる意図でそれが標榜されたのかを検討することが重要な課題であろう。前掲の史料B・C・D・Eにそれぞれ「淡州へ被差渡、彼表之儀可被討果事専要候」「淡州儀、先早々被及御行、可被討果事専一候」「到淡州可有渡海之由専一候」「至淡州可被及御行之段肝要候」とあるように、天正一二年八月の段階で織田・徳川側は長宗我部氏に淡路への渡海を促している。これらからすると、織田・徳川側は十河落城など長宗我部氏の優勢を知って渡海要請をはじめたかにも思われるが、じつはかかる要請は小牧・長久手の戦い当初よりなされていた。

史料J(39)

(前略) 徳川三河守(家康)関東表恣被相堅、御供可申候、今明之間尾州迄被罷越候、濃州、北国者越州・能州・越中何も不残御意次第ニ御請申候、徳川家康有御談合、不日ニ可有御上洛候、此時其表之儀、長宮(長宗我部元親)被仰談、淡州迄有御動、可成程御行専用候、従其方芸州迄可被仰届候、未被仰通候間、御書不被遣候、其方へは以直書被仰候、自今以後深重可被仰通候、万方入眼候間、可御心安候、此時御忠節専用候、恐々謹言、

三月七日　　　　　　左兵衛佐（織田信長）（花押）

香宗我部安芸（ママ）守（親泰）殿

これは天正一二年の三月七日付信張書状で、省略部分では信雄が津川義冬・浅井長時・岡田重孝の三名を秀吉に通じた者として三月六日に処分した旨が伝えられており、まさに小牧・長久手の戦い勃発当時のものである。この書状に「此時其表之儀、長宮被仰談、淡州迄有御動、可成程御行専用候」とあるように、すでに戦い当初より織田・徳川側は長宗我部側に淡路への渡海を要請していた。ところで、ここまで検討した文書はいずれも織田・徳川側が発給したものなので、渡海は織田・徳川側の単なる要請だったかのようにもみられる。しかし、同年の八月一九日付書状[40]で本多正信は親泰に対して「其表之儀、淡摂播之間御手寄次第御行之儀可在之旨、肝要至極候」と述べており、この書状が「自貴国御誓詞被差越候」つまり家康への起請文の送付をうけて発給された点からすると、その起請文では淡路さらには摂津・播磨に長宗我部勢が渡海する旨も誓約されていたと判断しうる。畿内方面への渡海は織田・徳川側の単なる要請ではなく、長宗我部側も実施を表明した計画だったのである。長宗我部側が渡海する意向を表明した点で注目されるのが同年の六月一八日付元親書状[41]で、元親は根来寺に対して「当手淡州手段事、五搦湊中、可為筈合次第候」と伝えている。六月に十河城を攻略したのち元親は同盟関係にあった雑賀衆との打ち合わせどおり淡路に渡海する意向を表明していたのである。畿内方面への渡海は織田・徳川側からの単なる要請ではなく長宗我部側も標榜する計画で、しかも雑賀衆との事前協議さえなされていた。しかし、その実施は困難であったと判断される。では、なにゆえ長宗我部氏は渡海計画を標榜し続けていたのであろうか。

ここで長宗我部氏との同盟が織田・徳川側にもたらしていた利点を考えてみよう。家康とその家臣大久保忠隣は天正一二年の三月二五日に下野の皆川広照に書状[42]を送っており、家康は「五畿内・紀州・西国・中国悉調略之子細数多候条、万方按合、上洛不可有程候」、忠隣は「将又上方之調略、五畿内・北国・紀州・四国・西国被示合候、入洛不可有程候、根来・雑賀・四国相談、到泉州・河州表及行候間、筑前守到途中雖罷出候、失治術無一行、徒在滞候」と述べている。これらの所見に着目して中村孝也氏は次のように指摘した。(43)

> これらの文書は、この戦争が、宣伝戦の性格を有してゐることを示してゐる。遙か遠方なる下野の皆川広照に対して、（中略）、畿内・紀州・西国・中国・四国・北国とも提携して不日上洛すべく、出動した秀吉も施すに術なく、困惑してゐる（ママ）。その中に快心の勝利を挙げるであらうと申し送つて、自己に対する信頼感を強化せしめようとしてゐる。これは反家康の立場にある上杉景勝に対する示威にもなり、東方諸豪の蠢動を抑へることにもなる。

まさに傾聴すべき指摘で、広範な同盟関係の存在を宣伝することは、自陣営の拡大や敵陣営への牽制といった効果を発揮するのであり、右の両書状が写として「佐竹文書」に残された点からするとその波及効果も見逃せない。とくに忠隣書状では根来・雑賀などの紀州勢力による和泉方面への進攻に長宗我部勢もすでに参加しているかのように宣伝されているが、この時点で長宗我部勢は十河城すら攻略していない。してみると、渡海が実施されるにしたことはないが、むしろその計画を標榜している事実にこそ同盟の最大の利点が存在したことになろう。それゆえ、織田・徳川氏との同盟関係を維持しようとする長宗我部氏には計画を標榜し続けることが求められたのである。では、なにゆえそこまでして長宗我部氏は同盟関係を維持する必要があったのだろうか。この点について、右の中村氏の指摘も念頭におきつつ、長宗我部側にとっての利点を考えてみたい。

金子氏は前述のごとく河野氏とその同盟者毛利氏さらに秀吉の脅威に晒されていた。そこで、前掲の史料Fに「拙夫へ御神書被下候」とあるように、元宅は長宗我部氏との同盟関係を再確認すべくその有力家臣久武親直に起請文を送付し、それをうけて親直も元宅に「御進退之儀、自今以後随分可令馳走事」などを誓約する起請文を送付した。(44) これは史料Ｆに「既貴方之御事、元親無二御馳走之上候、併如何ニ候哉」とあるように、親直が訝るほどの慎重さであり、金子氏がいかに脅威にさいなまれていたかが知られる。そのため、史料Ｉの傍線部ｃで栄音は「十川ハ千石渡候て結句ハ城落去由候」とかつての戦果をあげつつ、「芸・道後、羽柴一味にて候共、一戦の事ハ可御心易候」「従芸人数渡候て、又可得利運候、此方少も無油断、心遣被申渡候間、万々可御心易候」と強気の言辞を弄して金子氏を安堵させようとしたのであり、かかる長宗我部側の対応は次の史料にもみられる。

史料Ｋ(45)

今度至三間表少々人数申付候処、深田之城責詰去十一日ニ令落去、在々所々立毛等苅掃無所残、発向勝利由注進候、次従道後郡内表へ可相働由、伝説之旨申来候、其辺如何相聞候哉、自然於相働者、此度無御由断、道前口被取発尤候、何も道後之催候者、可示給候与令(不可脱カ)由断候、芸辺事此比如何風聞候哉、上辺之儀東国弥勝手之由候、近日三介殿(信雄)・家康より御使者候て、深重御入魂之旨御懇状共候、佐々内蔵介(成政)、加賀・越中・能登其外一味之旁差競由厳重相聞候、其辺何等之説共候哉、(中略)

九月十五日　　長宮元親(花押)

金備(金子元宅)□　(御)□宿所

これは天正一二年の九月一五日付元親書状である。傍線部に「上辺之儀東国弥勝手之由候、近日三介殿・家康より御使者候て、深重御入魂之旨御懇状共候、佐々内蔵介、加賀・越中・能登其外一味之旁差競由厳重相聞候」とあるように、元親は元宅に対して自身と同盟関係にある織田・徳川側の優勢を伝えている。続く箇所に「其辺何等之説共候哉」とあるように元親も織田・徳川側からの情報に一抹の不安を感じているようではあるが、毛利氏の背後にいた秀吉と敵対するこれらの優勢を伝えることで、金子氏に安心感を与えて長宗我部氏への信頼感を強化しようとつとめていたのである。書状の冒頭で深田城攻略など伊予南部における自軍の戦果を伝えたのも、単なる戦況報告ではなく同様の効果をねらったものと解されよう。もし、金子氏が離反するようなことになれば、当時すでに苦境にあった長宗我部氏は窮地に立たされる。この事態を回避すべく長宗我部氏は前述のような窮余の一策を提示するとともに、自軍だけでなく遠く離れた自陣営の優勢を伝えていたのである。まず、ここに長宗我部側にとっての長宗我部—織田・徳川同盟の利点がある。

今一つの利点は毛利勢力に対する掣肘である。天正一〇年六月に秀吉と高松城講和を結んだ毛利氏は小牧・長久手の戦いに際して小早川秀包を尾張に出陣させるなど秀吉にしたがう姿勢をとっていたものの、秀吉が提示する中国国分案と来島氏帰国案に不満を抱えており(46)、秀吉とはいまだ微妙な関係にあった。その毛利氏と長宗我部氏は織田期に「芸土入魂」といった友好関係にあったが、天正一二年正月の段階では「従芸州者、内々入魂無別儀趣共候、当春も早速音問候、但世上之儀、当時々々之事迄候歟」と元親が元宅に伝えたように(47)、これまた微妙な関係にあった。織田・徳川側はこの関係に目をつけ、史料Jで信張は「従其方芸州迄可被仰届候」と親泰に毛利氏への勧誘を依頼した。先の三月二五日付書状で家康が「西国・中国悉調略之子細数多候条」と巧言したのは、これをふまえたものであろう。

両氏の関係は史料Iにある「通直(河野)帰国」すなわち八月下旬の安芸からの通直帰国により緊張感が一挙に高まり、「芸州催之儀」に関する情報をもたらした元宅に元親は九月三日付書状(48)で「縦不事実候共、覚悟之前候」と返答している。元親は毛利勢来襲をある程度は覚悟しているが、ただ「縦不事実候共」とも述べるようにその情報を鵜呑みにはしていない。それは、毛利氏と秀吉とが右のような関係にあったからだろう。小牧・長久手の戦いで秀吉が敗北すれば、中国国分・来島氏帰国の問題は毛利氏にとって有利なかたちで解決される。ここで織田・徳川陣営の長宗我部勢力に大攻勢をかけるのは、毛利氏にとって得策ではない。かかる判断をくだしていたがゆえに、毛利氏は翌年の小早川隆景・吉川元長を指揮官とするような大々的な上陸作戦にでなかったのであろう。してみると、当時長宗我部勢力が毛利勢の大攻勢をうけなかったのは、秀吉に対抗する織田・徳川氏と同盟関係にあったからといえよう。ここにも長宗我部側にとっての同盟の利点が存在した。

この利点とも関連するが、最大の利点はやはり秀吉による本格的な長宗我部攻撃を阻止する効果である。天正九年の長宗我部攻撃には黒田・生駒・明石の諸勢が参加しており、[補注4]このうち黒田勢は天正一三年の本格的なそれに際しても宇喜多・蜂須賀の両勢とともに讃岐に上陸する。こうした前後の経過からすると、これらが長宗我部攻撃に配備すべき軍事力であったと考えられる。ところが、秀吉は微妙な関係にあった毛利氏に対する猜疑心から、小牧・長久手の戦いが勃発した当初は「其元之人数壱人も無用に候者、八郎（宇喜多秀家）家中之者共ニ可申聞候、自然鉄炮放なとはよひこし可申候間、内々其分可被申候」「備前・美作・因幡三ヶ国之人数ハ壱人も不相動、為留守居置申事」と命じ、宇喜多勢などを対毛利氏に配備する方針をとっていた。[49]ただ、「鉄炮放」は例外であったし、四月には宇喜多勢の一部は和泉の「番勢」に動員され、これにともない黒田・蜂須賀・生駒・明石の諸勢が織田・徳川勢への対応のために和泉から尾張に配置転換された。[50]

すでに三月二二日の段階で根来・雑賀などの紀州勢力による和泉進攻は撃退されていたが、秀吉は方針を変更してまで和泉の守備体制を維持していたのである。それは前述のごとく長宗我部勢の渡海が広く宣伝されており、その実施は困難な状況にあったとはいえ、秀吉としては警戒を怠るわけにはゆかなかったからであろう。このように長宗我部攻撃に配備すべき軍事力のうち宇喜多勢は備前と和泉に分割され、黒田・蜂須賀・生駒・明石の諸勢は和泉のち尾張に動員されていたのであり、秀吉は六月に十河支援のために宇喜多勢の派遣を命じたものの、その時もそして以降も宇喜多勢をはじめとする諸勢を十全には投入しえない状況にあった。だからこそ、長宗我部氏は苦境に立たされつつも壊滅的な打撃をこうむらなかったのである。長宗我部―織田・徳川同盟は秀吉に長宗我部攻撃を本格的に展開させない状況を生み出していたのであり、ここに長宗我部側にとっての最大の利点が認められよう。

おわりに

天正一二（一五八四）年三月に勃発した小牧・長久手の戦いに際して長宗我部氏は、織田末期より長宗我部攻撃の方針をとっていた秀吉に対抗する者といった観点から、信雄・家康と同盟関係を結んだ。通説ではこの戦いの最中六月に長宗我部氏は十河勢力を掃討したことで、阿波に続いて讃岐を統合したとされてきたものの、実際には秀吉の支援をうける十河勢力が讃岐虎丸・阿波土佐泊を拠点に抵抗しており、それは長宗我部氏が同盟者金子氏に加勢を要請するほどの攻勢をとりさえした。

かかる情勢のもとでは長宗我部勢による畿内方面への渡海計画は実施困難であったが、さりとて、この渡海計画を含む長宗我部―織田・徳川同盟の意義を過小評価すべきではない。織田・徳川側はこの計画を宣伝することで自陣営の拡大や敵陣営への牽制をはかっていたのであり、長宗我部氏が渡海を標榜している事実こそが重要であった。それゆえ長宗我部氏は同盟を維持すべく、実施困難にもかかわらず計画を標榜し続けたのである。そこまでして長宗我部氏が同盟の維持につとめたのは、同氏には以下のような利点がもたらされていたからである。

長宗我部氏は、河野―毛利同盟とその背後にいた秀吉の脅威に晒されていた金子氏に対して織田・徳川側の優勢を伝えることで、同氏離反といった事態を回避しえた。また、その毛利氏は秀吉との間に中国国分など懸案の問題を抱えており、長宗我部氏は秀吉に対抗する織田・徳川氏と同盟関係にあったことで、毛利勢の大攻勢をうけなかった。

さらに、秀吉はこうした毛利氏に対する配備に加え、長宗我部勢の渡海に対する警戒も要したため（尾張での織田・徳川氏への対応も看過してはなるまい）、長宗我部攻撃に配置されるべき宇喜多勢をはじめとする諸勢を十全には投入しえない状況にあった。長宗我部―織田・徳川同盟はかかる利点を長宗我部氏にもたらしていたのであり、ここに長宗我部氏にとっての同盟の意義が存在したのである。

以上のように、小牧・長久手の戦いは、秀吉の十河支援そして長宗我部―織田・徳川同盟を媒介として、実戦のレベルにおいても長宗我部氏の動向ひいては四国情勢に大きな影響を与えていた。この戦いがかかる遠隔地域の諸勢力を巻き込む事態であった点をふまえるならば、その特質は外交戦だけでなく実戦の面においても「大規模な戦役」だったところに見出されるのであり、のちの四国国分をはじめとする豊臣政権の政治政策への規定性も視野におさめつつ、あらたな「この戦役の評価」をくだしてゆく必要があろう。

註

（1）花見朔巳「小牧・長久手の役」（高柳光寿編『大日本戦史第四巻』三教書院、一九四二年）。中村孝也『新訂徳川家康文書の研究上巻』（日本学術振興会、一九八〇年、初版は一九五八年）。なお、この戦いの研究史については岩澤愿彦「羽柴秀吉と小牧・長久手の戦い」（『愛知県史研究』第四号、二〇〇〇年）が詳しい。

（2）北島正元「五カ国領有時代」（同『江戸幕府の権力構造』岩波書店、一九六四年）など参照。

（3）三鬼清一郎「太閤検地と朝鮮出兵」（『岩波講座日本歴史9近世1』岩波書店、一九七五年）。白峰旬「天正十二年の東海戦役（小牧・長久手の戦い）における秀吉・信雄・家康の城郭戦略」（同『豊臣の城・徳川の城』校倉書房、二〇〇三年）。註（1）岩澤論文も戦闘の具体的な経過に関する新たな検討が乏しい状況を問題視している。

（4）藤田達生a『本能寺の変の群像』（雄山閣出版、二〇〇一年）、同b「豊臣国分論（一）」（同『日本近世国家成立史の研

究』校倉書房、二〇〇一年、初出一九九一年）、同ｃ『謎とき本能寺の変』（講談社、二〇〇三年）。以下、織田政権の四国政策に関する記述はこれらによっている。

(5)『黒田家文書第一巻本編』（福岡市博物館、一九九九年、以下『黒』と略）五〇号、五一号。

(6)『黒』五三号。

(7)『愛媛県史資料編古代・中世』（愛媛県、一九八三年、以下『愛』と略）二三六六号。

(8)『愛』二三二六号。

(9) 奥野高広『増訂織田信長文書の研究下巻』（吉川弘文館、一九八八年）一〇五二号。

(10) 註（4）藤田ａ・藤田ｃ参照。

(11)「香宗我部家伝証文」（高知県立図書館所蔵複写版を閲覧）所収（天正一一年）三月二一日付香宗我部親泰宛勢雄書状。なお、本書では無年号文書を使用する際、確定・推測される年号を（）で示す。

(12) 註（4）藤田ｂ参照。

(13) 山本大『長宗我部元親』（吉川弘文館、一九六〇年）。『高知県史古代中世編』（高知県、一九七一年、山本氏執筆箇所）。『香川県史第二巻通史編中世』（香川県、一九八九年）。

(14) 註（4）藤田ｂ参照。

(15)『香川県の地名』（平凡社、一九八九年）。また、村田修三編『図説中世城郭事典第三巻』（新人物往来社、一九八七年）「虎丸城」の項（池田誠氏執筆）も「落城はなかったようである」と推測している。

(16)『土佐国群書類従巻四』（高知県立図書館、二〇〇一年）所収。

(17) 関田駒吉「土佐史界の開拓者谷秦山」（同『関田駒吉歴史論文集下』高知市民図書館、一九八一年、初出一九三三年）。

(18)『長久手町史資料編六中世』（長久手町史編さん委員会、一九九二年、以下『長』と略）第一編第一章三六七号。以下とくに断らない場合はいずれも第一編第一章所収文書である。

(19) 長宗我部権力における香宗我部親泰の役割については、平井上総「戦国〜豊臣期における長宗我部氏の一族」（『海南史学』第四一号、二〇〇三年、のち同『長宗我部氏の検地と権力構造』〈校倉書房、二〇〇八年〉収録）が詳しい。

（20）『長』三七〇号。『長』などの刊本では、「去十一日」は「去十一月」、「信張」は「信純」とそれぞれ翻刻されているが、註（11）「香宗我部家伝証文」をもとにあらためた。後者については、加藤益幹氏のご教示と香宗我部豁志「香宗我部家伝証文について」（『土佐史談』通巻一三二号、一九七二年）の指摘による。
（21）省略部分の「内々一ヶ国」～「信雄紙面ニ被書載候」、八月一八日付親泰宛井伊直政書状（『長』三六五号）の「彼三ヶ国事、信雄御判」なる箇所からすると、史料Bとは別に信雄判物が発給されており、史料Bとそれの副状も兼ねていたとみられる。
（22）『長』三四五号。なお、註（11）「香宗我部家伝証文」により「本多」を「本田」にあらためた。
（23）『長』三四七号。
（24）註（1）中村著書。
（25）註（15）『香川県の地名』「大内郡」など参照。
（26）田中健二「長曽我部元親の東讃侵攻と引田合戦」（『引田町歴史民俗資料館年報・紀要』第六号、二〇〇一年）・同「長宗我部元親の東讃侵攻と諸勢力の消長」（『香川県立文書館紀要』第七号、二〇〇三年）は落城説をとり、前者は「縦堀」の存在に注目して「長宗我部方に占領され、その時改修された」と明言している。しかし、池田誠氏作成の縄張図（註（15）村田編著掲載）には畝状竪堀群の記載はなく、池田誠「城郭から見る天正期讃岐の動向」（『中世城郭研究』第九号、一九九五年）は同群を特徴とする長宗我部系城郭に虎丸城を分類しておらず、現地調査でもその存在は確認しえなかった。［補註5］そもそも同群があれば長宗我部系城郭であるとする理解は合意がえられているわけではない（松田直則「四国西南部における中世考古学研究の視点」〈『四国とその周辺の考古学』犬飼徹夫先生古稀記念論文集刊行会、二〇〇二年〉）。
（27）『愛』一四二三号。
（28）『長』一七一号。
（29）『徳島県の地名』（平凡社、二〇〇〇年）。
（30）『大日本史料第十一編之九』（東京大学史料編纂所、一九五二年）天正一二年一〇月一六日条所収「中村市右衛門氏所蔵文書」。

(31)『大日本史料第十一編之十七』（東京大学史料編纂所、一九八一年）天正一三年七月一九日条。
(32)『愛』二四二五号。なお、本書において引用する史料・論考の傍線はいずれも津野が付したものである。
(33)栄音については本書第二章参照。
(34)註（4）藤田b参照。
(35)本書第二章では金子勢が上陸に対応するとの解釈を提示しているが、註（19）平井論文の指摘をうけて本文のように訂正した。
(36)たとえば山本大氏は「元親は紀伊の根来・雑賀衆と共に大坂城を挟撃しようとして軍備を整え、弟親泰が兵二万を率いて渡海する手はずを定め、家康へ使者を派遣して西上をうながしたのであるが、時すでにおそく、秀吉と家康との和議が成立したあとであった」と説明するが（註（13）山本著書）、直接の論拠は『元親記』（『続群書類従第二十三輯上』〈続群書類従完成会、一九二七年〉七七頁）の記述とみられ、十河勢力の讃岐退去を叙述する軍記物のそれだけにその信憑性は乏しく、首肯しえない見解である。
(37)註（29）『徳島県の地名』「土佐泊浦」。
(38)クラウゼヴィッツ著・篠田英雄訳『戦争論（上）』（岩波書店、一九六八年）一二八頁。
(39)『長』三号。
(40)『長』三六九号。
(41)『長宗我部元親・盛親の栄光と挫折』（高知県立歴史民俗資料館、二〇〇一年）17。
(42)『長』五七号、五八号。
(43)註（1）中村著書。
(44)『愛』二四二二号。
(45)『愛』二四三〇号。日付は東京大学史料編纂所架蔵写真帳「金子文書」による。
(46)註（4）藤田b参照。
(47)『愛』二四〇六号。なお、『愛』は「当春」を「当表」に翻刻しているが、註（45）写真帳によりあらためた。

（48）『愛』二四二八号。
（49）『長』七号、一三号。なお、前者については、『黒田家文書第一巻影印本』（福岡市博物館、一九九八年）一三〇号により「無用候之由」を「無用に候者」にあらためた。
（50）『長』一〇〇号、『長』第一編第二章四号。前者で秀吉が宇喜多勢を「壱万計」と記したのは誇張であろう。なお、後者が四月九日頃の作成である点については、三鬼清一郎「陣立書の成立をめぐって」（『名古屋大学文学部研究論集史学』38、一九九二年）参照。
［補註1］　ここで依拠した『黒』五〇号・五一号、また史料Aとして掲げた『黒』五三号の年代については、『黒』にしたがって天正九年とみなしていた。尾下成敏「羽柴秀吉勢の淡路・阿波出兵」（『ヒストリア』第二一四号、二〇〇九年）はこれらを含む淡路・阿波方面への派兵にかかわる五点の秀吉書状はいずれも翌天正一〇年とみなすべきであると指摘している（本書補論一参照）。
［補註2］　河野氏の降伏およびこれと関連する「四国統一」説に関する最近の議論については、本書補論一参照。
［補註3］　史料Fの「静謐案申候」は誤りで、正しくは「静謐案中候」である。よって、「その攻勢は「静謐案申候」と親直が述べるように予断を許さぬものだった」との記述も誤りである。これらの過誤に関する私見については本書補論一参照。
［補註4］　「天正九年」は「天正一〇年」に修正する必要があるやもしれない（［補註1］、本書補論一参照）。
［補註5］　本章のもとになった旧稿を田中健二氏に謹呈したところ、以下のようなご教示をいただいた。『大内町史補遺』（大内町、二〇〇三年）および『香川県中世城館跡詳細分布調査報告』（香川県教育委員会、二〇〇三年）掲載の池田誠氏作成の縄張図には畝状竪堀群が記載されており、田中氏は註（26）「長曽我部元親の東讃侵攻と引田合戦」のもととなる講演をした二〇〇一年度までに同群が存在するとの情報をご自身も参加した香川県中世城館跡詳細分布調査の調査検討会でえていた。そこで、講演において「その時点での仮説を述べた」とのことである。再度の現地調査は実施していないが、前述のごとくそもそも同群があれば長宗我部系城郭であるとする理解は合意がえられているわけではないので、本文で提示した私見の訂正は必要ないと考えている。

補論一　長宗我部氏による讃岐・阿波統合の状況

はじめに

本書では、長宗我部氏による「四国統一」を否定した藤田達生氏の説にしたがっている。第一章で述べたように藤田氏は天正一三（一五八五）年春の河野氏降伏は史実ではなく、長宗我部氏は伊予を統合しておらず、それゆえ「四国統一」説も成立しえないことを明らかにした。(1)しかし、河野氏の湯築城の跡から出土した瓦が長宗我部氏の岡豊城・中村城の跡から出土した瓦と同笵であることを主たる論拠とした河野氏降伏説が中野良一氏によって提示された。(2)以後、藤田・中野の両氏間では応酬が続いているものの、「服属した大名の城郭に岡豊城と同笵の瓦を葺かせたという事例はあるのだろうか」という藤田氏の疑問に対する明快な回答はいまだ示されていない。(3)この根本的な問題がクリアされない限りは、藤田説にしたがうべきと考える。

右のように伊予統合に関する研究では先祖返りがみられるわけだが、(4)かかる傾向は讃岐・阿波の統合に言及する研究にも生じている。第一章ではもとになった旧稿と同様に長宗我部氏は讃岐・阿波も統合しえなかったと主張した。(5)ただし、その旧稿に対しては桑名洋一・川島佳弘の両氏より批判が提示されている。(6)これまで講演など口頭による反論の機会はあったものの、(7)論考としては別稿で私見の要点を述べるにとどめていた。(8)そこで、本稿では旧稿の問題点を修正しつつ反論してゆくことにしたい。

1　議論の対象となる主な史料

本節では、旧稿で検討した史料のうち本稿における議論の対象となる主な史料四点を掲げておく。

史料A[9]

（前略）讃至東方、馬を被出候、静謐案申候、貴所早速御出張候哉、仍先度国真方ニ拙夫ヘ御神書被下候、既貴方之御事、元親無二御馳走之上候、併如何ニ候哉、猶長久可得御意候、恐々謹言、

久武彦七

七月十九日　　　　親直（花押）

金子備前（備後）守殿（元宅）　人々御中

史料B[10]

（前略）仍讃州表敵拘之城何も被責詰、一城被成置之由候、無比類儀候、然者、彼地落居之上、到淡州可有渡海之由専一候、此表之様子無替子細候間、不能懇説候、将亦当秋関東之諸勢相立候条、尚々諸口相示可押上候、（中略）尚本田弥八郎（本多正信）可令申候、恐々謹言、

八月八日　　　　家康（花押）

香宗我部左近（親泰）大夫殿

史料C[11]

（前略）仍其表之御様子、十河之城被取巻之前夜、義堅（十河存保）懸落、残党之備無正体之由候、万方御行可被差急之条、

落居被仰付、大智表被取寄之由、誠ニ雖不始儀候、御粉骨不及是非候、其上至淡州可被及御行之段肝要候、（中略）

八月九日　　　　　　　　　　　正信《本多》（花押）

香宗我部《親泰》左近大夫殿　御宿所

史料D[12]

八木弐百石、あわとさとまり《阿波土佐泊》し《篠》の原甚五・もりしまのかみ《森志摩守》かたへ、はりましかまつ《播磨飾磨津》にて可相渡者也、

天正十弐

十月十六日　　　　　　　　秀吉（花押）

弥ひやうへ《浅野長政》へ

これらのうち史料Aは『愛媛県史資料編古代・中世』から引用したものであり、後述のごとく傍線部には誤読がみられる。桑名・川島の両氏による批判は、この誤読をただすことが出発点となっている。

2　桑名論文に対する反論

本節では、史料A〜Cに関する桑名論文の批判に反論してゆく。まずは、それぞれの発給者・受給者を確認しておこう。天正一二年に比定される史料Aの発給者久武親直は長宗我部氏の有力家臣であり、受給者金子元宅は伊予東部を勢力圏とする長宗我部氏の同盟者である。同じく天正一二年に比定される史料Bの発給者は徳川家康であり、受給者香宗我部親泰は長宗我部元親の実弟である。この親泰は土佐国香美郡の香宗我部氏に入嗣し、阿波・讃岐攻略や外

交を担当していた。(13) 史料Bの副状にあたる史料Cの発給者は家康家臣の本多正信であり、受給者はやはり親泰である。

旧稿では、史料B・Cの分析もふまえつつ、とくに史料Aにもとづいて次のように指摘した。

まず注目されるのは、「讃至東方、馬を被出候」なる箇所で、長宗我部勢が讃岐東部に出兵していた事実が知られる。これは十河勢による攻勢への対応とみるほかなく、しかもその攻勢は「静謐案申候」と親直が述べるように予断を許さぬものだった。そこで、「貴所早速御出張候哉」とあるように、長宗我部側は元宅にも自身の出馬を要請していた。虎丸城を拠点とする十河勢は守勢一辺倒ではなく、かかる攻勢をとりさえしたのである。(後略)

かかる私見は、桑名論文において次のように批判されている。

【史料④】(本稿の史料A—津野註)は、冒頭、長宗我部勢が東讃岐に出兵したことを記している。津野氏は、その次の箇所を「静謐案申候、貴所早速御出張候哉」と読み取られ、「十河氏の攻勢が予断を許さぬものであるため、金子氏に対し出馬を要請していた。」とされている。しかし、原文書にあたると、「静謐案中候、貴所早速御出張候哉」となっており、「東讃は思いの通りに静まるでしょう、貴方はご出馬されたことでしょうね」と解釈でき、十河氏による脅威は文面からは読み取れず、ましてや、長宗我部側が金子氏に出馬を要請した様子はない。久武親直は、金子氏からの突然の起請文締結の要請に驚いており、「既貴方之御事、元親無二御馳走之上候、併如何ニ候哉、」と記し、「貴方は十分元親に対し馳走をしているのに、突然起請文を送ってこられたのはどうしたことですか」と投げかけるとともに、尚々書では、飛脚の面前で起請文を記したことを述べている。

(中略)津野氏は論稿で、金子氏の長宗我部側からの離反を回避するために、長宗我部氏は徳川・織田と同盟関係を結んだとされている。だが、金子氏は、瀬戸内における毛利氏の脅威に対し、書状から読み取れるように長宗我部氏との関係をより強固にすることに努めており、津野氏が説かれるように長宗我部氏から離反するような様子は読み取れない。【史料④】で久武親直が静謐になると述べた東讃の様子は、その後発給された【史料⑤】、【史料⑥】（本稿の史料B、C—津野註）の徳川家康書状、本多正信書状に記され、久武親直の言葉通りに展開することになる。家康書状において長宗我部方が十河方の城を残り一城に責め詰めたことが記され、正信書状においては、残りの一城と見られる虎丸城（東かがわ市）を取り巻こうとしたところ、城将の義堅（十河存保）は逃亡、長宗我部氏は、正体が無くなった虎丸城を落とすことを命じ、虎丸城のある、大智（大内）表に取り寄せたことが記されている。

よって、津野氏が述べているように、東讃において、十河氏が虎丸城を拠点として攻勢に出たという事実を認めることはできず、史料より天正十二年八月には、長宗我部氏および、その同盟諸勢力は三好氏の残存勢力である十河氏の掃討に成功しており、ここにほぼ讃岐の平定を終えるのである。

ここで、誤解を招きそうな点に触れておきたい。一点目は、「津野氏は、その次の箇所を「静謐案中候、貴所早速御出張候哉」と読み取られ」と説明していることである。旧稿では、刊本『愛媛県史資料編古代・中世』の釈文を忠実に引用したのであって、「読み取る」などといった作業はしていない。二点目は、その直後の「」で括られた部分が旧稿からの引用であるかのような体裁をとっていることである。この部分は前掲の旧稿の一部と対照すれば明らかなように、引用ではなく要約である。

では、批判の内容を検討してゆこう。まず、長宗我部側による金子氏出馬要請の存否を考えてみたい。史料Aの傍線部について、「原文書」にあたった桑名氏は「静謐案申候」ではなく「静謐案中候」となっていたと指摘している。(14)いまだ原文書には接していないものの、影写本を調査したところ、傍線部は「静謐案中候」であることが判明した。

よって、刊本の誤った釈文にもとづいて「親直が述べるように予断を許さぬもの」と発言したことについては猛省するとともに、この発言は撤回したい。桑名論文指摘のごとく、「静謐案中候」とは「東讃は思いの通りに静まるでしょう」という意味である。ただし、旧稿で注目したように、長宗我部側から同盟者金子側に送られた当時の書状には「強気の言辞」がままみられるのであり、右の親直の言葉も同様のものと理解しうる。(15) しかし、この理解に関する議論は見解の相違に帰結してしまうであろう。そこで、「静謐案中候」の前後の記述を検討してみたい。親直は「讃至東方、馬を被出候」と元親による讃岐東部への軍勢派遣を知らせるとともに、「貴所早速御出張候哉」と元宅が早速出陣したのか確認している。この親直の言葉に確認のニュアンスがあることは、桑名氏自身の「貴方はご出馬されたことでしょうね」なる解釈にも示されている。確認しているのは、事前に金子氏出馬の要請があったからにほかなるまい。そもそも伊予の金子氏が自発的にわざわざ讃岐しかも東部に出馬するとは考えにくいのであり、やはり長宗我部側が金子氏出馬を要請していたと判断すべきである。そして、かかる要請が示すように虎丸城を拠点とする十河勢は守勢一辺倒ではなく、攻勢をとりさえしたのである。

なお、史料Aに「拙夫へ御神書被下候」と記された元宅の起請文送付に関する桑名氏の見解も私見とはまったく異なる。旧稿でも述べたように、この送付からは「併如何ニ候哉」と「親直が訝るほどの慎重さ」、さらには「金子氏がいかに脅威にさいなまれていたか」、これらを看取すべきと考える。ただ、この議論も見解の相違に帰結してしまうであろう。

次に、「久武親直が静謐になると述べた東讃の様子」は「久武親直の言葉通りに展開することになる」という桑名論文の主張を検証してみよう。桑名論文の一つの深刻な誤りは、十河城の状況と虎丸城のそれの混同にある。桑名論文によれば、史料Cには「長宗我部氏は、正体が無くなった虎丸城を落とすことを命じ、虎丸城のある、大智（大内）表に取り寄せたことが記されている」という。しかし、「十河之城被取巻之前夜」とあるように長宗我部勢は「十河之城」つまりやがて「正体が無くなった」城を包囲する寸前だったのであり、当然これ以前にその城の周辺に進攻していた。よって、「前夜」の後に長宗我部勢が進攻することになった「大智表」にその城が存在したと考えるのは無理である。「十河之城」なる表記からしても「正体が無くなった」城は、虎丸城ではなく十河城のことと判断するほかない。そして、ここであらためて確認しておかねばならないのは、「大智表」の城すなわち虎丸城が落城したとする記述は史料B・Cのどこにもないことである。さらに、桑名論文にはもう一つ深刻な誤りが存在する。それは、史料B・Cに記されている讃岐情勢を「天正十二年八月」のものと誤解していることである。旧稿において、香宗我部親泰宛の八月一九日付織田信雄書状・同月二〇日付織田信張書状の分析にもとづいて指摘したように[16]、長宗我部勢力は天正一二年の六月一一日以前に十河城を攻略していた。ただし、両書状の月日から、その情報が信雄・信張のもとに届いたのは八月であったことが知られる。このタイムラグは史料B・Cに関しても生じていたのであり、両史料に記されたのは「天正十二年八月」の讃岐情勢ではなく、同年六月段階のそれと理解すべきなのである。ちなみに、信雄は伊勢長島に、家康は尾張清洲にいたと考えられている[17]。こうしてみると、史料B・Cに依拠して「天正十二年八月には、長宗我部氏および、その同盟諸勢力は三好氏の残存勢力である十河氏の掃討に成功しており」と指摘することは不可能なのである。実際には、六月段階で長宗我部勢は十河勢を「一城」つまり虎丸城に包囲していながら、その虎丸城を攻略できない状況が続いていたのであり、それゆえに長宗我部側は七月段階で讃岐東部へ軍勢を派遣するとともに、元宅自身の出馬を要請したのである。

不思議なことに、桑名氏は長宗我部勢力による讃岐の統合に関して「ほぼ讃岐の平定を終えるのである」と結論をくだしている。「掃討に成功」とは撞着する「ほぼ」という発言からすると、桑名氏自身も虎丸城が落城したとは考えていないのかもしれない。いずれにせよ、虎丸城は落城していないとする私見、これを論拠とする長宗我部勢力は讃岐を統合しえなかったとする私見、これらの撤回は必要ないと考える。

3　川島論文に対する反論

本節では、史料A・Dに関する川島論文の批判に反論してゆく。史料Aに関する反論からはじめよう。川島論文では前掲の私見とは異なる次のような見解が示されている。

さらに、久武親直が金子元宅に宛てた七月十九日付の書状（本稿の史料A―津野註）をみると「讃至東方、馬を被出候、静謐案中候」と讃岐東部の平定は予定通りであると述べられていることから、長宗我部氏は反勢力の抵抗を抑えながら着実に東進を続けていた様子がうかがえる。（後略）

川島氏は史料Aを「原史料の写真で確認」し、桑名氏と同様にその傍線部の誤読をただしたうえで、議論を展開している。この問題に関しては、「親直が述べるように予断を許さぬもの」なる発言は撤回すべきこと、しかしながら、「強気の言辞」であるとみること、これらは前述のとおりである。ここでは、「着実に東進を続けていた様子がうかがえる」とする見解を検証したい。川島氏も史料Aの「讃至東方、馬を被出候」を讃岐東部における長宗我部勢力の軍事行動と理解しているわけだが、その時期が七月中旬頃である点を考慮すべきだったのではなかろうか。六月一一日以前に十河城を攻略した長宗我部勢は、同日頃には十河勢を「一城」つまり虎丸城に包囲していた。ところが、それから約一カ月が経過してもなお、虎丸城が存在した讃岐東部において軍事行動をとらねばならなかったのである。してみると、長宗我部勢は「着実に東進」していたのではなく、むしろその進攻は停滞していたと考えるべきであろう。

そもそも川島論文では虎丸城の落城は議論されていないので、虎丸城は落城していないとする私見、これを論拠とする長宗我部勢力は讃岐を統合しえなかったとする私見、これらの撤回はやはり必要ないと考える。

続いて、史料Dに関する私見への川島論文の批判を検討してみたい。史料Dは、天正一二年一〇月一六日付浅野長政宛秀吉判物である。旧稿では、この史料Dにもとづいて次のように指摘した。

このように秀吉は天正十二年十月の時点で浅野長政に対して、播磨の飾磨で篠原甚五・森村春に兵粮二〇〇石を渡すよう命じている。甚五はかつて木津城に在城した自遁の一族とみられ、おそらく長宗我部勢が本能寺の変を契機に勢力を挽回するなかで土佐泊城に撤退していたのであろう。秀吉は天正九年十月に自遁が在城した木津城と村春が在城した土佐泊城への兵粮・玉薬の輸送を命じていたが、こうした篠原・森の両氏に対する支援は天正十二年十月の段階でも継続されていたのである。翌年に実施された本格的な長宗我部攻撃で秀長勢がまず土佐泊に上陸したこと、その秀長勢と長宗我部勢との緒戦が木津城包囲戦であったこと、これらもふまえるならば、土佐泊城の非落城説にしたがうべきであろう。

まず、木津城・土佐泊城をめぐる状況について補足しておきたい。篠原勢の土佐泊城への撤退にかかわる長宗我部勢による木津城攻略の時期は、天正一一年四月頃――厳密には四月二一日以前――であることが尾下成敏氏によって確定された(18)。また、秀吉が木津城・土佐泊城への兵粮などの輸送を命じた時期については再考が必要となっている。旧稿では、その時期を一〇月一〇日付黒田孝高宛秀吉書状(19)を論拠として天正九年とみなしていた。しかし、尾下氏はこの書状を含む淡路・阿波方面への派兵に関する五点の秀吉書状の年代は、通説の天正九年ではなく天正一〇年であると指摘している(20)。淡路や中国地方の情勢をふまえたこの新説はかなり説得的であり、織田氏と長宗我部氏との断交時期にもかかわる重要な指摘である(21)。これに対して藤田達生氏は天正九年とみる自説を堅持しており、それは天正一

○年の九月から一〇月にかけて柴田勝家を牽制しつつ信長葬儀の画策に邁進していた秀吉には淡路・阿波方面に派兵する余裕はなかったとみる見解にもとづいている。(22) もし、天正一〇年説の方が妥当ならば、秀吉の輸送命令の時期に関する私見は修正が必要となる。ただし、私見への川島論文の批判を検討してゆく以下の論旨には影響はないと判断している。では、その批判を掲げよう。

確かに、津野氏が指摘するように、この頃もなお讃岐・阿波に十河氏ら反長宗我部勢力が存在していた可能性は高いといえる。しかし、それらが大攻勢に出たという徴証はなく、土佐泊城のような拠点を点々と押さえる程度であったと考えられ、長宗我部氏の淡路出兵を阻んだ要因とはならない。(後略)

まず問題視されるのは、「可能性は高い」なる発言である。旧稿では虎丸・土佐泊の両城が落城しなかったことを論拠として長宗我部氏は讃岐・阿波を統合しえていなかったこと(つまりは「讃岐・阿波に十河氏ら反長宗我部勢力が存在していた」こと)を論証したのである。かかる私見を「可能性は高い」といわば相対化する場合、私見の論拠を否定しうる根拠の提示が必要だったのではなかろうか。

ただ、十河氏らが「大攻勢に出たという徴証」がない点を指摘しており、これが根拠になりうると考えているようにも解される。しかし、なにゆえ「大攻勢」を想定したのか不明である。もし、その説明が不可能ならば、「徴証」がないのはむしろ当然であろう。もとより、十河勢の「大攻勢」が確認できないことは、十河勢が讃岐・阿波に「存在していた」ことを否定する根拠とはならない。

また、続く土佐泊城に関する記述、それに加えられた次のような註記、これらが根拠になりうると考えているようにもとれる。

土佐泊城は十月の段階においても羽柴方の支援を受け、健在であったようであるが、天正十三年の四国出兵を除けば、当該期の秀吉の長宗我部氏に対する攻撃は全て失敗に終わっており、この時の秀吉の支援も「はりましかは《(マヽ)》まつにて可相渡者也」(天正十二年十月十六日付羽柴秀吉書状《(マヽ)》〈本稿の史料D—津野註〉「中村市右衛門氏所蔵文書」『大日本史料』第十一編之九)と直接四国に渡海したのではなく、秀吉の勢力下にあった播磨で兵糧を渡すという非常に消極的なものであることから、反長宗我部勢力が優勢であったとは考えがたい。

川島氏は秀吉の土佐泊城支援を「非常に消極的なもの」と指摘しており、これを前提として「反長宗我部勢力が優勢であったとは考えがたい」と述べている。ここには「大攻勢」に関して指摘したのと同様の問題が看取される。すなわち、なにゆえ「優勢」を想定したのか不明である。もし、その説明が不可能ならば、「考えがたい」のはむしろ当然である。また、秀吉が兵粮を土佐泊城に送付するのではなく、播磨の飾磨で森村春らに渡すよう命令した点に関する私見は以下のとおりである。この命令によれば、森氏ら十河勢は播磨に渡海しうる状況にあったと考えられる。つまり、十河勢力は長宗我部勢力によって土佐泊城に追い詰められ、籠城したままで包囲を突破できないといった窮状にはなかったと考えられるのである。ただ、かかる議論は見解の相違に帰結してしまうであろう。

なお、そもそも川島論文では土佐泊城の落城は議論されていないので、土佐泊城は落城していないとする私見、これを論拠とする長宗我部勢力は阿波を統合しえなかったとする私見、これらの撤回は必要ないと考える。

おわりに

本稿では、桑名・川島の両氏の批判に対する反論を展開してきた。両氏がただした史料Aの傍線部に関しては、これにもとづいた旧稿における発言は撤回する。また、見解の相違に帰結してしまうような争点が残されてはいる。しかしながら、本稿の結論としては、長宗我部氏は讃岐・阿波を統合しえなかったとする旧稿で提示した私見の撤回は必要ないと考えている。

註

（1）藤田達生「豊臣国分論（一）」（同『日本近世国家成立史の研究』校倉書房、二〇〇一年、初出一九九一年）。

（2）中野良一「湯築城跡出土の瓦について」（『湯築城跡第四分冊』愛媛県埋蔵文化財調査センター、二〇〇〇年）。この中野論考では「同笵瓦であることは間違いない」とされているが、註（3）中野著書では「同笵の可能性がきわめて高い」とされている。

（3）藤田達生「伊予八藩成立以前の領主と城郭」（『よど』第七号、二〇〇六年）、同「湯築廃城期考」（『伊予史談』第三五八号、二〇一〇年）、中野良一『湯築城跡』（同成社、二〇〇九年）。なお、本文で引用したのは藤田「伊予八藩成立以前の領主と城郭」の記述である。

（4）たとえば、桑名洋一「「長宗我部氏の四国統一」についての一考察」（『伊予史談』第三五〇号、二〇〇八年）は湯築城跡出土の瓦の存在をふまえて、「四国統一が成ったか否か」は「今後も継続して検証していく必要があると思われる」と指摘している。

（5）本稿で言及する旧稿とは、拙稿「小牧・長久手の戦いと長宗我部氏」（藤田達生編『小牧・長久手の戦いの構造戦場論上』岩田書院、二〇〇六年）のことである。

（6）桑名洋一「長宗我部氏の讃岐進攻戦に関する一考察」（『四国中世史研究』第九号、二〇〇七年）、川島佳弘「小牧・長久手の合戦と伊予の争乱」（『織豊期研究』第九号、二〇〇七年）。以下、本稿で言及する両氏の見解はこれらによる。

（7）二〇一〇年五月二二日に高知県立歴史民俗資料館で開催されたリニューアル特別記念講演会「検証長宗我部元親の四国統一戦」における講演「長宗我部元親と讃岐・阿波」、同年一一月二七日に高知大学朝倉キャンパスで開催された第1回ホームカミングデーにおける記念講義「長宗我部氏は四国を統一したか?」。

（8）拙稿「朝鮮出兵と長宗我部氏の海洋政策の一断面」（高知大学人文学部「臨海地域における戦争と海洋政策の比較研究」研究班編『臨海地域における戦争・交流・海洋政策』リーブル出版、二〇一一年）。

（9）『愛媛県史資料編古代・中世』（愛媛県、一九八三年）二四二三号。

（10）『長久手町史資料編六中世』（長久手町史編さん委員会、一九九二年、以下『長』と略）第一編第一章三四五号。以下、とくに断らない場合はいずれも第一編第一章所収文書である。なお、「香宗我部家伝証文」（高知県立図書館所蔵複写版を閲覧）により「本多」を「本田」にあらためた。

（11）『長』三四七号。

（12）『大日本史料第十一編之九』（東京大学史料編纂所、一九五二年）天正一二年一〇月一六日条所収「中村市右衛門氏所蔵文書」。

（13）平井上総「戦国〜豊臣期における長宗我部氏の一族」（同『長宗我部氏の検地と権力構造』校倉書房、二〇〇八年、初出二〇〇三年）参照。

（14）東京大学史料編纂所所蔵影写本「金子文書」（今回は高知県立図書館所蔵複写版を閲覧）。

（15）こうした「強気の言辞」は毛利勢の脅威に晒されていた金子氏を安堵させ、離反を回避するために弄されたと考えている。この離反問題に関連して、桑名論文では「津野氏は論稿で、金子氏の長宗我部側からの離反を回避するために、長宗我部氏は徳川・織田と同盟関係を結んだとされている」と述べられているが、これは誤解あるいは曲解である。旧稿では、金子氏の離反を回避することにつながる点が長宗我部氏にとっての「長宗我部―織田・徳川同盟の利点」と指摘したのであり、「離反を回避するために」同盟関係を結んだとは指摘していない。

（16）『長』三六七号・『長』三七〇号。

（17）谷口央「小牧・長久手の戦いから見た大規模戦争の創出」（註（5）藤田編著）。

（18）尾下成敏「羽柴秀吉勢の淡路・阿波出兵」（『ヒストリア』第二一四号、二〇〇九年）参照。

（19）『黒田家文書第一巻本編』（福岡市博物館、一九九九年）五三号。

（20）註（18）尾下論文参照。

(21) 平井上総「津田信張の岸和田入城と織田・長宗我部関係」(『戦国史研究』第五九号、二〇一〇年)は香宗我部親泰宛織田信張書状の分析にもとづいて、織田氏と長宗我部氏との関係は天正九年一一月上旬までは「表面上の友好関係を保ち、直接対決もなかったものとみられる」との見解を提示している。

(22) 藤田達生『証言本能寺の変』(八木書店、二〇一〇年)三九頁。

第二章　長宗我部権力における非有斎の存在意義

はじめに

戦国大名長宗我部氏は天正一三（一五八五）年までに四国の大部分を勢力圏としたが、[1]この年秀吉に服属したことで豊臣政権下の一大名となった。戦国～豊臣期の長宗我部氏に関する研究は、井上和夫氏の法制史的考察、島田（松本）豊寿氏の歴史地理学的考察、横川末吉氏の社会経済史的考察、山本大氏の政治史的考察、これら一九五〇年代の諸研究によって本格的に開始され、以降も秋澤繁・下村效をはじめとする諸氏により推進されてきた。[2]その過程で多くの研究成果が蓄積されてきたわけだが、政治史研究の成果を代表するのは、やはり山本氏の諸論考であろう。[3]就中、当主元親らの権力強化をともないつつ領国支配体制が転換されてゆく豊臣期の政治動向に注目した氏の業績は、以後の政治史研究に大枠を提示したという点でその意義は高く評価されるべきである。しかしながら氏の諸論考には、依拠した史料の質や解釈など議論の根本にかかわる難点が存在しているのも事実であり、また他の戦国～豊臣期大名に関する研究が提示してきた諸成果を鑑みるに、その再検討こそが長宗我部氏研究の現段階における緊要な課題といえよう。

かかる問題意識のもと、従来は十分に活用されてこなかった文書史料の分析を中心に豊臣期における長宗我部権力の動向について検討してみると、以下のような様相が明らかとなる。[4]かつて当主元親の子弟は服属後の国人家に入嗣して旧国人領支配を担うことで領国支配を支えていたが、豊臣期には没落してゆき、またかつて評定を行い元親の諮問に応えていたとみられる家老も久武親直を例外として、領国支配におけるその重要性を低下させてゆく。こうした状況のもとで、奉行人組織を有する中央集権的な体制が確立されつつあったが、その体制は右の久武親直もさることながら、非有斎によって運営されていた。

この非有については、次のような伝承が残されている。

史料A『土佐古城伝承記』「土佐郡の城々軍の事」(5)

此非有ハ真言坊主也。当寺滝本の住侶ニて、元親の帰依僧也。国政の奉行ニ成し、山内三郎左（右）衛門・久万次郎兵衛・豊永五郎（藤五郎）と相並ひ、公事評定す。元親落墜せよとの給へとも一生精進潔済ニて居たり。毛利安国寺（恵瓊）・長宗我部非有、時人是を一対坊主と云敢へり。

これによれば、非有は真言宗滝本寺の僧侶で当主元親の帰依をうけていたが、「国政の奉行」として「公事評定」に参加していたことになる。事実、豊臣期の文書史料を検討してみると、浦戸城下に集住した奉行人や領国各地の奉行人・代官・庄屋に対する命令権、長宗我部氏の命令を遵行する一族への統制権など、非有が多岐にわたる権限を行使していたことが判明する。また訴訟については、先の久武親直や山内三郎右衛門・久万次郎兵衛・豊永藤五郎らとともに非有が裁許権を有していた事実なども確認される。[補註1] 慶長二（一五九七）年の「秦氏政事記」(6)によれば、山内以下の三名は領国支配の中央機関と思われる「中五郡諸奉行」のうち筆頭の「御地帳并諸帳奉行」に任じられており、[補註2] さらに山内・豊永の両名は「御材木懸并人数遣奉行」にも、久万は「御名田散田公用奉行」にも任じられていた。こうした事実と史料Aの記述からするとこの山内ら三名は、慶長元〜二年の制定と考えられる『掟書』で「国中七郡之内、三人奉行相定上者、彼奉行申付儀、諸事不可覃異儀事」(7)と規定された「三人奉行」であったと推測される。この三人とともに領国支配にあたっていた非有は、まさに「国政の奉行」と評されるに相応しい存在であった。

　非有は豊臣期における領国支配のキーパーソンだったのであるが、ところが、戦国期におけるその動向や滝本寺と長宗我部氏との関係など、非有に関してはいまだ不明な点が残されているのも事実である。そこで以下、戦国期・豊臣期といった段階の相違に留意しつつ非有の活動を検討してゆくが、その際、やはり滝本寺の僧であった栄音にも注目したい。この栄音は戦国期に外交交渉を担った僧として知られており、前記の問題を解決するためには看過しえない存在と予測されるからである。かかる考察を通じて当該期における長宗我部権力の様相とそこに占めた非有の存在意義を明らかにすることが本章の課題である。

1　戦国期の非有斎

　長宗我部元親が秀吉に服属したのは天正一三（一五八五）年八月頃のことなので、さしあたりこれ以前を長宗我部氏にとっての戦国期とみなし、当該期における非有の活動を検討してゆきたい。

　さて、先に史料Aとして『土佐古城伝承記』の記述を掲げたが、これに類似する記述が『土佐物語』にもみられる。両者の異同は、非有の活動をめぐる議論において重要な意味をもつので、煩を厭わず掲示しておきたい。

史料B　『土佐物語』「土佐郡城々軍の事」[8]

此非有と申すは、元は真言坊主なり。当国滝本寺の僧侶にて、元親の帰依僧なるが、其器にや当りけん、国政の奉行になし、山内三郎右衛門・久万二郎（次）兵衛・豊永五郎（藤五郎）と相並び、①公事評定軍議に預かる。②諸方の間者にも行きしとかや。元親頓て落墜せよと宣へ共許容せず、一生精進潔斎にて居たり。③毛利に安国寺、長宗我部に非有、時の人是を一対坊主といひ習はせり。

かつて山本大氏はこの史料Bに依拠して、戦国期の非有について「顧問的存在として元親の軍事外交政策をたすけた」とする見解を提示した。(9)「顧問的」「軍事外交」などの内容自体も問題と思われるが、まずはこの記述を戦国期の状況を示す所見とみなした点を問題視したい。史料A・Bはそれぞれ『土佐古城伝承記』・『土佐物語』のうちでも長宗我部氏による土佐郡統合の経過を述べた部分にあるので、一見すると永禄三(一五六〇)〜四年頃における非有の姿を描写しているかにも思われる。しかしながら、これらの記述は非有の人物像を説明するために挿入された箇所とみなされる。

前述のごとく、山内以下の三名は慶長二年の「秦氏政事記」をはじめとする所見から、同時期制定の『掟書』にある「三人奉行」であったと推測される。よって豊臣期において彼らが「公事評定」に参加するなど重要な役割を果たしていたのは事実であろうが、しかし戦国期においても同様であったと考えるのは短絡的であろう。この点について、久万次郎兵衛を例に検討しておきたい。次郎兵衛はその名字からして、土佐郡久万を本拠とした久万氏の一族とみてよい。この久万氏は豊後守俊宗(10)が当主の時に元親に服属したが、史料Aとして一部を引用した『土佐古城伝承記』「土佐郡の城々軍の事」における他の記述からすると、山本氏も指摘しているようにその服属は永禄三年頃のことであった。(11)してみると、もし史料A・Bが当時の状況をそのまま記した箇所とするならば、元親は久万氏を服属させて一年程の間に次郎兵衛を登用したことになる。しかし、服属した勢力の登用にしてはあまりに早すぎるように思われるし、また次郎兵衛が前記のような重要な役割を果たす立場にこの当時あった事実を示す文書は検出されず、一方で文書は豊臣期にかかる立場にあった事実を示している。史料A・Bの記述は戦国期ではなく、むしろ豊臣期における状況を記していると判断されるのである。軍記物という性格を考慮するならば、史料A・Bの記述は非有の人物像を説明するために挿入された箇所であり、戦国期ではなく豊臣期の非有の姿がそこには多分に反映されていると考えるべきであろう。

ところで、このように同じ操作が二つの異なる軍記物でなされているのはなにゆえであろうか。関田駒吉氏の研究(12)によれば、そもそも『土佐物語』はおもに『土佐古城伝承記』を「潤飾増修したもの」とされる。この見解の妥当性は史料A・Bを対照してみると一目瞭然で、史料Bは史料Aを下敷きにして記述されたとみてよい。それゆえ、挿入という同じ操作が両書にはみられるのである。以下、こうした両書の関係も念頭において、史料A・Bそれぞれの前後にある記述を検討してゆきたい。

『土佐古城伝承記』には史料Aの直前に「神の森の城ハ非有《ヒユウ》ニ預けて守らせらる」とあり、『土佐物語』にも史料Bの直前にほぼ同様の記述がある(13)。「神の森の城」すなわち神森城は円行寺城のことと推定され、この円行寺城は土佐郡の円行寺村・蓮台村・福井村の境に位置する、これらの地域の要衝であった(14)。比較的信頼しうる前者にも記述があることから、非有は同城を永禄年間に預けられたとみてよく、これと関連して注目されるのが『土佐物語』の記述で、史料Bの数行後には「此森の辺は、非有が知行なればとて、此城を預けられたり(15)」とある。成立の事情からすると、『土佐古城伝承記』には存在しないこの伝承に依拠することは躊躇されるが、ただ豊臣期の地検帳(16)を検討してみると、蓮台村全域の三町七反余が「非有斎持」となっていた事実が確認されるのである。こうした当該地域と非有との密接な関係よりするならば、『土佐物語』の記述も信頼してよさそうであり、永禄年間に統合された土佐郡の神森周辺は非有に知行として与えられ、その地域の要衝であった神森城（円行寺城）も非有に預けられたと考えて大過なかろう。

こうした判断が正しいならば、非有は新たに統合された神森周辺の支配行政に携わったことになる。以下、この点について対象地域を少し広げて考えてみたいが、まずは服属した諸勢力に対する長宗我部権力の政策を確認しておく必要があろう。永禄一一年の「一宮再興人夫割帳」を分析した市村高男氏の研究[17]は、この頃の長宗我部氏の家臣団編成を考察し、軍記物などに大きく依拠した従来の「一領具足」論に見直しをせまるなど、停滞気味であった研究状況に一石を投じた。この研究では右の政策に関する検討もなされており、非有の役割を考える場合にも示唆に富む指摘がある。すなわち、市村氏の研究によれば、神森と同じ土佐郡の大高坂郷ではかつて大高坂氏や国沢氏が勢力を誇っていたものの、やはり永禄年間には長宗我部氏に統合されてゆき、大高坂氏の場合は服属時に大高坂城を明け渡したとみられ、天正一六年の段階では城下の土居や郷内に散在する知行を有する存在となっていた。また国沢氏の場合は服属後も国沢村周辺に多くの知行を確保していたもののやはり国沢城は接収され、かわって長宗我部氏の本拠であった岡豊周辺の家臣を中心とする定番衆が配置されていたという。その一方で、国沢氏の惣領や一族が香美郡の金地城に配置されて周辺に知行を有していたことから、国沢氏は本領への依存度を低下させる傾向にあり、こうした動向は戦国期に進行していた家臣団の地域間の移動を促していたとみられている。

さて、豊臣期の地検帳によれば非有は先の蓮台村全域のほかにも大高坂郷・秦泉寺郷・一宮村などに少給を有しているので[18]、これらの地域でも神森周辺と同様に非有は戦国期より支配行政にあたったと判断されよう。また、大高坂郷では一旦は国沢氏に安堵された本領を非有が獲得している事例が検出される点にも注目したい。地検帳は豊臣期のものなので、これ自体は豊臣期の知行替によると推測されるが、しかし非有は永禄期以来この地域の支配行政にあたっていたと考えられるのであり、この事例は戦国期よりすでに進行していた家臣団の移動政策に非有が継続的に関与していたことを示唆していよう。史料的制約のために推測を重ねてきたが、以上のように非有はむしろ支配行政の面において戦国期の長宗我部権力を支えていたと考えられるのである。

ところが史料Bには、非有が「軍議」に参加したとする傍線部①、また外交に携わったことを暗示する傍線部②、さらに毛利氏の外交を担った安国寺恵瓊と非有とが「一対坊主」と称されたとする傍線部③、これらの記述がある。いかに「潤飾」がままみられる『土佐物語』とはいえ、これらに関するしかるべき説明がないままでは、山本氏の見解も即座には否定しえないことになるし、また同書にも依拠しつつ提示した本稿の見解は恣意的な史料解釈にもとづいていることにもなろう。そこで傍線部①〜③の記述が生まれた背景を想定してみたいが、まずは史料Aにもほぼ同様の記述が存在しており、その点で信憑性のより高い傍線部③を検討することからはじめたい。ただ、その前提として安国寺恵瓊に対する本稿の認識を示しておく必要があろう。

一六世紀に来日したルイス＝フロイスは僧侶が領主の使者として外交に携わる当時の日本の慣習に好奇の目を向けており[19]、実際に多くの僧侶が戦国大名間で外交交渉を担っていた事実もこれまで明らかにされてきたが[20]、その事例としてもっとも著名なのが安国寺恵瓊である[21]。ただ豊臣期の恵瓊については大きく隔たった二つの見解があり、ともに通説の地位を占めてきた[22]。その一つは秀吉から知行を与えられた豊臣政権下の一大名とみる見解で、もう一つは毛利権力の中枢を構成した「年寄」とみる見解である。前者の大名説は、論拠となっている史料を検討してゆくと、その信憑性や解釈に少なからぬ問題があり首肯しえない。たしかに恵瓊は豊臣政権—諸大名（毛利氏以外も含む）間で交渉にあたっていたが、それは秀吉との間に「雇」関係が発生したからであり、大名に取り立てられたからではない。後者の年寄説については、「年寄」なる呼称には問題があるものの大筋では支持できる。戦国期より毛利氏の外交を担ってきた恵瓊は、天正末惣国検地への参画が象徴するように、豊臣期には毛利権力の中枢を構成する存在となっていた。この恵瓊は当主輝元の帰依僧だったのであり、当主の帰依をうけていた点で非有と共通している。

こうした恵瓊の像をふまえると、傍線部③は、必ずしも外交を担った僧侶としてではなく、豊臣期において当主の帰依を背景に権力中枢を構成した僧侶として、恵瓊と非有とが比肩する存在のように記述されたものと考えられないであろうか。かかる想定が認められるならば、傍線部③の記述は戦国期の非有について本章が提示した見解を妨げるものではない。一方で山本氏の見解のうち戦国期に非有が外交政策を担ったとする点は、一つの傍証も示されていないままでは説得力に欠けるであろう。では、軍事を担ったとする点はどうであろうか。毛利氏の場合、豊臣政権より課される軍役に応じて家臣を組に編成しており、恵瓊は慶長の役や関ヶ原合戦などで組頭としてこの組を指揮していた。[23]したがって、恵瓊が軍事においても枢要な位置を占めていたことはまちがいない。これに対し非有は、後述のごとく在国部隊出兵の判断を委ねられていたものの、あくまでそれは長宗我部当主が遠征中といった特殊な状況のもとであり、恵瓊のように数度にわたり遠征に参加して実戦で直接指揮をとっていたわけではない。そもそも、当の『土佐物語』さえ史料Bの直後で、関ヶ原合戦の首謀者として処刑された恵瓊の最期と対比しつつ、「此非有は国政に交はると雖、毫髪の私なく、利慾に耽らず、武功もなく勇名もなく、一生終りけるとぞ聞えし」[24]と述べている以上、傍線部③を論拠として戦国期の非有が元親の軍事政策をたすけたと主張するのは妥当ではあるまい。外交や軍事の面ではなく、むしろ当主の帰依を背景に権力中枢を構成して行政の面で活躍した僧侶として、非有はあの恵瓊とならぶ「一対坊主」なのだと人々は評していた、と考えるべきであろう。

次に、傍線部①②についてであるが、史料Aにはこれらに対応する記述がみられないので「潤飾」された箇所と判断され、まずこの点で信頼しうる史料的所見とはいいがたい。傍証がえられないままで、かかる信憑性を欠く記述にもとづいて「元親の軍事外交政策をたすけた」とする結論を導き出すのはあまりに危険であろう。しかし依然として、傍線部①②のような記述がなにゆえ生まれたのかという疑問は残る。想像を逞しくすれば、戦国期に長宗我部—金子間で同盟交渉を担当した栄音が非有と同じ滝本寺の僧侶であったため、その栄音の像が投影されて傍線部①②のような記述が生まれたのだと想定されはしないだろうか。そこで節をあらためて、この栄音が戦国期長宗我部権力の軍事や外交においていかなる役割を果たしていたのかについて検討したい。

2 栄音

栄音については、すでに山本大氏が「岡豊城下滝本寺の僧で元親と秀吉との戦いの際、元親の同盟者であった金子元宅との交渉にあたり、伊予戦線で外交上大きな役割りを果した[25]」と的確に指摘している。ただ、この指摘がなされた当時からすると戦国期伊予の政治史は藤田達生氏の研究などによって大幅に書きかえられてきたので、長宗我部―金子同盟の歴史的意義にも留意しながら栄音の活動をより具体的に検討しておきたい[26]。

一六世紀中頃の伊予では東部の宇摩・新居両郡に石川氏、中部の約一〇郡に守護河野氏、喜多郡に宇都宮氏、瀬戸内海に来島氏、南部の宇和郡に西園寺氏、これらの五勢力が並立していた。従来は河野氏がやがて伊予を統一したとみなされてきたが、じつは依然として諸勢力が河野氏に抵抗し続けていたのであり、その代表例が石川氏であった。永徳元（一三八一）年以降、新居郡の分郡守護は基本的には備中守護細川氏であったが、その勢力が衰退した一六世紀中期以降は備中守護代石川氏の一族が守護の権限を行使するようになった。そして、この石川氏のもとで急速に台頭してきたのが金子元宅で、彼は郡内の諸領主に対する指揮権を獲得してゆく。しかし金子元宅は守護の権限を石川氏より奪取したわけではなく、あくまで幼少の石川虎竹の義兄（姉婿）として指揮権を行使したのであった。天正二（一五七四）年、河野氏は宇摩・新居両郡の支配権を足利義昭によって承認されたものの、以降も河野氏の支配が両郡におよんだ徴証はない。それは、以下で述べてゆく長宗我部―金子同盟が存在していたからにほかなるまい。

長宗我部元親の次男親和を養子に迎えた讃岐天霧城主の香川信景らの斡旋によって、天正六年頃から長宗我部氏と金子氏は接触をはじめたが[27]、天正九年七月に元親から元宅に送られた起請文が示すように、この年には確実に同盟関係が成立していた[28]。その起請文で元親は「境目」で紛争が生じた場合には加勢することを誓約しており、このような長宗我部氏との同盟関係を背景として金子氏は河野氏の支配を排除し、郡内あるいは隣接する地域の諸領主に対して指揮権を行使しえたのだと考えられる。ただ、起請文で元親が「御家中」にいかなる事態が発生しようとも元宅と申談することをも誓約している事実が示すように、元宅が同盟関係を構築しようとしたのは金子氏内部に紛争の火種があり、これを沈静化する効果も期待していたからなのである。

この起請文の冒頭には「右之意趣」とあり、約款をまとめた別の箇所が存在したと推測されるものの、該当するものは見出せない。しかし幸いにも、同盟の約款を具体的に示す次のような史料が残されている。

史料C　(天正一三年)五月一八・二六日付金子元宅・長宗我部元親連署覚状[29]

覚

一於道前表我等不知行仕候、御為付而如此候、
一壬生川行元於他国仕候者、彼知行分、北条弐千貫ほと明置候、此内北条之儀者、従先年細川家ニ相済候、右之成行に有之、於其節可得御意候、為御心得如此候、
一万一道後表、依存分国中之義者、可為不本候、於左様者、国切ニ可被罷成候、是城下国領ニ付而、得御意候、可有御分別事、
一対御貴殿我等無二之覚悟を以悴進退及迷惑候ハヽ、子共・悴家之儀、可有御引立事、
一境目分家之儀付而、石盛被得御意由候、自然彼被申分於御取上者、其辻御内証被仰聞へく候事、
一彼家之義付而、我等存分得御意事、

一ヶ条之御理、滝本寺（栄音）条々申談候事、
一得御意趣、於御分別者、此覚ニ御判被作、可被懸御意候、一両度以ヶ条得御意被懸懇給置候へ共、御判無之候へ者、向後之鏡ニも不罷成候条、如此申事候、ヶ様ニ得御意候ても、拙者存分相違候ハヽ、不入事候、以上、

五月十八日　　金備元宅（花押）

五月廿六日　　長宮元親（花押）

元親公まいる

金　備まいる

この覚状は敬語表現や最後の箇条の内容から、金子側の意向で作成されたとみてよかろう。さらに日付・差出書・宛所にも着目すると、まず五月一八日に元宅が署判したうえで長宗我部側に送付し、五月二六日に元親が署判するという手続きをへて、この覚書は作成されたと考えられる。最後の箇条で元宅が述べているように、元親の「一両度」にわたる了承に加えて「向後之鏡ニ」するためにこの覚状は作成されたのであるから、ここには同盟の約款が集約されていることになる。

冒頭の一条から三条までの三箇条は、長宗我部氏が首尾よく道前～道後を席捲した場合の金子氏の処遇とくに所領に関する内容となっている。伊予では国府（現今治）を中心に、国府が存在する地域を道中、これより都に近い地域を道前、都から遠い地域を道後と呼んだが、この頃の道前は国府があった越智郡からその東方の桑村郡・周敷郡におよぶ地域を、道後は越智郡よりも西方の野間・風早・和気・温泉・久米・浮穴・伊予の七郡などを指していたようなので[30]、道前～道後は当時金子氏が掌握していた地域ではない。しかし二条に注目すると、金子氏が道前とりわけ新居郡に隣接する周敷郡の北条に触手を伸ばしつつあったことが知られる。壬生川行元の他国により北条の二〇〇〇貫程

度の知行は空白地帯となろうが、この北条は以前より細川氏の支配領域ということになっていたのであり、こうした来歴をふまえて当該地域に対する支配を了承してくれるよう元宅は元親に求めている。ここに登場する壬生川氏は周敷郡に隣接する桑村郡を根拠地として、河野氏にしたがっていた勢力である。[31]つまり北条は河野氏―壬生川氏と、細川氏―石川氏―金子氏との係争地域であり、その支配権を奪還することは、守護代としての由緒を有する石川氏を戴く金子氏にとって歴史的な課題であったと考えられる。ところが、この周敷郡には金子氏がその動向を憂慮する黒川氏や、[32]以下検討してゆく金子氏の分家も存在しており、この地域の支配権をめぐる争いは複雑な様相を呈していたのである。

続く四条から六条までの三箇条には、その分家も含んだ金子のイエに関連する約款がならんでいる。四条によれば、元宅は同盟の遵守とひきかえに金子家存続の保証を元親に求めているが、これは自身の戦死も予想される情勢からするとごく当然の内容にも思われる。しかし五・六条に注目した場合、複雑な金子氏内部の問題が背景にあったことが知られるのである。「石盛」なる人物が「境目分家」にかかわる要望を元親に認めてもらうべく画策しているらしいが、もしそれを元親が承認するならば、その旨を内々に元宅に知らせること、また「境目分家」についての元宅の意向は元親も承認済みであること、これらの約款がそれぞれ五・六条で確認されている。よって、金子氏には「境目分家」が存在しており、その去就をめぐる問題があったことがわかる。

白石友治氏の研究によれば、元宅には長男宅明、次男毘沙寿丸、三男鍋千代丸、四男新発智丸、計四人の男子がおり、三男鍋千代丸の周敷家、四男新発智丸の氷見家が分家として派生していた。[33]金子宗家の継嗣については、毘沙寿丸に宛てられた天正一三年の元宅置文[34]の存在とその内容から、長男の宅明ではなく次男の毘沙寿丸であったことが知られる。さらに元宅置文で「周敷之家」は「万事毘沙寿丸可申付候」と、家督を継ぐ毘沙寿丸の統制下に周敷家があることがわざわざ確認されている点よりすると、元宅が史料Cでその去就を憂慮していた「境目分家」とは分家のうちでも周敷家であったと推定される。元宅にとって長宗我部—金子同盟は、新居・宇摩両郡や周敷郡における支配権の安定ならびに金子というイエの存続、この二つの問題を同時に解決する重要な選択肢だったのである。

この同盟交渉に長宗我部側の担当者としてのぞんだのは、史料Cに「ヶ条之御理、滝本寺条々申談候事」と明記されているように、滝本寺の僧栄音であった。天正一二年、元親は正月一五日付書状(35)で宇和郡御荘を制圧しつつある戦況などを元宅に伝え、また「道後道前島表」に関する新情報を求めたが、同時に「返々も其面之儀、殊貴所別而御入魂頼存候」と元宅に対する信頼を表明することも忘れていない。この書状とゆきちがいで元宅からの書状が元親のもとに達したらしく、元親は一七日にも書状(36)を元宅に送り、元宅が憂慮する黒川氏への長宗我部氏の対応を伝えた。また同時に「道後之儀、于今無珍説候歟、芸州次第之様子令推察候」とも述べているように毛利氏と河野氏の接近に関する詳細な情報を求めている。このように元親・元宅の両者は情報を交換しつつ同盟関係を強化していったが、元親が一七日の書状の末尾で「猶委曲滝本寺可申入候間、不能審候」と述べているように、この正月の段階でも栄音はより具体的なかたちで交渉に関与していたのである。

同年の八月、元宅からの使者に接した元親は一八日付の書状(37)を元宅に送ったが、その書状は「毎事任口上之条閣筆候」とする簡略な内容であった。ところが、同日付の栄音書状(38)では、今後の戦略が具体的かつ詳細に述べられていた。[補註3]すなわち、毛利勢が渡海してきた場合には、阿波・讃岐方面では金子氏ら東予の軍勢が応戦すること、土佐からは香宗我部親泰らが応援に駆け付けること、元親らは伊予の浮穴郡・宇和郡方面に進駐すること、以上のような毛利勢進攻への対応策が元宅に伝達されたのである。またこの書状で栄音は、たとえ毛利・河野の両氏(39)が秀吉と同盟していようとも「一戦の事ハ可御心易候」と述べており、同盟者の元宅に安堵感を与えるよう配慮しながら、同盟の維持と強化に貢献していたことが知られる。こうした栄音の書状をうけて、元宅は八月二七日付の返書で毛利勢の渡海に関する情報を伝えたようで、これに対して栄音は九月一日付の返書[40]でその情報の実否を確認するとともに、「尚々切々御飛脚被差越御入魂之段、さて〳〵奇特千万之由、被入感候」と元宅の入魂ぶりに元親も感じ入っている様子を伝えている。さらに、この返書で栄音は「能々拙僧相心得可申入旨候」とも述べており、このことから元親の意向によって「拙僧」すなわち栄音が同盟の交渉担当者に定められていた事実も判明する。

先の史料Cでみられた周敷家に関する約款は、すでに天正一二年一一月の段階で長宗我部氏に承認されていたが、その時元宅に発給された元親・信親の連署状[41]には「委曲滝本寺可有演舌候」とあり、またこれと同時に元宅に発給された元親書状[42]では戦勝のあかつきには知行を給与することが約されていたが、この書状にも「委曲滝本寺可被申達候」とある。これらの所見もまた、栄音こそが同盟交渉の担当者であったことの徴証となろう。

なお天正一二年の七月に久武親直が元宅の要請をうけて[43]、長宗我部—金子同盟を保障する起請文[44]を元宅に送っており、豊臣期の長宗我部権力でも重要な存在であった親直[45]が同盟関係を保障する重責を当時果たしていた事実も確認される。さらに新居郡と近接する土佐郡桑瀬を根拠地とした桑瀬通宗らも同盟関係を確認していたが[46]、これは戦時に逸早く加勢すべき存在だったからであろう。現に桑瀬氏は、やはり新居郡と近接する土佐郡高野を根拠地とした高野氏らとともに、金子氏の高尾城に籠城することになる[47]。また中島重弘が栄音と連署して元宅に送った書状[48]も確認される。このように長宗我部側では複数の人物が同盟交渉に関与していたのであるが、本節で検討してきたように、史料Cで「ヶ条之御理、滝本寺条々申談候事」と明記されていた栄音こそが、元親の意向により交渉の実務を担当した人物だったのである。

以上のように、栄音は長宗我部—金子同盟の交渉担当者だったのであるが、その果たした役割のうちでも注目されるのは、栄音が元宅に対して毛利勢進攻への対応策を伝達していたことである。その際、栄音が元親らの軍事行動などを具体的かつ詳細に述べていた事実を重視するなら、栄音は外交のみならず軍事においても戦国期の長宗我部権力を支えていたと判断される。してみると、戦国期において「元親の軍事外交政策をたすけた」と評されるに相応しいのは、非有ではなくむしろ栄音ということになる。こうした栄音の姿が浮かびあがってくると、傍線部①②の記述が生まれた背景について前節で示した想定は、にわかに現実味を帯びてこよう。

3　滝本寺と長宗我部氏

秀吉による四国攻撃は天正一三（一五八五）年六月から開始され、阿波・讃岐・伊予の三方面に上陸した部隊が次々と長宗我部勢力の諸城を攻略していった。結局、元親自身が戦闘に参加することはなく八月六日までに講和が成立して、元親は土佐一国を安堵された[49]。長宗我部氏の同盟者であった金子元宅は、伊予に上陸した小早川隆景・吉川元長ら毛利勢の猛攻をうけて高尾城で戦死する。その元宅は毘沙寿丸に対して、前述の置文で「元親・信親・久内蔵（久武親直）・滝本寺を以深重申合辻御座候間、土州より郡中へ被仰談候ハヽ、両家心遣有間敷候」「元親公御父子より御数通すミ付を給置候間」などと言い残していた。つまり、元宅の遺子毘沙寿丸の行く末は長宗我部氏の援助に委ねられていたのであり、この点からも同盟者元親に対する元宅の信頼のあつさがうかがえるが、ではその後、毘沙寿丸をはじめとする金子一族にはいかなる処遇が待っていたのであろうか。

天正一六年に作成された長岡郡江村郷の地検帳[50]には、「金子毘沙寿給」なる記載が二筆存在する。この金子毘沙寿は、元宅が行く末を案じたあの毘沙寿丸にほかならず、元親は彼に知行を与えて金子というイエを存続させていたのである。また香美郡の「香宗分」で「金子久左衛門」「金子介衛門」「金子二良左衛門尉」などが[51]、安芸郡の井尾喜村や川北村では「金子平兵衛」「金子平大夫」などが[52]、それぞれ知行や屋敷を与えられている。これらはその名字からして、元宅の一族であると推測されよう。幡多郡の地検帳[53]では、観音寺村・古津賀村・佐岡村において「伊与衆　金子給」なる記載が計九筆も確認され、「伊与衆」とある以上これらは元宅の一族の知行とみてまちがいない。また同じ幡多郡の平田村では「金子周防給」なる記載が計四筆確認されるが[54]、白石友治氏はこの金子周防なる人物を元宅の長男宅明のことであると推定している[55]。このように元親は毘沙寿丸をはじめとする金子一族を土佐に保護していたのである。さらに、長岡郡の笠川村・左右山村・久礼田村では「石川給」あるいは「石川殿給」なる記載が計一八筆も確認される[56]。「与州牢人」なる註記が付された筆があることから、これらは元宅の主家にあたる石川氏やその当主虎竹の知行とみてよい[57]。以上のように元親はかつての同盟者元宅の信頼を裏切っておらず、その継嗣毘沙寿丸をはじめとする金子一族やさらにはその主家にあたる石川一族も長宗我部氏の保護のもと豊臣期の土佐に居住していたのである。

右の所見のうち、とくに同盟の交渉担当者であった栄音との関係から見逃せないのが、毘沙寿丸の知行の所在である。先に示した「金子毘沙寿給」なる二筆は、じつはともに江村郷のうちでも滝本村で確認される。いうまでもなく栄音の滝本寺はこの滝本村にあり、ここには滝本寺の寺領が存在していた。毘沙寿丸が滝本村で知行を有していたのは、単なる偶然の一致とは考えにくく、栄音が同盟交渉を担当していた経緯と深くかかわっているはずである。おそらく、栄音は同盟の締結や維持・強化だけではなく、その事後処理にも関与していたものと推測される。ところが栄音は、あの元宅置文を最後に史料上から足跡を断ってしまう。その一方で、豊臣期の文書史料や地検帳に頻繁に登場してくるのが、戦国期より支配行政の面において長宗我部権力を支えていたと考えられる非有である。

この非有も栄音と同様に滝本寺の僧侶であった。ここで、この両人や滝本寺と長宗我部氏との関係について考えてみたい。戦国期の長宗我部氏が本拠とした岡豊城は江村郷にあり、同郷は岡豊城を中心に「城下域・郊外域・外縁部」の三圏構造になっていたとされる。(58) 滝本村はその外縁部に含まれるが、(59) 岡豊城からは直線にしてわずか二キロメートルほどの距離に位置しており、こうした地理的関係をふまえるならば滝本寺と長宗我部氏との間には密接な関係があったと予想されよう。実際、滝本寺の棟銘には(60)「天正七年霜月吉日新建立毘沙門天王住吉一宇旦那秦元親子息信親」とあり、まず元親・信親（天正一四年の戦死まで継嗣）父子が旦那として滝本寺を保護していた事実が確認できる。さらに右の棟銘には続いて「勧進者阿闍梨栄音」とあるので、とくにこの建立が栄音の勧進によるものであった事実も確認できる。戦国期において元親・信親父子は旦那として滝本寺を保護し、その僧栄音に帰依していたのであり、やはり滝本寺と長宗我部氏との間には密接な関係があったことになる。おそらく、こうした関係にもとづいて栄音は長宗我部―金子同盟の交渉担当者に抜擢されたのであろう。一方の非有もまた、『土佐古城伝承記』に「元親の帰依僧也」（史料A）とあったように、栄音同様に元親そしておそらくは信親からも帰依されていた。豊臣期の地検帳によれば、(61) 滝本寺は滝本村を中心に江村郷で計三五反余の寺領を有しており、このことは元親らが非有に帰依していた事実をよく示していよう。また地検帳に記載された寺領は、あくまで非有が台頭した豊臣期のものではあるが、先の棟銘を重視するならば、豊臣期になって突如給与されたものではなく、栄音も活躍した戦国期以来のものとみるのが自然であろう。「滝本は外からみれは小寺なりいり〳〵て見れは名所大寺」と歌った草取歌からは、(62) 滝本寺の隆盛とその背景にあった長宗我部氏による保護の手あつさがうかがえよう。この滝本寺は慶長五（一六〇〇）年の長宗我部氏除国以降は退転したと推測されており、(63) こうしたのちの運命もまた、滝本寺と長宗我部氏との関係の深さを如実に物語っていよう。

栄音や非有は元親らの依頼に応じて滝本寺で祈禱などを執り行ったことと思われるが、ここでは長宗我部権力が重視した宗教的な事業や行事における非有の活動に関心をむけてみたい。文禄三（一五九四）年六月、元親・盛親（信親の死去により継嗣）父子は、当時の本拠であった吾川郡浦戸に近接する長浜の若宮八幡宮に「武運長久・国家安全祈所」として「横殿」を新造した。その時の棟銘[64]には造営事業を担当した四人の「御奉行」が列記されているが、非有はその筆頭にあげられている。この若宮八幡宮で出陣の際に戦勝が祈願されたのに対して、土佐郡にあった一宮（土佐神社）では凱旋が報告されたという[65]。

元親は永禄一一（一五六八）年にその一宮の再興事業を開始したが、この事業開始は「戦国大名としての起点を劃する現象[66]」あるいは「土佐国の領主や民衆たちに対し、信仰面においても自らが土佐国の新たな統治者となることを内外に告知する演出の舞台[67]」と評されており、同社に対する保護は豊臣期においても依然として長宗我部氏こそが土佐の統治者たることを象徴する行為であったと考えるべきであろう。豊臣期の地検帳では一宮やその神主が権益を有していた所領を多数確認することができ、これらの存在が示すように長宗我部氏は一宮に対する保護を豊臣期においても継続していた。こうした所領のうち「一宮執行給」「一宮　神主右近大夫給」などが滝本村にも散在している点からすると[68]、同社と滝本寺あるいは非有との間には何らかの関係があったと予測されはしないだろうか。その意味で、次の史料はまことに興味深い。

史料D　慶長元年一二月晦日付非有奉書[69]

此牛の玉　盛親様より御社進被成候、御武運長久・福貴・御安全喜瑞也、

慶長元年

十二月晦日　　非有（花押）

一宮社家中まいる

まず、この史料Dの文書名に言及しておきたい。内容的には寄進状といえるが、様式に着目した場合にはいかなる呼称がこの文書には相応しいであろうか。この文書を「非有書状」とする刊行物もあるが、[70]「慶長元年」の年号および「也」の書止め文言から明らかなように書状様式ではなく、[71]かかる呼称は用いるべきではなかろう。盛親の意を奉じて非有が出したものと解される点を重視して、右に掲げたごとく「非有奉書」と呼んでおきたい。

さてこの奉書によれば、盛親は「御武運長久・福貴・御安全」の奇瑞とされる牛玉を一宮に奉納しているが、それは武運長久などの祈禱を執り行うことが一宮に期待されていたからにほかなるまい。かかる奉納や祈禱は先に検討した長宗我部氏と一宮との関係からすると、盛親個人の純然たる私的行為ではなく、公的な意味合いを帯びていたと考えるべきであろう。右の非有奉書は今回の奉納が非有を通じてなされた事実だけでなく、土佐を支配する長宗我部権力の公的な宗教行事に非有が携わっていた事実も示しており、こうした所見に接すると、あらためてあの「国政の奉行」（史料A）なる評にも合点がゆこう。

若宮八幡宮や一宮の事例が示すように、非有は武運長久や国家安全の祈禱といった長宗我部権力にとってきわめて重要なそして公的な意味をもった宗教的な事業・行事に携わっていたが、こうした点からも非有が「元親の帰依僧」であったこと、さらにはその継嗣盛親の帰依僧でもあったことが確認されよう。

戦国期から豊臣期にかけて長宗我部氏は滝本寺をあつく保護しており、同寺の栄音や非有に帰依していた。栄音と非有は、単に同じ滝本寺の僧侶というだけでなく、長宗我部氏の帰依僧という共通した性格を有していたのである。しかしながら、戦国期に栄音が長宗我部―金子同盟の交渉を担当したように外交の面で長宗我部権力を支えていたのに対して、非有は新たに統合された土佐郡で要衝の城とその周辺の知行を預けられたように支配行政の面で長宗我部権力を支えていたのである。このような役割の相違が、豊臣期における両人の動静を左右することになる。かつて戦国大名として四国統合の途上にあった長宗我部氏にとって同盟関係を構築する外交交渉は重要課題だったはずで、それを担っていたのが栄音だったのである。しかし、豊臣大名として「際限なき軍役」(72)をはじめとする多大な負担を強いられることになった長宗我部氏にとっては、限りある領国に対する支配体制の強化こそが最重要の課題となり、かかる状況が非有の台頭を要請することになったのである。

4　豊臣期の非有斎

冒頭でも述べたように非有は豊臣期における領国支配のキーパーソンだったのであり、多岐にわたる権限を行使していた事実がすでに明らかにされているが、本章の考察によって明らかになった戦国期における非有の役割をふまえて豊臣期における非有のそれを検討し、非有の存在意義をより具体的に提示してみたい。

元親は秀吉に降伏した天正一三（一五八五）年のうちに、長岡郡岡豊から土佐郡大高坂へ移住したようで(73)、以後この地を新たな拠点としてゆく。前述のごとく非有が永禄期以来この大高坂の支配行政に神森周辺と同様にあたっていたと判断されること、さらに豊臣期には大高坂郷で国沢氏の本領を獲得していること、これらの点からすると非有が大高坂の拠点化事業にも深く関与していたと予測されよう。豊臣期の地検帳を検討すると、大高坂近隣の石立村で「非有ゐ」なる記載が三箇所も確認できる(74)。これが検地以前からの状況なのか、検地にともなって生じた状況なのかは判断しにくいが、しかし新拠点が創出されていた時期その近隣に非有が屋敷を所有していたのは確実で、この事実は当時非有がそこに起居して拠点化事業に参画していたことを推測させよう。こうした推測の有力な傍証ともなるのが、天正一九年頃に開始された浦戸の拠点化における非有の活動である。
長宗我部盛親は家臣に対して浦戸への移住を命じ、この政策に応じた場合には加増さえ認めていたが、命にしたがわない家臣を盛親が厳しく叱責していた事実とこれらの家臣が文禄四（一五九五）〜五年になってようやく移住している事実が示すように、政策は順調ではなかったようである。(75) また次の史料が示すように、かつて大高坂の城下町を構成していた市町の浦戸への移転も難航していた。

史料E　年未詳四月六日付非有・森本右介（助）宛盛親書状写(76)

追而申候、蓮池町・山田市の事、如何様出来心候哉、森（森本）右介と申付事候、頓〳〵作合候様仕候へく候、其外新市新町・あさくら町・蓮池町・山田町何もふる屋敷ニ相残候ハヽ、明七成敗仕候へく候、かしく、

（後略）

ここにみえる「新市新町」は戦国期における長宗我部氏の拠点であった長岡郡の岡豊城下から、「あさくら町」は土佐郡の朝倉城下から、「蓮池町」は高岡郡の蓮池城下から、「山田町」は長岡郡の山田城下から、それぞれ大高坂に移転されていたもので、(77) 非有がその創出に参画したと推測される大高坂城下町の発展がまず知られる。この書状に「明七成敗仕候へく候」とあるように、盛親は恫喝も交えてこれらの市町を浦戸へ再移転させようとしており、［補註4］その遂行が非有と森本右介に命じられている。じつはこの森本右介は先に指摘した浦戸への移住を渋っていた家臣の一人で、文禄四年に移住しているので書状の発給年はこれ以後と思われるが、右介は慶長二年の「秦氏政事記」(78)によれば「普請奉行」に任命されており、土木工事もともなう市町の再移転を担当するのに相応しい人物であった。かかる人物とともに、非有は市町の再移転を遂行する任務を帯びていたのである。盛親は右の書状を発給する一〇日程前にも右介に対して判物(79)を発給していた。そこには「非有かたよりも可申越候、いまた不相届候哉、申付儀候条此状着次第

頓此方可相越候、聊以不可有油断者也」とあるので、おそらく当初より右介は市町移転の担当者として大高坂に派遣されていたのであろう。しかし事態の進捗が思わしくないので、盛親は非有を通じて右介を浦戸へ一旦召還し、非有も加えて再度派遣することで事態の打開をはかったのであろう。また、浦戸移住に応じた家臣への加増が「非有依仰」つまり非有の命令により実施されていた事実もすでに確認されている(80)。以上のように、非有は新拠点を創出する事業に様々なかたちで参画していたのであり、こうした役割は戦国期における非有のそれの延長上に位置付けられようが、とくに豊臣期になってから生じた、ある状況が非有に要求した役割も検討しておきたい。

豊臣政権下の大名にとって「際限なき軍役」を滞りなく負担することは存亡にかかわる義務であったし、京都や伏見で「御成」などを通じて秀吉やその側近との交際を維持することもまた重要な政治課題であった(81)。元親らが島津勢力攻撃から慶長の役にいたるまで数度にわたり出陣した事実や伏見邸で秀吉を饗応した事実が示すように、長宗我部氏も例外ではなく、戦時に限らず平時においてさえ当主が在国する期間は短期化していた。換言するならば元親ら当主の留守期間が戦国大名段階よりもはるかに長期化することになったわけだが、その場合には領国支配を誰かに委任する必要が生じよう。現に非有は、当主の留守期間に跡職を求める家臣の申請を久武親直・豊永藤五郎らとともに認めたり（当主の事後承認をうける）(82)、また公役を勤めない家臣に対する切米支給の延期を専決してもいた(83)。こうした留守期間における権限の委任という観点から注目されるのが次の史料である。

史料F　（慶長五年）八月二〇日付堅田元慶・毛利元康連署状写(84)

雖未申達候、与州辺之儀ニ付而、委細曽禰孫左衛門尉（景房）可被申候条被仰談、此節方角之儀可有御馳走候、盛親様江申入、御状等取付可申候へ共、其段者口上ニ令申候、此方より為頭分村上大和守父子（武吉・元吉）被差出候、其御心得候て御動不可有御油断候、恐惶謹言、

八月廿日

堅田兵部少輔
元慶　判
毛利大蔵太輔
元康　御判

滝本寺非遊（有）老　人々御中

周知のとおり、関ヶ原合戦に際して毛利輝元は恵瓊を通じた石田三成の要請をうけて大坂城に入った[85]。輝元らは、毛利秀元・吉川広家や長宗我部盛親などを伊勢方面に展開させる一方で、東軍諸将の居城を接収する作戦もとっており[86]、その一環として伊予には村上武吉・元吉などが投入された[87]。当然のことながら抵抗が予想されたので[88]、かつて伊予を根拠地としていた曽禰景房を派遣して長宗我部勢に協力を求めるべく発給されたのが右の連署状（連署者の堅田元慶は輝元家臣、毛利元康は毛利一門）である。ここでまっさきに目をひくのは宛所の「滝本寺非遊（有）老」で、本章で注目してきた非有が長宗我部側の窓口になっていたことが知られる。元慶らが非有に容認を求めているように、在国中の長宗我部勢の伊予出兵には転戦中の当主盛親の了承を示す「御状」が本来は必要なのであるが、それは「口上」で伝達するとして元慶らは出兵を要請している。こうした要請が非有に対してなされているのは、非有こそがかかる出兵の可否を決定しうる人物だったからにほかなるまい。ただ、非有が合戦にのぞんで直接の軍事指揮権を行使した事実は確認されず、その点でこの所見をもとに恵瓊との共通性を非有に認めることはできないように思われる。盛親が転戦していた特殊な状況を重視するならば、この所見もまた留守期間における非有への諸権限の委任という観点から評価すべきであろう。すなわち、諸権限の委任は跡職承認や切米支給など主として行政の面で観察される現象なのであり、非常時における在国部隊出兵に関する決定権の委任もその一環として出現したものと評価すべきと考えられる。

おわりに

四国の諸勢力を統合してゆく戦国大名長宗我部氏にとって、武力行使による制圧だけでなく外交交渉による懐柔もまたその有効な手段だったことは言を俟たない。とりわけ伊予における諸勢力の統合は難航しており、それゆえ長宗我部―金子同盟の締結はきわめて重要な政策であったといえるが、これを担当したのは栄音であった。一方、新たに統合した地域に対する支配の安定も長宗我部氏には要請されることになる。のちに本拠が移された土佐郡の南部はとくに重視された地域だったと考えられるが、そこで要衝の城とその周辺の知行を預けられて支配行政を担当したのは非有であった。この栄音と非有は長宗我部氏のあつい保護をうけていた滝本寺の僧侶で、ともに当主の帰依僧であった。おそらく、こうした関係にもとづいて両人は前記の重要な役割を戦国期において与えられていたのである。ところが豊臣期になると栄音の足跡は絶えてしまい、これとは対照的に非有の方はむしろ台頭してゆく。この浮沈は、直接は個々が担った役割の相違によるものと考えられる。「際限なき軍役」など多大な負担を強いられることになった豊臣大名長宗我部氏にとっては限定された領国に対する支配体制の強化こそが最重要の課題となり、非有の行政手腕が発揮されていった。本章で指摘した新拠点を創出する事業への参画もその例であるが、この一事にとどまるものではない。かつて長宗我部権力の支柱であった一族や家老などは豊臣期になると領国支配における重要性を低下させる傾向にあり、一方で当主自身が領国内権力を集中していった。かかる状況のもと奉行人組織を有する中央集権的な体制が確立されつつあったが、冒頭でも述べたようにこの体制は非有によって運営されていたのである。

非有がかくも権勢をふるいえた理由として、単に非有の行政手腕が優れていた点を指摘するだけでは不十分であろう。当主権力が強化されてゆく状況との関連性を看過してはなるまい。非有が一族や家老など旧来の門閥的な勢力の出身ではない以上[89]、非有台頭の理由は家柄などの由緒ではなく、むしろ当主元親らとのパーソナルな関係に求めてゆくべきで、その関係を支えていたのは、やはり帰依ということになろう。非有は当主の信頼のみによって家臣団における自らの存在およびこれに派生する諸権限に正当性をえていたわけで、この点から高木昭作氏などが注目してきた出頭人であったとみなされる[90]。そもそも出頭人の権勢は一代限りの非世襲的なものであり、非有のような僧侶身分の場合にはイエ意識にもとづくような後継者はいないのでその非世襲性は当然で、元親ら当主にとっては手中におさめた諸権限を与えるあるいは委任する場合、すこぶる好都合の存在であったろう。これが非有が権勢をふるいえた大きな理由であろうが、さらに当主の留守期間が長期化していた事情も考慮しておくべきである。当然のことながら、当主の留守時にも領国支配は維持されねばならず、問題は当主がそれを誰に託すかであるが、掌中にある諸権限を委ねようとする場合、信頼しうるかつその地位が世襲される危惧のない人物が選択されよう。こうした人物として相応しいのは、やはり当主の帰依僧である非有ということになろう。

豊臣期の長宗我部権力では以前よりも元親ら当主に権力が集中されていったが、当主はその行使を自身の帰依僧である非有に委任していたのである。非有は、その一環として当主の留守時には隣国への派兵決定権をも委任されるにおよんでいた事実が示すように、いわば当主の分身として豊臣期における長宗我部権力を支えていた。ここに、長宗我部権力に占めた非有の存在意義を認めることができよう。

最後に、今後の課題を確認しておきたい。本章にも地検帳や『掟書』に依拠した部分はあるものの、必ずしも十分に活用しているとはいいがたい。じつは、これらの再検討と活用は長宗我部氏研究における大きな課題として諸先学が指摘してきたところでもある[91]。ただ、こうした課題も意識しながら解決されなくてはならない当面の課題の一つとして、豊臣期における長宗我部氏の継嗣問題があげられよう(92)。

元親の長男信親が天正一四年に死去したため三男親忠と四男盛親を当事者とする継嗣問題が生じ、結局は盛親が家督を継承することになる。この問題はこれまでも長宗我部権力内におけるヘゲモニー闘争の一環として言及されてはきたものの、しかしどの時点でまたどの権限が盛親へと移譲されてゆくのかなど具体的な様相についての考察は放置されてきた。元親死去は慶長四年のことであるが、すでに文禄期より盛親署判の打渡状が散見されるようになり(93)、知行宛行権は盛親に移譲されていったと推測される。ところが一方で、慶長元〜二年制定と考えられる『掟書』――元親の名を冠して『長宗我部元親百箇条』と呼ばれてきた――には元親・盛親連署の体裁をとる諸本が存在している(94)。してみると、権力の移譲はある時点を境にして一挙に実現したのではなく、いわば二頭体制のもとで徐々に進行していったと予測される(95)。また長宗我部氏が豊臣政権下の大名である以上、この継嗣問題を長宗我部権力内の事象としてのみ考えるべきではなく、中央政治からの影響も想定してみる必要があろう。こうした観点より想起されるのが、山本博文氏の研究(96)が発表されてから学界の注目を集めるようになった「取次」や播磨良紀氏が指摘した「名代」豊臣秀長(97)の存在で、秀吉―大名間の交渉にあたったこれらが長宗我部氏の動静にも少なからず影響を与えていたはずである(98)。さらに看過しえないのが、秋澤繁氏によって提唱された、土佐一条家を推戴する領国支配秩序としての「御所体制」である(99)。秋澤氏は戦国期にも存在したこの体制が天正一四年末の段階で秀吉によって復活された事実に着目し、この復活が時期的にみて信親の死去などによって生じる「領国体制動揺」の防止措置であったこと、一方でこの体制そのものが長宗我部氏の統制に一定の機能を有したことなどを想定している。よって、「取次」「名代」の活動だけでなく、この特異な「御所体制」の推移も視野におさめて前記の問題を検討してゆくべきことを銘記しつつ、おわりにしたい〔補註5〕。

註

(1) 元親が四国を統一したとする説は、藤田達生「豊臣期国分に関する一考察」(『日本史研究』第三四二号、一九九一年、のち同『日本近世国家成立史の研究』〈校倉書房、二〇〇一年〉収録)により否定されている。[補註6]

(2) 秋澤繁「解説」(同編『戦国大名論集15長宗我部氏の研究』吉川弘文館、一九八六年、以下『大名論集15』と略)参照。

(3) 山本大「長宗我部政権の変質と一領具足」(『大名論集15』、初出一九五八年)、同『長宗我部元親』(吉川弘文館、一九六〇年)など参照。

(4) 「はじめに」で述べる豊臣期の状況については本書第三章参照。

(5) 『皆山集第二巻宗教(2)・歴史(1)篇』(高知県立図書館、一九七五年)所収『土佐古城伝承記』六〇〇頁。後述のごとく『土佐古城伝承記』は軍記物としては良質の史料とされている。なお、句読点などは津野が付したものである。

(6) 『高知県史古代中世史料編』(高知県、一九七七年)所収『土佐国蠹簡集』六五九号。以下、同書所収の『土佐国蠹簡集』『土佐国蠹簡集拾遺』『土佐国蠹簡集木屑』『土左国古文叢』をそれぞれ『蠹』『拾』『木』『古』と略し、同書の文書番号を付す。なお「秦氏政事記」の概要については本書第三章参照。

(7) 佐藤進一・池内義資・百瀬今朝雄編『中世法制史料集第三巻武家家法Ⅰ』(岩波書店、一九六五年)二八六～二八七頁。『長宗我部元親百箇条』なる呼称は原題ではないので(『中世法制史料集第三巻武家家法Ⅰ』「解題」)、本章では便宜的に『掟書』と呼ぶことにする。

(8) 『土佐物語一』(国史研究会、一九一四年)一二五頁。

(9) 引用した山本大「軍事上からみた長宗我部氏」(『軍事史学』五巻四号、一九七〇年)における発言は明らかに戦国期についてのものである。ただこれ以前に発表された註(3)著書二二一～二二二頁の指摘は戦国～豊臣期についてのものともとれる。

(10) 豊後守の実名は、市村高男「永禄末期における長宗我部氏の権力構造」(『海南史学』第三六号、一九九八年)参照。

(11) 註(5)『土佐古城伝承記』五九九頁、註(3)山本著書三一頁。

(12) 関田駒吉「土佐史界の開拓者谷秦山」(同『関田駒吉歴史論文集下』高知市民図書館、一九八一年、初出一九三三年)。なておきたい。

お本書第三章で史料Aの記述に言及しえなかったことは、調べの甘さによるものだが、論旨には影響を与えない点は確認し

(13) 註(8)『土佐物語一』一二五頁には「神森城をば非有に預けて守らせらる」とある。
(14) 『高知県の地名』(平凡社、一九八三年)「円行寺城跡」。
(15) 註(8)『土佐物語一』一二五〜一二六頁。
(16) 『長宗我部地検帳土佐郡下』。本稿では、刊本『長宗我部地検帳』全一九巻(高知県立図書館、一九五七〜六五年)を使用し、その巻名を記す。
(17) 註(10)市村論文参照。
(18) 『長宗我部地検帳土佐郡上』。
(19) 岡田章雄訳注『ヨーロッパ文化と日本文化』(岩波書店、一九九一年)七二頁。
(20) 岩澤愿彦「越相一和について」(『郷土神奈川』第一四号、一九八四年)、長谷川弘道「戦国大名今川氏の使僧東泉院について」(『戦国史研究』第二五号、一九九三年)など参照。
(21) 河合正治『安国寺恵瓊』(吉川弘文館、一九五九年)参照。
(22) 以下、本書第九章参照。
(23) 毛利氏の組編成については、加藤益幹「豊臣政権下毛利氏の領国編成と軍役」(『年報中世史研究』第九号、一九八四年)およびこれを批判的に継承した中西誠「近世初期毛利氏家臣団の編成的特質」(藤野保編『近世国家の成立・展開と近代』雄山閣出版、一九九八年)参照。
(24) 註(8)『土佐物語一』一二五頁。『土佐古城伝承記』にはこれに対応する部分は存在しない。
(25) 註(9)山本論文。ところで、白石友治『金子備後守元宅』(帝国教育学会、一九三四年)では、この栄音と非有は同一人物とされている。よって、山本氏と同様に別人とみる立場をとる本稿の見解をここで示しておく必要があろう。白石氏は論拠を提示していないが、強いてそれを推察するならば、①前述の地検帳の「非有斎」なる呼称を想起すると、栄音が非有(斎)を斎号としていた可能性があること、②文書史料で確認される個々の活動時期が重複しないこと、③同じ寺院の僧侶

であったこと、以上の点が考えられる。まず①を検討してみたい。書状の差出書を検証した結果、栄音署名のもとにある花押と非有署名のもとにある花押は一致しない（前者は白石著書六六頁所載の写真参照、後者は『秀吉と桃山文化―大阪城天守閣名品展―別冊』〈毎日新聞大阪本社文化事業部、一九九六年〉高知県立歴史民俗資料館出品資料28参照〈以下、同館出品資料を出品資料と略〉）。よって、①の見方には難があろう。次に②についてであるが、長宗我部氏関係文書の残存状況は良好ではなく、ことに戦国期はその傾向が顕著で、当該期の非有に関する文書が検出されないことはさほど不自然ではない。また比較的信頼しうる軍記物の記述である史料Aが存在している。最後の③については、同一寺院に複数の僧侶が存在することは何ら特殊な現象ではないので詳論の必要はなかろう。そもそも②③が成り立つ要件は栄音から非有への改名である。なるほど、そう仮定した場合には花押の相違も改名にともなうものとして説明できる。しかしあくまで改名を仮定して成り立つ見解なのであり、この点をクリアしえないままでは説得的ではなかろう。呼称が異なる以上、同一人物であることを証明しうる史料的所見が提示されない限りは、栄音と非有とは別人と考えるのが筋であろう。

(26) 以下で述べる伊予の情勢については註（1）藤田論文、註（25）白石著書参照。

(27) （天正六年）一二月二〇日付元宅宛香川信景書状（『愛媛県史資料編古代・中世』〈愛媛県、一九八三年、以下『愛』と略〉二二二六号）、同日付元宅宛香川親和書状写（『愛』二二二七号）、同日付元宅宛吉良貞堯書状（『愛』二二二八号）。

(28) 天正九年七月二三日付元宅宛元親起請文（『愛』二二六六号）。

(29) 『愛』二四六〇号。本文書については、註（25）白石著書所載の写真や東京大学史料編纂所架蔵写真帳「金子文書」、『蠹』四四三号、『大日本史料第十一編之七』三一三～三一四頁所収文書（ただし『蠹』四四三号に該当する写本を採用）と校合したうえで掲載した。なお、五条の「付而」に続く二字は文脈から人名であると推測され、『愛』・『蠹』・註（25）白石著書はいずれも「石盛」、一方で『大日本史料』は「名盛」と判読している。写真を検討してみると、どちらにも難があるように思われる。ただ、しかるべき代案もないので、さしあたり前者の見解にしたがっておく。

(30) 『愛媛県の地名』（平凡社、一九八〇年）「道後村」、（天正一三年）七月二七日付周伯恵雍宛吉川元長書状（『大日本古文書吉川家文書別集』七六号）参照。

(31) 『愛媛県史古代Ⅱ・中世』（愛媛県、一九八四年）第二編第三章第二節。

(32)(天正一二年)正月一七日付元宅宛元親書状(『愛』二四〇七号)、(同年)八月一八日付元宅宛栄音書状(『愛』二四二五号)、(同年)一二月一四日付元宅宛中島重弘・栄音連署状(『愛』二四四三号)。
(33)註(25)白石著書、(天正一二年)一一月四日付元宅宛長宗我部元親・同信親連署状(『愛』二四三六号)、天正一二年一二月一四日付元宅宛桑瀬通宗・同弥介・同弥七郎連署状(『愛』二四四二号)など参照。
(34)(天正一三年)六月一一日付毘沙寿丸宛元宅置文(『愛』二四六二号)。
(35)(天正一二年)正月一五日付元宅宛元親書状(『愛』二四〇六号)。
(36)註(32)(天正一二年)正月一七日付元宅宛元親書状。
(37)(天正一二年)八月一八日付元宅宛元親書状(『愛』二四二四号)。元宅の使者宇高筑前守は、和泉上守護代であった宇高氏の一族とみられる(岡田謙一「和泉上守護代宇高氏についての基礎的考察」〈『日本歴史』第六二二号、二〇〇〇年〉参照)。
(38)註(32)(天正一二年)八月一八日付元宅宛栄音書状。
(39)毛利—河野関係の親密化については西尾和美「戦国末期における毛利氏の婚姻政策と伊予」(『日本史研究』第四四五号、一九九九年、のち同『戦国期の権力と婚姻』〈清文堂出版、二〇〇五年〉収録)参照。
(40)(天正一二年)九月一日付元宅宛栄音書状(『愛』二四二七号)。
(41)註(33)(天正一二年)一一月四日付元宅宛元親・信親連署状。
(42)(天正一二年)一一月四日付元宅宛元親書状(『愛』二四三七号)。
(43)(天正一二年)七月一九日付元宅宛久武親直書状(『愛』二四二三号)。
(44)天正一二年七月一九日付元宅宛久武親直起請文(『愛』二四二二号)。
(45)註(9)山本論文参照。
(46)註(33)天正一二年一二月一四日付元宅宛桑瀬通宗・同弥介・同弥七郎連署状。
(47)(天正一三年)七月二一日付桑瀬殿宛元親書状写(『蠹』八三九号)、(同年)七月二八日付高野殿宛元親書状(出品資料13、『蠹』八四〇号はこれの写)。

(48) 註(32)(天正一二年)一二月一四日付元宅宛中島重弘・栄音連署状。
(49) 註(1)藤田論文など参照。
(50) 『長宗我部地検帳長岡郡下』。なお『大日本史料第十一編之十七』二三五〜二三六頁、註(25)白石著書も参照。
(51) 『長宗我部地検帳香美郡上』。
(52) 『長宗我部地検帳安芸郡下』。
(53) 『長宗我部地検帳幡多郡中』。
(54) 『長宗我部地検帳幡多郡下の一』。
(55) 註(25)白石著書。
(56) 『長宗我部地検帳長岡郡下』。
(57) 註(25)白石著書は高峠城の虎竹が非有を頼り土佐に逃れたとするが論拠は不明。
(58) 小林健太郎「長宗我部氏時代の城下町」(『大名論集15』、初出一九八一年)。
(59) 註(9)山本論文の「岡豊城下滝本寺」とする見解には、検討の余地があろう。
(60) 『南路志闔国之部上巻』(高知県文教協会、一九五九年)「滝本村」。なお、『蠹』四一二号はこの一部と推測される。
(61) 『長宗我部地検帳長岡郡下』。
(62) 『南路志闔国之部上巻』「滝本村」。
(63) 『高知県の地名』「滝本寺跡」。
(64) 文禄三年六月吉日付長浜若宮八幡宮棟銘写(『古』一〇四四号、なお『木』三〇四号もほぼ同文)。
(65) 『高知県の地名』「若宮八幡宮」「土佐神社」。
(66) 秋澤繁書評「高知県史古代・中世篇」(『海南史学』第一〇号、一九七三年)。
(67) 註(10)市村論文。
(68) 『長宗我部地検帳長岡郡下』。
(69) 出品資料28。『拾』一二三四号・『古』一〇七一号は同文書の写。

（70）註（25）『秀吉と桃山文化―大阪城天守閣名品展―別冊』三一頁、三七頁。

（71）佐藤進一『［新版］古文書学入門』（法政大学出版局、一九九七年）参照。

（72）山口啓二「豊臣政権の構造」（同『幕藩制成立史の研究』校倉書房、一九七四年、初出一九六四年）、同「豊臣政権の成立と領主経済の構造」（同右、初出一九六五年）、藤木久志「豊臣期大名論序説」（同『戦国大名の権力構造』吉川弘文館、一九八七年、初出一九六四年）参照。ただ秋澤繁「豊臣政権下の大名石高について」（『大名論集15』、初出一九七五年）が指摘するように、秀吉への服属から慶長の役にいたるまで長宗我部氏の軍役人数三〇〇〇人は固定されており、政権との間にあった「微妙な政治的条件」も軍役基準に影響を与えていたと推測される点には留意すべきであろう。

（73）下村效「戦国・織豊期、土佐国の伊勢参宮」（同『戦国・織豊期の社会と文化』吉川弘文館、一九八二年、初出一九八二年）参照。

（74）『長宗我部地検帳土佐郡上』。

（75）本書第三章参照。

（76）『蠹』八七三号。

（77）島田（松本）豊寿「豊臣大名城下町としての大高坂城下町」（『大名論集15』、初出一九六七年）参照。

（78）『蠹』六五九号。

（79）年未詳三月二六日付森本右介宛盛親判物写（『蠹』八七一号）。

（80）文禄五年三月二七日付吉松与右衛門宛徳久弥兵衛・谷弥左衛門打渡状写（『蠹』六四八号）。本書第三章参照。

（81）藤田達生「近世成立期の首都京都」（『歴史科学』第一五四号、一九九八年、のち註（1）同『日本近世国家成立史の研究』収録）、拙稿「豊臣政権における「取次」の機能」（『日本歴史』第五九一号、一九九七年）参照。

（82）（慶長三年）三月二九日付大藪紀伊守宛非有・豊永藤五郎・久武親直連署状写（『蠹』六七一号）。本書第三章参照。
なお、書状様式の当文書における署判順は、日下から奥へ非有・藤五郎・親直の順となっている（藤五郎は印判）。本書第三章では、当文書の名称を「三月二九日付久武親直・豊永藤五郎・非有連署状写」としたが、本章でも取り上げた（天正一二年）一一月四日付元宅宛元親・信親連署状（『愛』二四三六号）では日下に元親が、奥に信親が署判している点などを考慮して、一応右のようにあらため、他の書状様式の連署状も同じ方法で文書名を付した。註（80）の徳久弥兵衛・谷弥左衛門打渡状写（『蠹』六四八号）については、書状様式ではないので奥、日下の署判順にしたがってこのような文書名を使用した。毛利氏の場合、天正末惣国検地の連署打渡状では日下の署判者が他の署判者よりも上位者もしくは実務責任者であった事実が明らかにされており（秋山伸隆「惣国検地の実施過程」〈同『戦国大名毛利氏の研究』吉川弘文館、一九九八年〉、なお本書第九章で秋山氏の見解とくに上位者にかかわる指摘を打渡状以外の文書に援用したのは、いささか性急であったと反省している）、今後はこうした事例もふまえて長宗我部氏関係の文書群も検討してゆく必要があると考えている。[補註7]

（83）　年未詳一二月九日付森本右介宛非有書状写（『蠹』八七六号）。本書第三章参照。

（84）　『萩藩閥閲録第三巻』（マツノ書店、一九九五年）二頁七号。

（85）　笠谷和比古『関ヶ原合戦』（講談社、一九九四年）、拙稿「豊臣～徳川移行期における「取次」」（『日本歴史』第六三四号、二〇〇一年）など参照。

（86）　たとえば、蜂須賀至鎮の阿波渭山（猪山）城が毛利勢に接収されている（拙稿「豊臣政権の「取次」蜂須賀家政」〈『戦国史研究』第四一号、二〇〇一年〉参照）。

（87）　（慶長五年）八月二七日付村上武吉・宍戸元真・村上元吉・曽禰景房宛毛利輝元書状写（『萩藩閥閲録第三巻』一～二頁三号）。

（88）　実際、加藤嘉明の松前城では激しい攻防戦があり、景房や元吉も戦死している。（慶長五年）九月一八日付曽禰高政宛佐世元嘉書状写（『萩藩閥閲録第三巻』二頁四号）、『村上図書系譜』（『萩藩閥閲録第一巻』〈マツノ書店、一九九五年〉五九三～五九五頁）参照。なお、註（1）藤田論文によれば、天正一三年の段階で曽禰氏は長宗我部勢力に属していたとみられ、こうした縁故も重視され景房が折衝にあたったと推測される。

（89）　「谷忠兵衛とて、元親肱股《ママ》の臣なりしは、非有が弟なり」とする註（8）『土佐物語一』一二六頁の記述を信頼するならば、非有は幡多郡の奉行として知られる谷忠兵衛の兄ということになる。

（90）　高木昭作「「秀吉の平和」と武士の変質」（同『日本近世国家史の研究』岩波書店、一九九〇年、初出一九八四年）、同『江戸幕府の制度と伝達文書』（角川書店、一九九九年）、辻達也「近習出頭人について」（同『江戸幕府政治史研究』続群書類従完成会、一九九六年、初出一九六二年）など参照。非有を出頭人とみなす点については本書第三章を参照されたいが、「非有法師と云人、元親公帰依の僧にて御傍に有て」とする『土佐軍記』（東京大学史料編纂所架蔵謄写本「土佐国群書類従」）の記述を重視した。註（12）関田論文によれば、本書は寛永期（一六二四〜四四年）以前成立の『長元記』を「増修潤飾せしもの」で、寛文期（一六六一〜七三年）以前には成立していたとされる。

（91）註（2）秋澤「解説」、註（10）市村論文参照。

（92）註（66）秋澤書評参照。

（93）文禄二年四月一三日付宮地五良左衛門宛盛親打渡状（出品資料27、なお本文書には日下から奥へ依岡源兵衛・久万次郎兵衛・奥宮左衛門の順に三人の署判があり、この奥に「右為加増申付候、随分在津之覚悟可仕者也」の文言が続き、その次行に盛親花押がある）など。［補註8］

（94）『中世法制史料集第三巻武家家法Ⅰ』「解題」参照。

（95）市村高男氏は、「事実上の代替わり」を発給文書数の推移から文禄三年頃とみている（荻慎一郎・森公章・市村高男・下村公彦・田村安興『高知県の歴史』〈山川出版社、二〇〇一年〉第四章参照）。

（96）山本博文「豊臣政権の「取次」の特質」（同『幕藩制の成立と近世の国制』校倉書房、一九九〇年、初出一九八四年）、同「豊臣政権の「指南」について」（同右、初出一九八九年）。

（97）播磨良紀「豊臣政権と豊臣秀長」（三鬼清一郎編『織豊期の政治構造』吉川弘文館、二〇〇〇年）参照。

（98）当初は蜂須賀正勝・同家政が秀吉―長宗我部間の「取次」であったとみられるが（註（1）藤田論文、註（86）拙稿）、のち増田長盛らに交代したと推測される。

（99）秋澤繁「織豊期長宗我部氏の一側面」（『土佐史談』第二一五号、二〇〇〇年）。

［補註1］本書第三章［補註10］参照。

［補註2］本書第三章［補註6］参照。

［補註3］本書第一章註（35）参照。

［補註4］目良裕昭「戦国末〜豊臣期土佐国における城下町の形成と展開」（市村高男編『中世土佐の世界と一条氏』高志書院、

二〇一〇年）は史料Eとして掲げた盛親書状写を大高坂城の「城東」に位置した「国沢の新城下市町」の整備を命じたものと指摘している。しかし、「国沢の新城下市町」形成の理由や契機に関する見解には疑問をおぼえるので、通説にしたがって市町の浦戸への再移転を命じたものと理解しておきたい。

〔補註5〕　盛親の家督相続に関しては本書第四章で考察している。

〔補註6〕　本書補論一参照。

〔補註7〕　土居喜一郎「長宗我部氏の「新留守居制」と久武親直」（『海南史学』第四八号、二〇一〇年）は「新留守居」（非有・久武親直・豊永藤五郎）と「三人奉行」（豊永藤五郎・山内三郎右衛門・久万次郎兵衛）の連署状を分析し、「三人以上で連署する場合には、両端の署名者の地位が高いパターン」、「新留守居」のうち二人だけが署名する場合には「地位が高い順に右から左に署名するパターン」がとられることを明らかにした。なお、「新留守居」については、平井上総「豊臣期長宗我部氏における権力構造の変容」（同『長宗我部氏の検地と権力構造』校倉書房、二〇〇八年）参照。

〔補註8〕　本書第四章註（10）参照。

第三章　豊臣期における長宗我部氏の領国支配

はじめに

前近代日本においては僧侶が政治に深くかかわっていた例は枚挙にいとまがないが、それらに対する考察は往々にして好事家の手に委ねられてきた。しかし、なにゆえ政治の舞台に僧侶が登場するのかという問題はある意味では、その政権の政権構想ともかかわる根本問題であり、その説明を放置したままでは、正確な政治史を描きだすことはできないと考えられる。本章では、このような問題意識の上に立ち、これまで歴史学が看過してきた戦国〜織豊期政治史における僧侶の意義に注目して、豊臣期における長宗我部政権像をとらえなおしてみたい。

戦国大名長宗我部氏は天正三（一五七五）年に土佐を統一し、やがて伊予中部を除く四国の大半を勢力圏としたが、[1]同一三年秀吉に降伏したことで豊臣政権下の一大名となった。同氏については、山本大『長宗我部元親』[2]、同『土佐中世史の研究』[3]、秋澤繁編『戦国大名論集15長宗我部氏の研究』[4]など、多くの研究が蓄積されてきたが、その多くは地検帳[5]を利用した土地制度史の解明に重点をおいたものであり、長宗我部政権の支配構造、政治構造についてはほとんど解明されていない。

秀吉に服属した大名の多くがそうであるように、長宗我部氏も「際限なき軍役」[6]をはじめとする多大な負担を強いられることになった。かつて山本大氏は、このような状況下で長宗我部氏は「一門・庶流を羽翼として横にひろがった中世惣領制的体制を否定して、専制権力者長宗我部氏を頂点とし、高級直臣以下をその下に配した縦の階層関係を作りあげる」という家臣団編成替を行ったとした。[7]氏は、この編成替によって久武氏・桑名氏・中内氏の三氏が「三家老」＝「三人奉行」として「広汎な権力を有した」[8]あるいは「中央にあって政治上の支配権を握っていた」[9]と理解している。しかしこの山本氏の理解には史料解釈上大きな問題があると考えられるのである。

そこで本章では、家臣団編成替により没落する傾向にあったとされる長宗我部氏の一族や、「三家老」・「三人奉行」について再検討するとともに、元親・盛親の周辺にあって領国支配を支えていたにもかかわらず、従来さして注目されてこなかった非有斎という一僧侶に光をあててみたい。これらの作業を通じて豊臣期における長宗我部氏の領国支配の構造と構想を明らかにしてみたい。

1　一　族

毛利元就が子息元春・隆景にそれぞれ吉川氏・小早川氏を継がせた例に典型的に示されるように[10]、戦国大名は支配領域を拡大するに際し、被征服者たる国人家を形式上は滅亡させることなく、当主の子息などを国人家に入嗣するという手段をよく用いた。それは家名の存続に窮極の意義を見出す日本的なイエの思想にもとづくものであり、それによって国人家の旧臣の不満を解消することができたのだろうと考えられるが、長宗我部氏の場合、土佐を統一する過程で元親の弟親泰は香美郡の香宗我部氏、同じく弟親貞は吾川郡の吉良氏、三男親忠は高岡郡の津野氏へと入嗣する。本節では、比較的文書史料に恵まれている親忠について、その旧国人領支配のあり方と彼が当事者であった継嗣問題を検討することを通じて、長宗我部氏の領国支配の状況とその志向を考えてみたい。

史料Ａ　天正一八（一五九〇）年七月一二日付谷弥左衛門宛津野親忠判物写(11)

毎度無緩奉公相勤候、為褒美津野領惣分紺役奉行ニ付候、向後可抽奉公者也、

（後略）

史料Ｂ　文禄三（一五九四）年一一月一四日付岡式部宛津野親忠印判状写(12)

此中奉公相心懸候条、為褒美越知面役人ニ相定候、万百姓役等無緩可申付候、勿論理不尽之沙汰聊以仕□間敷者也、

（後略）

史料Ａは津野親忠が谷弥左衛門を「紺役奉行」に任命した際の判物、史料Ｂは同じく親忠が岡式部を「役人」に任命した際の印判状であるが、これらの史料から親忠が旧国人領内における奉行人・役人を任命する権限を有していたことがわかる。また、知行宛行については次のような史料がある。

史料Ｃ　天正一八年九月五日付高橋鍵右衛門尉宛津野親忠知行宛行状写(13)

坪付　　高橋鍵右衛門尉給

合壱反八代五歩　神田郷依包名
同　郷武久名

右之所為加扶持ニ付者也、

（後略）

これは親忠が高橋鍵右衛門尉に旧国人領内で給地を与えたもので、同様のものが数例検出される。国人領内における宛行権は津野氏固有の権限であり、(14)入嗣した親忠はそれを継承したと考えられるのである。このことからするならば、先の旧国人領内における奉行人・役人の任命権についても、同様に津野氏固有の権限を継承したものと考えられ

よう。

以上から、長宗我部氏は降った国人津野氏に親忠を入嗣し、国人領内における津野氏固有の権限を親忠に継承させることにより、旧国人領を円滑に支配しようとしていたと考えられる。これは、長宗我部氏の領国支配の〈分権的側面〉といえよう。

しかし、第3節で検討するように、慶長二（一五九七）年の「秦氏政事記」によれば、長宗我部氏は中央機関と思われる奉行人組織を中五郡におき、この中五郡には津野氏領である高岡郡も含まれている。また、史料Aに登場した谷弥左衛門は天正一五（一五八七）年から同一八年にかけて安芸郡・長岡郡・香美郡・吾川郡・幡多郡・高岡郡における長宗我部氏の検地に従事し、(15) さらには第4節で述べるように中五郡の「土地并過銭雑物奉行」(16)になっており、あたかも長宗我部氏が親忠の有能な家臣を引き抜いているかのようである。[補註1] よって、親忠の旧国人領支配は全くの自由裁量で行われていたのではないと考えられる。その意味で、次の史料に注目してみたい。

史料D　年未詳三月二三日付津野親忠書状写(17)

返々聊も無緩如御法度可申渡候〳〵、以上、

従与州之此方へ之のき衆一人もとをすましき由東より之御法度状持せ候間、諸境目能々可相止候、勿論此方よりのはしりもの一人も通ましく候、とをり候者候者、くゝり候て此表へ引せ候へく候、いつも〳〵法度之上をゆるかせニ仕候間、此中はしり者少々通候事不及是非候、今よりかたく相止候て、せうこ（証拠）なく候ハヽ、可通ものをハきり候へと非有も被申候、村々へよく〳〵申触候へく候、猶委ハ此下勘介可申候、かしく、

三月廿三日　うら戸より　親忠（花押影）

ゆすはら　高橋惣兵衛

下村式部
中平駿河
其外衆中

これは、長宗我部氏の城下浦戸にあった親忠が、高岡郡檮原の家臣に対して伊予国境の出入り取締を強化するよう命じた書状だが、傍線部の「東より之」とは、高岡郡よりも東に位置する浦戸よりのという意味であり、「御」は長宗我部氏に対する敬意であると考えられるので、ここにみえる「御法度状」は長宗我部氏によって発給されたものと考えられよう。そして、この親忠書状はその長宗我部氏の「御法度状」に副えられたものと考えられるのである。つまり、親忠は長宗我部氏の命令を旧国人領内に遵行していたのである。

長宗我部氏の命令を遵行するという行為は、宛行権のような国人津野氏固有の権限に由来するものではなく、長宗我部氏の支配下に入ることによって、つまりは親忠が入嗣することによってはじめて生じたものであろう。長宗我部氏は国人家に入嗣した親忠の遵行によって旧国人領内に自らの御法度を徹底していたのであり、親忠は遵行という行為により、長宗我部氏の旧国人領支配を支えていたのである。これは長宗我部氏の領国支配の〈集権的側面〉といえよう。

天正一四（一五八六）年、元親の長男信親が豊後の戸次川の戦いで戦死したことで、三男親忠と四男盛親を当事者とする継嗣問題が生じた。(18) この過程で吉良親実の所領が没収され、(19) 慶長四（一五九九）年には親忠が幽閉、ついで翌年に殺害された。(20)

土佐統一をすすめる長宗我部氏にとって、新たに統合した旧国人領を円滑に支配するためには国人家に入嗣した一族は欠くことのできない存在であったはずである。にもかかわらず継嗣問題を契機に、長宗我部氏は一族を圧迫し、没落させる傾向にあったのである。当然それは、従来の一族に支えられた、〈分権的側面〉を色濃く残す支配体制の否定を意味したであろう。後述のごとく同時期に支配の〈集権的側面〉を担う機構が整備されつつあったことからすると、長宗我部氏による一族圧迫は、それに支えられていた支配の〈分権的側面〉の否定とそれに頼らない支配の〈集権的側面〉の伸張に眼目があったといえよう。豊臣期における一族の没落傾向は、領国内権力の集中を志向する長宗我部氏によって行われた支配体制転換の一局面であったと考えられる。

2 「三家老」

従来、「三家老」と「三人奉行」とは同一のものであり、その「三家老」とは久武・桑名・中内の三氏であったと理解されてきた(21)。しかし、この「三家老」と「三人奉行」を同一視する説には疑問を覚える。本節では、この「三家老」を中心とする「家老」について検討してみたい。

慶長二(一五九七)年に定められた『掟』第六条には「家老より外ハ、鷹持候事、令禁制事(22)」とあり、長宗我部氏の家臣団に「家老」が存在したことは疑う余地がない〔補註2〕。現在のところ、「家老」という語句を文書史料では見出していないが、『長元物語』には次のような記述がある。本章ではここに登場する者を「家老」として扱うことにする。

一。長宗我部殿三家老ト申ハ。久武。桑名。中内此外ニ江村。国吉。馬場。比江山。野田。吉田。野中加様ノ衆。其外ノ物頭物奉行。毎月六度ツヽ集。法沙汰ノヶ条。元親公ヨリ御タツ子ノ題目。其理非ヲ申上ル。多分御心応ス。其時ノ家老ハ各別才覚モ一フリ有ル様ニ取沙汰ス。老功ノ家老衆討死。又病死スルニ及ンテ。其アト次ノ子孫有トイヘトモ骨柄モ親祖父ヨリ違タリト。人々ツブヤキケリ(23)。

山本氏は、この記述と『掟書』第一一条の「国中七郡之内、三人奉行相定上者、彼奉行申付儀、諸事不可覃異儀事」[24]という条文をつきあわせ、「三家老」を「三人奉行」と理解し[25]、久武氏・桑名氏・中内氏らがその「三家老」として「広汎な権力を有した」と考えたのであるが、この説には二つの問題点がある。

第一は、「三家老」を「三人奉行」と判断する点である。確かに『長元物語』の記述から久武氏・桑名氏・中内氏が「三家老」であったこと、『掟書』の条文から「三人奉行」が広汎な権限を有していたことは認められる。しかし、「三家老」が「三人奉行」であるという論拠は示されておらず、この説を裏付ける史料も現在のところ見出せない。

第二の問題点は、久武氏・桑名氏・中内氏が「広汎な権力を有した」とする点である。氏が重視する久武親直は別として、『掟書』の作成される豊臣期において、桑名氏・中内氏やその他の「家老」が「政治上の支配権を握っていた」り、「広汎な権力を有した」ことを示す文書史料は見出せない。

以上のように、「三家老」を「三人奉行」とする説は成り立たず、のちに検討する久武親直はともかくとして、桑名・中内の二氏についてはとても「政治上の支配権を握っていた」、「広汎な権力を有した」とは考えられない。

さて、久武親直についてであるが、彼は領国支配に関するかなり強い権限を有していた事実が認められる。山本氏は久武親直について、『土佐物語』などの軍記物が記す伊予軍代としての活動や、文書史料によっても裏付けられる伊予金子氏との同盟交渉などから、長宗我部氏が秀吉に服属する以前における彼の軍事上・外交上に果たした役割を強調するとともに、服属後における元親の絶大な信頼、それによる彼の権力の大きさを強調する[26]。また、久武親直が継嗣問題において、盛親継嗣のために策動して、親忠を推した一族吉良親実らを討伐したらしいことや、関ヶ原合戦後の親忠殺害にも関与していたらしいことにも触れている。しかし、軍記物などの二次的史料に依拠する古典的ともいうべき方法には疑問を覚える。そこで、できる限り一次史料を用いてこの久武親直の領国支配における実態を検討してみたい。

史料E （慶長三〈一五九八〉年）三月二九日付大藪紀伊守宛久武親直・豊永藤五郎・非有連署状写[27]

以上

去廿三日之御状昨日到来令披見候、

一こむきうね（小麦畝）三太郎方しあわせせひなきしたひに候、 御両殿様御きちやうのうへにて彼あとしき貴所ないく

之儀者可令披露候、

（後略）

これは、元親・盛親が慶長の役に動員されている期間中の慶長三年三月二三日に大藪紀伊守が小麦畝三太郎の跡職を求めたのに対して久武親直・豊永藤五郎・非有の三人が連署して出した返事である。ここで、親直ら三人は元親・盛親への報告は、二人が帰朝したのちに行うとした上で、大藪の申請を認めている。事実、盛親は帰朝後にこれを認定しており、[28]親直ら三人の決定が効力をもったことが確かめられる。

史料F 慶長四年一〇月二〇日付片山某宛久武親直・久万次郎兵衛・山内三郎右衛門・豊永藤五郎・非有連署状写[29]

覚世様御判有之といふ共、作職之役儀各別に不仕来者、国中作職改之上ハ本給人自由可仕御法度候、其上田中三郎兵衛御成敗上者、右田地本給人之改田修理可□任自由者也、

（後略）

この連署状は、覚世様（元親の父国親）によって安堵された作職であっても、その所有者が「役儀」を負担していない場合、その作職については「本給人」の裁量に任せるという「御法度」[30]を援用しながら、何らかの咎により成敗された田中三郎兵衛の作職を没収し、「本給人」である改田（蚊居田）修理に与えるとした裁許状である。親直らが所

領をめぐる訴訟において、法に照らしながら審理・裁許にあたっていたことがうかがえよう。

史料G　慶長三年一一月一五日付豊永藤五郎宛長宗我部盛親判物写(31)

山中所々両年不作ニ付人民草臥候由候、一節国やくゆるし可置候、随分堪忍仕耕作可仕候、山中ニて調候ハて不叶事者大事小事ニよらす飯米可遣候、いさゝかの儀も於申付者非有・久内蔵（久武親直）・豊永藤五郎書物無之事者承引不可仕候者也、

（後略）

ここ二年不作が続いた山中の国役を免除し、必要あらば飯米を支給するという趣旨の盛親判物であるが、注日されるのは、国役も含めてどのような役を命令するにしても非有・久武親直・豊永藤五郎の発給した文書がない場合は、承引する必要はないとしている点である(32)。つまり、親直らの発給文書のみが、国役も含めた役を賦課する場合、効力を持っていたのである。なお、この判物写の宛所は豊永藤五郎であるが、おそらくこの文書の恩恵に預かる人物に転送されたと考えられる(33)。

次に、知行宛行に関する一連の文書を検討してみたい。

史料H　慶長五年九月一三日付久万次郎兵衛宛久武親直書状写(34)

檮原中平左京事年来之御奉公被聞食、彼表ニおいて壱町、里分ニ而壱町、合弐町被仰付候儀、奉行衆談合候て、早々御申付可有候、先年以（来イ）後彼仁心を遣貴所を始存知之前候、呉々山里かけて可然候、恐（々イ）惶謹言、

（後略）

史料I　（慶長五年）九月一三日付中平駿河守宛久武親直判物写(35)

貴所年来之心遣被聞食御給弐町被仰付候、久万次郎兵衛方より可被申越候、弥々無二御奉公専用ニ候、以上、

九月十三日　　　　　　　　　久　内蔵
　　　　　　　　　　　　　　　　親直（花押影）
　　ゆす原
　　　　中平駿河殿まいる
　万（尚カ）前田源兵へ・岡本民部其表無案内之事ニ候間、助言用捨有間敷候、以上、
史料Ｊ（慶長五年）九月二三日付中平駿河守宛久万次郎兵衛書状写[36]
其以後（来イ）不能面談候、御無事之由千万目出度候、殊前々より別而御心遣付而従親直如此被仰越候、貴殿へ之御状・私方へ之状ニ御袖判被成候、則持せ申候、慎（慥イ）可有御頂戴候、坪付之儀者永山久兵・市川蔵内談申追々相渡可申候、時分之儀候間、先御両通送進之候、委細者永久・市蔵江入魂申候、可被仰談候、恐々謹言、
　　　　　　久次兵
　九月廿三日
　　中平駿河守殿まいる
　尚々坪付之儀ハ両人内談申、聽而相澄（證イ）可申候、以上、

史料Ｈ・Ｉ・Ｊはいずれも、中平左近進に伝わった一連の文書である。史料Ｈにおいて、給地を約束されているのは中平左京であるが、史料Ｉ・Ｊによれば実際に給地をうるのは左京の父とされる駿河守のようである。この間の事情については未詳だが、とにかくこれらは知行宛行に関する一連のものである。この中平駿河守は、第1節の史料Ｄに登場した一族津野親忠の家臣であり、本来ならば親忠によって知行は宛行われるべきであるが、前述したようにこの時期親忠は幽閉中であった。また、盛親も九月一五日の関ヶ原合戦に参加するので、在国してない。よって、ここ

でとられている一連の手続きは、非常事態のもとに行われたもので、長宗我部氏が一般に行っていた手続きではないだろう。

ここで事実関係を整理してみると、まず、盛親が久武親直に中平駿河守に対して給地を交付するよう命じる。それをうけて久武親直は「奉行衆」で談合するよう命じる久万次郎兵衛宛書状（史料H）と、給地の交付があることを予告する中平駿河守宛判物（史料I）を作成する。そして、親直はその両書を盛親に提出し、袖判をうけたのち、久万次郎兵衛に送る。これをうけた久万次郎兵衛は、給地が交付されることを伝える中平駿河守宛書状（史料J）を作成して、先の両書（史料H・I）に副えて送る。〔補註3〕

これら一連の手続きから、非常事態下という条件つきながら、久武親直が知行宛行に関与しており、しかも奉行人である久万次郎兵衛に対して命令する立場にあったことが判明する。

久武親直の権限に関する諸史料を検討してきたが、次のようにまとめられよう。史料Eから、久武親直は元親・盛親父子が留守の領国支配を非有・豊永藤五郎・山内三郎右衛門・久万次郎兵衛らと担っていた。史料Fから、親直は訴訟の裁許にも非有・豊永藤五郎らと携わっていた。史料Gから、国役を含めた役の賦課については、親直と非有・豊永の発給する文書のみが効力を持った。史料H・I・Jから、特殊な状況下とはいえ、親直は知行宛行に関与しており、奉行人久万次郎兵衛に命令する立場にあった。

これらのことから、親直は広汎な領国支配に関する権限を有したといえよう。ここであらためて指摘しておきたいのは、親直の権限について検討してきた諸史料には、「三家老」である桑名氏・中内氏の名がまったく登場しないことである。このことは「三家老」が「三人奉行」として「広汎な権力を有した」という説を疑わせるに十分な事実であろう。

最後に、「家老」について考えられることをまとめておきたい。本章の対象とする豊臣期においては、久武親直以外の「家老」が広汎な権限を有したとは考えられないと述べてきた。しかし、そうならば、先の『長元物語』の記述はどう解釈すればよいのだろうか。記述の前半部分から山本氏が指摘するように、「三家老」をはじめとする「家老」がある時期まで相当な権限を有していたと想定することは可能であろう。しかしながら、後半の「其時ノ家老ハ各別才覚モ一フリ有ル様ニ取沙汰ス。老功ノ家老衆討死。又病死スルニ及ンテ。其アト次ノ子孫有トイヘトモ骨柄モ親祖父ヨリ違タリト。人々ツブヤキケリ。」という記述に注目した場合、そのような「家老」の役割は衰退する傾向にあったと推測されよう。もし仮に、前半部分のように、法度や、元親の諮問について「家老」が評定するという実態があったとしてもそれはあくまである時期までのことであって、そののち、「家老」の役割は衰退していったと考えると、『長元物語』の記述とここまで「家老」について検討してきた結果を整合的に理解できるのではないだろうか。『掟』の「家老より外ハ、鷹持候事、令禁制事」という規定からすると[補註4]「家老」は格は高いが、久武親直以外は豊臣期の長宗我部氏の領国支配においては、かつて有していたかもしれぬ発言力をすでに失っていたと考えられる。

本節の「家老」に関する考察が妥当なら、豊臣期において長宗我部氏は格の高い家臣である「家老」の評定によって諸事を決定するという領国支配を否定し、自らのもとに権力を集中しようと志向しており、新しい体制を創出しつつあったといえそうである。

3 「三人奉行」

本節では、「三人奉行」を中心とする奉行人組織を検討することを通じて、豊臣期における長宗我部氏の領国支配のあり方とその志向について考察し、あわせて「三人奉行」が誰であるのかについても推定してみたい。

まず、奉行人に関する『掟書』の条文を検討してみよう。

a「国中七郡之内、三人奉行相定上者、彼奉行申付儀、諸事不可覃異儀事」（一一条）(37)

b「為奉行人、名田、散田作仕候事、堅停止之事」（六一条）(38)

c「諸奉行人、雖為一在所、不遂言上、置目等申付事、停止之事」（六四条）(39)

aは再三取り上げる「三人奉行」に関する条文である。土佐国は七郡より構成されているので、「国中七郡」とは長宗我部氏の領国全体を指す。よって、「三人奉行」が奉行人組織の上層部にあり、領国支配に関する強力な指揮権を有していたであろうことがうかがえる。bは奉行人が農業経営に携わることを禁じた条文であり、奉行人の中には兵農未分離の家臣が含まれていたこと、またそれを長宗我部氏が禁止しようとしていたことがわかる。cは在所ごとに任じられた奉行人が独自に「置目」を設けることを禁じている条文であり、長宗我部氏が中央集権的な奉行人組織を整備しようという志向を有していたことがわかる。

これらからするなら、奉行人の組織は中央の「三人奉行」が上層部にあり、そのもとに兵農未分離の家臣も含む奉行人が中央・各地にいるといった構成だったのではないか、そして「三人奉行」の「申付儀」に各奉行人は「異儀」を申してはならず、各地の奉行人は中央に上申せずに「置目」を制定することは許されないという中央集権的なものであったのではないかと考えられる。このような組織が整備されるにあたり、第1節でみたような一族が支えていた支配の〈分権的側面〉は不要なもの、むしろ障害にさえなるものであったろう。それゆえ、長宗我部氏は継嗣問題を契機に一族を圧迫したのであろう。また、久武親直を除き、「家老」一般については奉行人に命令をくだした根拠となる史料はなく、また彼ら自身が奉行人であったことを裏付ける史料もない。「家老」は「鷹持候事」を許される格[補註5]

図1　土佐国略図

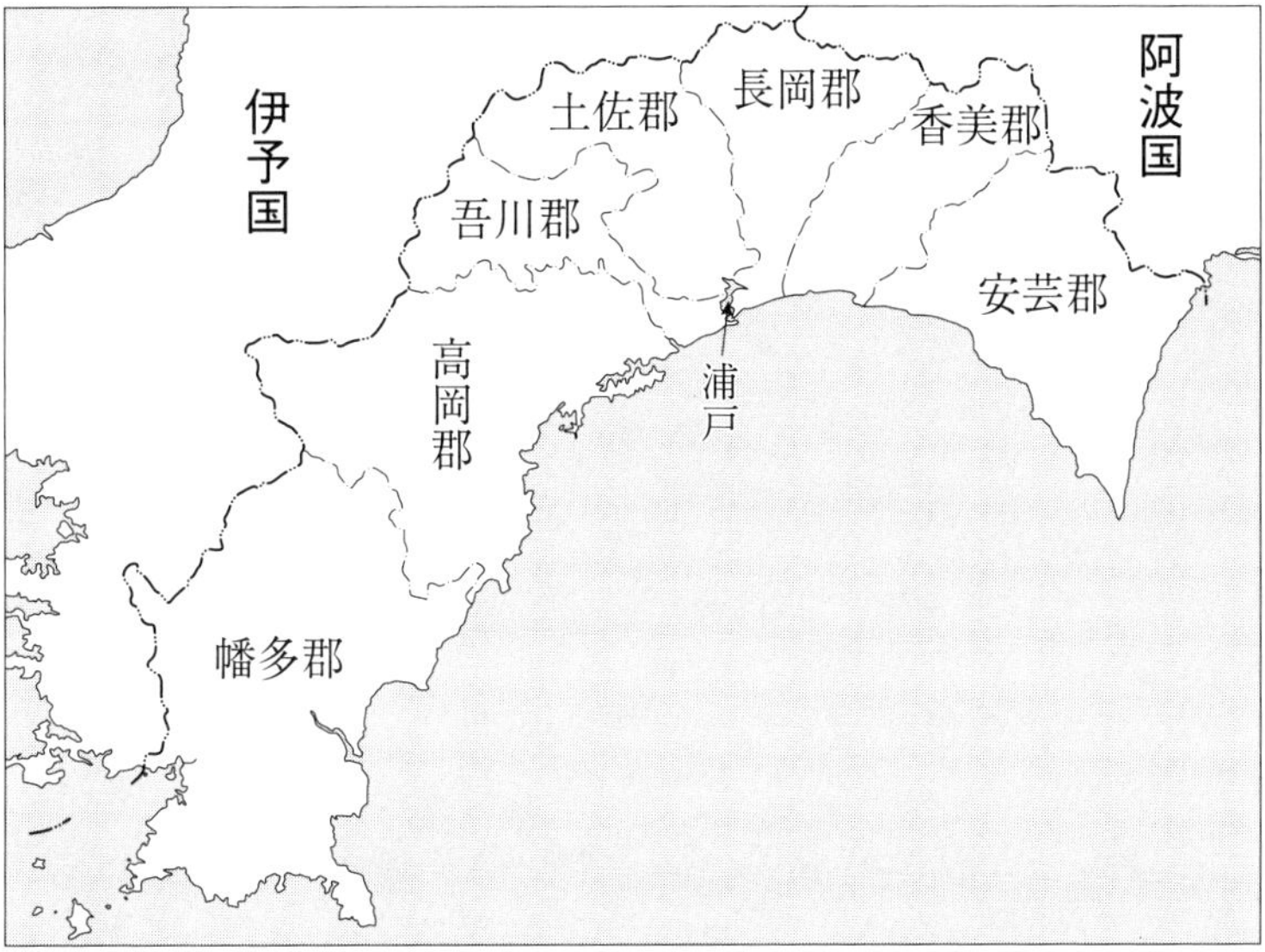

の高い家臣ではあるが、領国支配に占める役割を低下させていたのではないだろうか。長宗我部氏は一族・「家老」に支えられた分権的な支配体制から、中央集権的な支配体制への移行を志向し、その中央集権的な支配を徹底するために奉行人組織を整備していったのであろう。

　ここで、「三人奉行」について考えてみたい。長宗我部氏の奉行人組織を網羅する史料には「秦氏政事記」[40]がある。この史料は概ね、はじめに長宗我部氏が常備しておくべき武具・普請道具の目録、それに続き奉行人の職名と在任者の一覧、ついで代官・庄屋・刀禰の地域名と在任者の一覧を掲げ、最後に慶長二（一五九七）年三月二四日の日付と元親・盛親父子の花押影を有する奉行人に関する諸規定を掲げるもので、奉行人が職務遂行上必要な情報を整理した史料であるとみられるが、その奉行人の一覧によれば、長宗我部氏は安芸郡・中五郡（香美郡・長岡郡・土佐郡・吾川郡・高岡郡）・幡多郡の地区毎に奉行人を任命している。このうち安芸郡は領国の東端、幡多郡は西端であること、両郡の職名数が中五郡のそれに比べて著しく少ないことから、中五郡の奉行人組織は中央機関であり、安芸郡・幡多郡のそれは出先機関といったものではないかと思われる（図1参照）。その「中五郡諸奉行」の冒頭は「御地帳并諸帳奉行」であり、そこには豊永藤五郎・山内三郎右衛門・久万次郎兵衛の名が連なる。〔補註6〕さらに、豊永藤五郎と山内三郎右衛門は「御材木懸并人数遣奉行」を、久万次郎兵衛は「御名田散田公用奉行」を兼任しているが、この三人はここまで検討してきた史料にすでに登場している。まず史料Eには、豊永藤五郎が「家老」久武親直・非有とともに署名しており、長宗我部氏の留守の領国支配を担っていたことがわかる。また、史料Gによれば、国役を含めた役の賦課については、非有・久武親直・豊永藤五郎らの発給する文書のみが効力を有している。史料Fには、久武親直・久万次郎兵衛・山内三郎右衛門・豊永藤五郎・非有が署名しており、久万・山内・豊永を含む五名が訴訟の裁許に携わっていたことがわかる。以上からするなら、「中五郡諸奉行」の冒頭に豊永藤五郎・山内三郎右衛門・久万次郎兵衛が記されたのは偶然とは考えがたい。史料E・F・Gのいずれにも共通して登場する点を重視するなら久武親直・豊永藤五郎・非有が「三人奉行」であったと考えられなくもないが（イ案）、豊永藤五郎・山内三郎右衛門・久万次郎兵衛の組み合わせも想定しなくてはなるまい（ロ案）。そこで、一次史料ではないが、これにかかわる『土佐物語』の記述をみてみよう。

　此非有と申すは、元は真言坊主なり。当国滝本寺の僧侶にて、元親の帰依僧なるが、其器にや当りけん、国政の奉行になし、山内三郎右衛門・久万二郎兵衛・豊永五郎（ママ）と相並び、公事評定軍議に預かる。（41）

これによれば、非有なる人物が「国政の奉行」となりロ案の三人と「相並び、公事評定軍議」に携わっていたことがわかる。「相並び」という表現からするなら、ロ案の三人こそが「公事評定軍議」に携わる「国政の奉行」であると意識されていたと考えられよう。このように考えれば、ロ案の方が可能性が高そうである。久武親直については、長宗我部氏の意を受けて奉行人である久万次郎兵衛に命令をくだしている事実から（史料H）、「三人奉行」よりも上位に位置すると考えられよう。さらにもう一人見落とすことができないのは、史料E・F・Gに登場し、かつ右の『土佐物語』の記述からも元親の信頼や、領国支配における諸権限を有していたと推測される非有という人物である。この人物については、節をあらためて検討したい。

4 非有斎

右に掲げた『土佐物語』によれば、非有斎は長岡郡の真言宗滝本寺の僧侶であり、元親の帰依をうけて「国政の奉行」として「公事評定軍議」に携わっていた。山本氏はこの記述から「顧問的存在として元親の軍事外交政策をたすけたのであった[42]」と指摘したが、その領国支配における実態については言及していない。これまでの長宗我部氏研究は、領国支配における非有の重要性を看過してきたように思われる。そこで、本節では可能な限り一次史料を用いて、非有の実態に光をあてるとともに、彼の政権における性格についても考えてみたい。そして、このことを通じて豊臣期における長宗我部氏の領国支配の状況とその志向を考えてみたい。

(1) 非有の諸権限

先に触れた史料Eに非有は久武親直・豊永藤五郎とともに署名しており、元親・盛親父子が留守の期間中に、領国支配を担っていたことがわかるが、これに関連する次のような史料がある。

史料K　年未詳一二月九日付森本右助（介）宛非有書状写[43]

大紀州（大藪紀伊守）より之状令披見候、如仰書中之去年より切米遅々候、然ニ前々ニ相違今程国中京儀之御奉公役不休事候、

彼三人之衆山分と申又者遠路之事候へハ、何之公役等も不申候故、切米扣置候、此段自貴所御入魂候へく候、是ハ非有一存迄ニ候、殿様乍御父子御留主之事候間、御下向之時分具遂言上、追々可申候、先従貴殿右之趣御返事可然候、恐々謹言、

（後略）

これは、元親・盛親父子の留守中、「山分」・「遠路」を理由に公役を勤めない三人の家臣に対する切米支給の延期を通告した非有の書状であるが、このような措置を決定したのは、「是ハ非有一存迄ニ候」とあるように、非有だったのである。これと先のことを考えあわせると非有は、久武親直・豊永藤五郎とともに元親・盛親父子の留守中、領国支配を担い、かつ事項によっては専決していたことがわかる。

次に在地支配についてみてみたい。

史料L　文禄四（一五九五）年四月二六日付門田藤兵衛・谷甚（神）左衛門宛長宗我部盛親判物写(44)

其村代官・庄屋相定上自今以後不可有相違候、庄屋ハ諸公事免ニ而随分在所使堅可申付候、諸事非有申付事相背、第一起請面相違候者、右之両稜漫族於有之者、即時可成敗者也、

文録《ママ》四年卯月廿六日（盛親花押影）

山田島　門田藤兵へ
山田下之島　谷　神左衛門
戸板島

猶以万事公催触口之事以来まても無退屈堅固ニ可申付義肝要〳〵迄候、已上、

これは、門田藤兵衛・谷甚（神）左衛門両名の代官・庄屋(45)への任命に関する盛親判物であるが、(46)ここで注目される

のは、「諸事非有申付事」には背いてはならないと厳命されている点である。つまり、非有は彼ら在地の責任者に対する命令権を有していたのである。このような在地に対する非有の権限を示す具体例をいくつかみてみよう。

史料M　年未詳一二月一〇日付筏奉行・木山奉行・記奉行宛非有書状写(47)

はま田神左事在所井奉行にて候、はし〳〵の田地之事ニ候間、筏乗ニ御申付有ましく候、かしく、

（後略）

山田郷上田村の井奉行であった神左衛門は、その職務外である「筏乗」を筏奉行、木山奉行、記奉行らに強いられていたのであろう。神左衛門はそのことを非有に訴え、その結果、非有が筏奉行・木山奉行・記奉行の三者に神左衛門への「筏乗」賦課停止を要請したのがこの書状であろう。このように考えると、非有は在地の奉行人に対する命令権をも有していたことがわかる。

ところで、ここまでの二例はいずれも香美郡山田地方のものであるから、非有の在地に対する権限はこの地方にのみ限定されたものではないかとの反論も予想されるが(48)、次の事実はこのような危惧を払拭するであろう。

史料N・Oは大坂にあった元親が、文禄の役で活躍したのち土佐西端の幡多郡に帰省する中山新兵衛に与えたものである(49)。

史料N　（文禄二〈一五九三〉年）七月二一日付長宗我部元親書状写(50)

とまり〳〵にてしたく共よく申付候へく候、馬にものせ候へく候、

此中山事、天気悪候者、かちを人夫共やり付可遣候、又天気よく船便候者、可越候、たしかに浦戸まて送之候て、

又浦戸よりハ非遊《（有）》よく遣付候て、畑《（幡多）》へ可遣候、別而辛《（労カ）》身之事候、よく〳〵在々にてちそう候へく候、かしく、

（後略）

この書状は新兵衛を粗相なく幡多郡まで送り届けるよう命じており、事実上通行手形として機能したものとみられるが、その宛所には、最後の非有を除き、概ね土佐東端から中央部の城下浦戸にかけての地域もしくはそこの庄屋・刀禰が列挙されている。[51] 新兵衛はこの書状を各地の責任者に提示して便宜をはかってもらい浦戸にいたったと判断されるが、注目されるのは、「浦戸よりハ非遊（有）よく遣付候て、畑（幡多）へ可遣候」という文言である。「畑」とは幡多郡であり、浦戸（吾川郡）との間に高岡郡を挟み西端に位置する。この浦戸から幡多郡にかけては、非有の命令によって在地の責任者が新兵衛に対して便宜をはかることになるのである。元親・盛親が留守であるということを考慮せねばならないが、非有の在地に対する権限が香美郡山田地方に限定されないことは明らかであろう。また、単に在地に対するというだけではなく、領国内の交通網についても権限を有していたといえよう。

次に史料Nと同日付で発給された次の書状に注目してみよう。

史料O　（文禄二年）七月二一日付非有・谷忠兵衛宛長宗我部元親書状写[52]

御武者そろへニも居候ハんと申候へ共、人之（ママ）々申ま丶、重而之用のため下候ハ丶、神妙なる申事にて候、かしく、

此中山無比の者候、又やかてめしよせ候ま丶、其内公役事一円に申ましく候、やすめノ中大切なる者候、よく〱御意得候へく候、手からにて上様御はうひにて候、仍俵子廿俵可遣候、是ハ谷忠（忠澄）可遣候、けんこに申付候へく候、返々重よひ可登候、それまて役事ゆめ〱申付候ましく候、かしく、

（後略）

これは、再招集が予定されていた新兵衛に公役を課さず、休息させることを命じた元親書状である。宛所の一人谷忠兵衛は幡多郡の奉行であり、新兵衛に公役を課すという事態は容易に想定できるので、宛所に忠兵衛があることは

当然であろう。しかし、この地域との特殊な関係を持たない非有もこの書状の宛所となっている。このことからするなら、非有は土佐西端の幡多郡も含めて長宗我部氏の家臣を公役に動員する権限を有していたのではないかと考えられる。

このような状況からするならば、史料Gとして検討したように、国役を含めた役の賦課については非有・久武親直・豊永藤五郎の発給する文書がない場合、承引する必要はないと命じる盛親判物写が存在することも当然であるといえる。

次に、家臣の城下集住にかかわる史料を検討し、非有がこの政策にどのようにかかわっていたのか、また奉行人と考えられる家臣らとどのような関係にあったのかについて考えてみたい。長宗我部氏は天正一九（一五九一）年末頃浦戸城に移り、以後ここに家臣を集住させる政策をとった。盛親が、城下に屋敷を普請するように命じ、これに応じた者には加増という優遇措置をとっていること[53]からも長宗我部氏がこの政策を重要課題としていたことがうかがえる。のちに盛親は、集住になかなか応じようとしない吉松与右衛門や、森本右助（介）、蚊居田修理、福留勘右衛門らを厳しく叱責しており[54]、政策の捗々しくない状況がうかがえるものの、吉松は文禄五（一五九六）年三月二七日付[55]で、森本は文禄四年四月一五日付[56]で、蚊居田は同月一三日付[57]で、「在津」すなわち浦戸への移住を理由に加増をうけているので、徐々にではあるが家臣らは集住していったと思われる。その吉松については、次のような打渡状が発給されている。

史料P　文禄五年三月二七日付吉松与右衛門宛徳久弥兵衛・谷弥左衛門打渡状写[58]

坪付　吉松与右衛門給

一所壱反拾五代五分勺中　山田かもノ村　傍士平内分

右ハ在津御加増として木津加ニて御給被仰付替ニ徳政申請之由候、御訴訟之うち壱反拾五代五分勺吸江買地御判ニ入替地ニ非有依仰相渡申候、為後日如件、

（後略）

吉松が浦戸在番の加増として受けた木津賀の給地には、すでに長宗我部氏の買得安堵をうけた吸江庵の買地があったので、吉松は徳政の適用をうけて自己の売地をとりもどすことで、加増にかえることを申請したのであり、その申請を認めたのがこの打渡状である。[59] その発給者である徳久弥兵衛・谷弥左衛門は慶長二（一五九七）年の「秦氏政事記」によれば、ともに「上地并過銭雑物奉行」となっている。文禄五年の時点で、彼らがどのような奉行に任じられていたかは確定できないが、知行地の打渡に携わる奉行人であったことは確かであろう。先に城下集住した例として触れた森本右助（介）が「秦氏政事記」では「普請奉行」となっていることからすると、彼らもまた城下に集住した家臣であったと考えられる。長宗我部氏はこのように集住した家臣を奉行に任命していたのであろう。さて、注目されるのは彼らが「非有依仰」とあるように非有の命令によって、史料Pを発給している事実である。「仰」という言葉から明らかなように非有は彼らの上位者なのであり、城下に集住する奉行人を指揮していたのである。非有は、長宗我部氏が加増までして推進しようとしていた城下集住政策に関与し、しかもその政策により集住し、奉行人となった家臣を指揮していたのである。

本節におけるこれまでの考察をふまえて、第1節において一族の津野親忠が長宗我部氏の命令を遵行しているものと指摘した史料Dを再検討してみよう。その中には、はしり者は「今よりかたく相止候て、せうこ《（証拠）》なく候ハヽ、可通ものをハきり候へと非有も被申候」とある。一族たる親忠が長宗我部氏の命令を遵行するにあたり、非有がその徹底を促しているのである。命令はあくまで長宗我部氏のものであるが、それに背いて「可通ものをハきり候へと」厳命

し、統制を加えているのは非有である。

非有が有していた権限については、以下のようにまとめられよう。長宗我部氏の留守時において、久武親直・豊永藤五郎と領国支配にあたり（史料E）、事項によっては専決権を有した（史料K）。在地の代官・庄屋・奉行人に対する命令権を有し（史料L・M）、それは一部地域に限定されるものではなかった（史料N）。また、重要課題であったと考えられる城下集住政策にかかわり、集住した奉行人に対する命令権を有した（史料P）。久武親直・豊永藤五郎とともに国役などの役を賦課する権限を有し（史料G）、長宗我部氏の留守時とはいえ、彼のそれは一部地域に限定されるものではなかった（史料O）。豊永藤五郎とともに訴訟の裁許にも携わっていた（史料F）。長宗我部氏の命令の遵行者がたとえ一族であってもそれに対する統制権があった（史料D）。[60]

以上から非有は、豊臣期における長宗我部氏の領国支配において最も広汎な権限を有する存在であり、領国支配のキーパーソンであったといえよう。[61]

(2) 非有の政権における性格

前項では、非有の領国支配に関する広汎な権限を強調したが、直ちに二つの疑問が生じよう。一つは、山本氏が重視する「三家老」の久武氏・桑名氏・中内氏のいずれかが出家し、非有と名乗ったのではないかという疑問、今一つは、もしそうでないなら、非有のような真言宗の僧侶が広汎な権限を持ったのは不自然なのではないかという疑問である。

まず、最初の疑問について考えてみたい。非有の出自については、『土佐物語』が「谷忠兵衛とて、元親肱股《ママ》の臣なりしは、非有が弟なり」[62]と記している。これを信頼するなら非有は先に幡多郡の奉行として触れた谷忠兵衛の兄ということになり、明らかに非有は「三家老」が出家したものではない。また、『土佐軍記』には次のような記述がある。

> 非有法師と云人、元親公帰依の僧にて御傍に有て公事評定軍法まてつき出る人也、是ハ真言坊主たりしか、元親公落あやまらせと仰ケれハ、一生精を漏（ママ）不斎にて其身跡よけれハ、諸人誉毛利に安国寺、長宗我部に非有とて、一対坊主と諸人云し也(63)、

これによれば、非有は元親が帰依する真言宗の僧侶であり、元親から還俗をすすめられていたが、一生僧侶であったことになる。もし、非有が「三家老」として出家前に元親に仕えたことがあったなら、果たして元親が彼に帰依するということがありうるであろうか。非有が「三家老」の出家したものである可能性は極めて薄いのである。

しかし、「家老」でもない真言宗の僧侶が、たとえ股肱の臣の兄であるにしても、今まで述べてきたような権限を有するのは不自然ではないかという疑問が残る。ここで再び『土佐軍記』に目をやると、「御傍に有て公事評定軍法まてつき出る人」とあり、非有が元親の信頼をえており、君側にあって万事を助言していた姿がうかがえる。してみると、山本氏のように「顧問的存在として元親の軍事外交政策をたすけた」とすることもできようが、ここまで非有の権限について検討してきた一次史料では非有自身が前面に登場しており、元親の背後にあるといったニュアンスのある「顧問的」という評価はどうも非有の性格には相応しくないように思われる。むしろ「御傍に有て」という表現と非有が行使していた広汎な権限からすると、「出頭人」との関連性が想定される。

高木昭作氏は戦国期の武士の主従関係を「太郎冠者ないしは出頭人型」と「家老型」に二類型し、「前者は、その存在を主君に依存し、主君との間に情緒的一体感が成立しているところに特徴がある」とし、特別の君寵により取り立てられた「出頭人は、小姓組頭すなわち親衛隊長であると同時に、常時君側に出頭して主人と家臣との間の取次ぎ

に従事した。この主人の言葉を取り次ぐ機能の故に出頭人の言葉は主人の意志と見做され、出頭人は国政や藩政に絶大な権勢を振った」としている。[64]僧侶と俗人、帰依僧と小姓組頭という相違は大きく、乱暴な議論であるという批判もあろうが、主君の信頼のみによって、家臣団における自らの存在およびこれに派生する諸権限が正当性をうるという点で、非有は出頭人型の家臣と類似している。さらに、見逃せない類似点として両者の非世襲性があげられる。出頭人の権勢は「主君の眷顧にあり、主君の死とともにその権勢は消滅」するのであり[65]、出頭人の継嗣によって継承される性格のものではない。非有の権勢は、慶長四（一五九九）年五月の元親の死によっても衰えないが（たとえば史料F）、それは元親だけではなく、その子息盛親からも彼が信頼されていたことによると考えられる。しかし、その非有の権勢は、彼が僧侶身分なのであるから、当然イエ意識にもとづくような後継者は存在せず、継承されていく性格のものではない。出頭人の場合も、非有の場合もそれぞれの権勢は一代限りの非世襲的なものなのである。戦国期から江戸時代にかけて出頭人型の家臣が普遍的に存在していたことからするならば、非有のようなものが存在しても決して不自然ではない。

二つの疑問を不十分ながら解明してきたが、少なくとも非有が領国支配に関する広汎な権限を持ちえたのは、「家老」だからではなく、あくまで元親の信頼をえていたからだといえる。ならば当然彼が行使していた権限は、本来長宗我部氏に属するものである。各地の代官・庄屋・奉行人に対する命令権、城下集住政策により集住した奉行人に対する命令権、訴訟の裁許権、遵行における統制権は全て、長宗我部氏が掌握していた権限なのである。このことと、一族・「家老」の権力が衰退することや、中央集権的な奉行人組織が整備されていくことを考えあわせると、長宗我部氏は元親・盛親―非有を頂点とし、そのもとに組織化された家臣団を配する、中央集権的な領国支配を志向していたといえるのではないだろうか。

このように中央集権を目指す権力には非有のような僧籍・非世襲の存在が好都合だったのであろう。先に引用した『土佐軍記』で「諸人誉毛利に安国寺、長宗我部に非有とて、一対坊主と諸人云し也」と記されている安国寺恵瓊は、毛利氏の参謀僧として領国統治にかかわり、さらに豊臣政権と毛利氏の間にあって両者の意思を伝達していた。彼もまた、中央集権を目指す権力の周辺にあった僧侶なのであり、当該期の政治史を描きだすのに不可欠な存在であると考えられる。(66)

おわりに

本章の課題は、豊臣期における長宗我部氏の領国支配の構造と構想を明らかにすることにあった。そのために、一族、「三家老」、「三人奉行」を再検討し、従来さして注目されてこなかった非有という僧侶の存在に光をあててみた。その結果、不十分ながら当該期における支配体制転換の諸相を明らかにできたと思う。かつて、長宗我部氏の旧国人領支配を支えていた一族や、長宗我部氏の諮問を受けて評定を行っていたであろう「家老」は久武親直を例外として、当該期においては最早、領国支配においてさして重要な存在ではなくなりつつあった。そして、この時期に整備されつつあった奉行人組織を有する中央集権的な体制は、「家老」であった久武親直もさることながら、それ以上に領国支配に関する広汎な権限を有していた非有によって運営されていた。

その非有が広汎な権限を有していたのは、ひとえに長宗我部氏が彼を信頼していたからであり、当然のことながら非有が行使していた権限は、長宗我部氏が掌握していた権限である。してみると、当該期において、長宗我部氏は領国内権力を集中しつつあり、その権力を領国内に行使するため中央集権的な奉行人組織を整備し、実務的な指揮を非有に任せ、領国を支配させていたといえる。本章の課題にそくしてまとめるなら、豊臣期において長宗我部氏は旧来の分権的支配体制を否定し、中央集権的な支配体制を確立しようとしていたといえる。ただ、あくまで、それが志向であったことは城下集住の難航や、それとかかわる兵農未分離といった状況によくあらわれている。長宗我部氏は関ヶ原合戦でいわゆる西軍につき、滅亡してしまうので、残念ながらその志向の結果を確認することはできない。

最後に今後の課題を確認してむすびとしたい。本稿は主に文書史料を用いたが、冒頭でも述べたように、長宗我部氏には膨大な地検帳があり、これを分析することでより鮮明な長宗我部政権像を結ぶことができよう。(67) しかし、それ以上に重要と思われるのは、非有のような存在、つまり従来の歴史学が看過してきた僧侶たちの実態を明らかにすることである。このような存在に注目することで、政治史ひいては時代像をより明らかにできると考えるからである。

註

(1) 長宗我部氏が四国全土を統一したという説は藤田達生氏によって否定されている。[補註7] 同「豊臣期国分に関する一考察」(『日本史研究』第三四二号、一九九一年、のち同『日本近世国家成立史の研究』〈校倉書房、二〇〇一年〉収録)。
(2) 吉川弘文館、一九六〇年。
(3) 高知市立市民図書館、一九六七年。
(4) 吉川弘文館、一九八六年。以下『大名論集15』と略。
(5) 『長宗我部地検帳』全一九巻(高知県立図書館、一九五七〜一九六五年)。
(6) 藤木久志「豊臣期大名論序説」(同『戦国大名の権力構造』吉川弘文館、一九八七年、初出一九六四年)。
(7) 山本大「長宗我部政権の変質と一領具足」(『大名論集15』、初出一九五八年、以下山本aと略)三九七頁。
(8) 山本a三九八頁。

（9）山本大「軍事上からみた長宗我部氏」（『軍事史学』第五巻第四号、一九七〇年、以下山本bと略）四二頁。
（10）河合正治「元就教訓状と毛利両川体制の形成」（『日本歴史』第三三三号、一九七六年）。
（11）『高知県史古代中世史料編』（高知県、一九七七年）所収『土佐国蠧簡集』五一二号。以下史料についてとくに断らない場合は同書所収のもので、文書番号は同書のものとする。
ここで、山本大・広谷喜十郎・高橋史朗・松本瑛子編『高知の研究第8巻研究文献目録・年表・索引篇』（清文堂、一九八九年）を参考に『高知県史古代中世史料編』より引用する史料について補足しておく。『土佐国蠧簡集』は奥宮正明編纂、享保一〇（一七二五）年頃成立。『土佐国蠧簡集拾遺』は谷垣守編纂、享保（一七一六～一七三六年）～元文（一七三六～一七四一年）頃成立。『土左国古文叢』は武藤平道編纂、文化八（一八一一）年成立。これらは成立年代から明らかなように、いずれも写である。以下『土佐国蠧簡集』は『蠧』、『土佐国蠧簡集拾遺』は『拾遺』、『土左国古文叢』は『古文叢』と略。
（12）『蠧』六〇七号。
（13）『蠧』五一三号。
（14）元亀三（一五七二）年閏正月吉日付市川大蔵兵衛尉宛津野勝興知行宛行状写（『蠧』三六二号）から、親忠を養子とする勝興がかつて国人領内で宛行権を有していたことが判明する。
（15）註（5）。
（16）『蠧』六五九号。
（17）『蠧』五七四号。
（18）山本氏はこの問題で、親忠を推した一族の吉良親実・比江山親興は諫死することとなり、これを契機に「古い一門の惣領的な考え方は排除されていった」とした（山本a三九八頁）。『土佐物語』（『土佐物語一』・『土佐物語二　四国軍記全』国史研究会、一九一四年）や、『元親記』（『続群書類従第二十三輯上』続群書類従完成会、一九二七年）などの軍記物が語る内容を鵜呑みにはできないが、信親死後、継嗣問題が発生していたのは事実であろう。
（19）註（5）『長宗我部地検帳吾川郡下』の横川末吉「解説」七六二頁参照。

(20) 津野氏系図（『蠹』一二八号）によれば、慶長四（一五九九）年元親は盛親継嗣に不満をいだく親忠を香美郡岩村に幽閉し、この年元親は死去するが、翌年九月二九日盛親は兄親忠を殺害した。このようなことから、継嗣問題を契機に一族は長宗我部氏により圧迫を受け、没落する傾向にあったといえるだろう。

(21) 註（8）・（9）。

(22) 佐藤進一・池内義資・百瀬今朝雄編『中世法制史料集第三巻武家家法Ⅰ』（岩波書店、一九六五年）三〇七頁。長宗我部氏の分国法には、慶長元（一五九六）〜二年制定と考えられるいわゆる『長宗我部元親百箇条』と、その付加規則と思われる『凡近習之輩可勤存条々』・『凡中間小者可相守条々』、そして慶長二年に制定されたいわゆる『長宗我部元親式目』がある［補註8］が、いずれも原題ではないので（『中世法制史料集第三巻武家家法Ⅰ』「解題」）、本章では便宜的に『長宗我部元親百箇条』を『掟書』、『長宗我部元親式目』を『掟』と呼び、条文は全て『中世法制史料集第三巻武家家法Ⅰ』から引用する。

(23) 『続群書類従第二十三輯上』（続群書類従完成会、一九二七年）一五頁。

(24) 『中世法制史料集第三巻武家家法Ⅰ』二八六〜二八七頁。

(25) とくに山本b四二頁。

(26) 山本b。

(27) 『蠹』六七一号。

(28) （慶長三年）九月二九日付大藪紀伊守・北川源四郎宛長宗我部盛親書状写（『蠹』六七六号）。

(29) 『蠹』七一七号。

(30) ここでいう「御法度」は『掟書』四七条の「国中知行方之儀」の「付、作職之事ハ、近年如相改順逆地頭可任自由事」を指すと考えられる（『中世法制史料集第三巻武家家法Ⅰ』二九三〜二九四頁）。この条項の内容は難解であるが、作職を認めるか否かは「地頭」（史料Fでいう「本給人」を指す、もしくは包含していると思われる）の裁量に任せるという趣旨ではなかろうか。

(31) 『古文叢』一一一四号。

(32) 史料Gの主眼は、耕作に専念させるために国役を免除することにある。よって、「いさゝかの儀も於申付者」とは、国役も含めてどのような役を命令するにしても、という意味であろう。
(33) この判物は吉松左衛門宛の文書とともに残っていた(『古文叢』一一二九号)。
(34) 『蠹』七三三号。『高知県史古代中世史料編』は、『蠹』については主として『山内文庫本』を採用しており、( )内のイは異本『森家本』によっている(同書二六頁参照)。
(35) 『蠹』七三四号。同内容の写である『蠹』八九五号は、追而書の位置は原本に忠実であるが、字句については誤写と考えられるものが多いので採用しなかった。
(36) 『蠹』七三五号。同内容の写である『蠹』八九三号は、追而書の位置は原本に忠実であるが、字句については誤写と考えられるものが多いので採用しなかった。
(37) 『中世法制史料集第三巻武家家法I』二八六〜二八七頁。
(38) 『中世法制史料集第三巻武家家法I』二九六頁。
(39) 『中世法制史料集第三巻武家家法I』二九六頁。
(40) 『蠹』六五九号。なお、この史料は『山内文庫本』では欠落し、『森家本』に掲載されている。
(41) 『土佐物語一』一二五頁。
(42) 山本b四八〜四九頁。
(43) 『蠹』八七六号。
(44) 『蠹』六二五号。
(45) 庄屋については、前掲『掟書』一一条の付に「在々所々庄屋相定置上者、万事触渡処、聊不可存緩事」とあり、奉行人組織の末端で在地支配を支えていたと考えられる(『中世法制史料集第三巻武家家法I』二八六〜二八七頁)。
(46) 文禄四(一五九五)年七月五日付門田藤兵衛・谷甚(神)左衛門宛盛親判物写(『蠹』六二九号)の宛所に「山田圧や」と付されていることを重視するなら、門田・谷が庄屋であったことは確かである。史料Lでも「庄屋ハ」として、その特権と職務を記していることもその証左となろう。しかし、各地域の代官・庄屋を列挙している慶長二(一五九七)年の「秦氏政事記」では、香美郡山田郷の代官を「門田藤兵衛」、同郷の庄屋を「谷甚左衛門」、また山田島・山田下之島の庄屋を両人、戸板島の庄屋を「島崎仁右衛門」としている。列記される山田郷、山田島・山田下之島、戸板島といった行政区分がどのようなものであったのか現在のところ明瞭にはしえないが、とくに戸板島の庄屋を考慮すると、「秦氏政事記」はのちに移動した人事を示していると判断される。ただ、門田藤兵衛が代官となっていることを重視するなら、この史料Lのときも彼が代官を兼任していたと考えられよう。

(47) 『蠹』八九七号。この書状写の宛所は、筏奉行・木山奉行・記奉行となっているが、年月日未詳山田郷上田村井奉行甚(神)左衛門宛坪付写(『蠹』八九八号)とともにつたわっているので、実際には神左衛門に送られたと考えられる。

(48) 「秦氏政事記」の段階で非有は長岡郡池之村の代官となっているので、先に門田藤兵衛が兼任していたと考えた香美郡山田地方の代官であった可能性も全くないわけではなく、ここまで検討してきた在地支配に関する権限についてはそのことにもとづくものという考えも成り立ちうる。

(49) 史料N・Oは、新兵衛に恩賞を与えることを命じる(文禄二年)一〇月四日付谷忠兵衛宛長宗我部元親書状写(『蠹』五五九号)、それをうけて発給された翌文禄三年二月二三日付中山新兵衛宛谷忠兵衛打渡状写(『蠹』五七一号)とともにつたわっている。

(50) 『蠹』五五二号。

(51) この書状写の宛所は、「永徳寺」(安芸郡野根庄屋永徳寺)・「すか五郎」(同郡甲浦政所須賀五郎右衛門)・「孫左　さきのはま」(同郡佐喜浜刀禰浜田孫左衛門)・「にしてら」(?)・「はね」(同郡羽根庄屋入交杢右衛門)・「吉良川」(同郡吉良川庄屋中村宗介)・「《なわり》正覚寺」(同郡奈半利庄屋正覚寺)・「いわ左」(?)・「《てい》長楽寺」(香美郡手結?)・「非遊(有)」となっている(カッコ内は「秦氏政事記」によって補足〔補註9〕)。

(52) 『蠹』五五三号。

(53) 年未詳三月二四日付吉松与右衛門宛長宗我部盛親書状写(『蠹』五七五号)。同日付福留勘右衛門宛長宗我部盛親書状写(『蠹』五七六号)。

(54) 年未詳五月一六日付吉松与右衛門宛長宗我部盛親判物写(『蠹』五七九号)。同日付森本右助(介)宛長宗我部盛親判物写(『蠹』五八〇号)。同日付蚊居田修理宛長宗我部盛親判物写(『蠹』五八一号)。同日付福留勘右衛門宛長宗我部盛親判物写

(『蠧』五八二号)。
(55)『蠧』六四八号。
(56)『蠧』六二〇号。
(57)『蠧』六一四号。
(58)『蠧』六四八号。
(59)下村效「戦国・織豊期徳政の一形態」(『大名論集15』、初出一九七六年)四二一頁。
(60)関ヶ原合戦後、長宗我部氏の除国にともない、山内氏が入国するが、家臣らは、それに抵抗する「家中方」と容認する「年寄方」に分裂した(浦戸一揆)。この時「年寄方」に協力した宇賀二兵衛に対して、(慶長五年)一二月三日付で「年寄」らは連署感状を発給しているが(『拾遺』三三七号)、「家老」である桑名・中内・野中・吉田の各氏とともに非有も連署している。「年寄」の性格については現在のところ未詳であるが、非有が「家老」らとともに「年寄」の一人だったことは確かで、これらによる評議にも参加できたと考えられる。
(61)これは、非有が「三人奉行」であるか否かに左右されない事実である。むしろ、非有が「三人奉行」であるか否かが、「三人奉行」の性格を規定するといえる。
(62)『土佐物語一』一二六頁。
(63)東京大学史料編纂所架蔵謄写本「土佐国群書類従」。
(64)高木昭作「「秀吉の平和」と武士の変質」(同『日本近世国家史の研究』岩波書店、一九九〇年、初出一九八四年)二二一〜二二三頁。
(65)同右二二三頁。
(66)この点については、本書第九章参照。
(67)本稿では、非有と久武親直がどのような関係にあったのかについては、十分には考察できなかった。この点も今後の課題としておきたい。[補註10]
[補註1]「あたかも長宗我部氏が親忠の有能な家臣を引き抜いているかのよう」との記述は修正を要するやもしれない。平井

上総「豊臣期長宗我部領における検地役人と権力構造」（同『長宗我部氏の検地と権力構造』校倉書房、二〇〇八年、初出二〇〇六年）は谷弥左衛門の給地は土佐郡に集中しており津野領では確認されないので、彼は津野家臣ではないと考えるべきと指摘している。

〔補註2〕　平井上総「「長宗我部元親式目」考」（『史学雑誌』第一一八編第四号、二〇〇九年）により、『掟』（いわゆる『長宗我部元親式目』）は偽書であることが論証された。よって、同書第六条の記事に依拠して、「長宗我部氏の家臣団に「家老」が存在したことは疑う余地がない」と指摘したのは誤りである。ただし、「家老」の存否そのものについての判断は保留すべきと考えられる。

〔補註3〕　「「奉行衆」で談合する」との記述は誤りである。ここでの「奉行衆」は津野氏のそれ（具体的には史料Jの「永山久兵・市川蔵」の両名）とみるべきで、「「奉行衆」に談合する」と修正すべきである。この点は高橋麻衣「長宗我部権力における津野氏」（平成二一年度高知大学人文学部人間文化学科卒業論文、未刊行）の指摘による。

なお、右のように修正するならば、史料Hを根拠として久万次郎兵衛を奉行人とみなすことはできなくなる。ただし、第3節でも述べるように次郎兵衛は奉行人なのであり、奉行人であることを前提とした本節における記述には修正の必要はない。

〔補註4〕　『掟』の「家老より外ハ、鷹持候事、令禁制事」という規定からすると」との記述は削除すべきである（〔補註2〕参照）。

〔補註5〕　「「鷹持候事」を許される」との記述は削除すべきである（〔補註2〕参照）。

〔補註6〕　平井上総「豊臣期長宗我部検地の実施過程」（〔補註1〕平井著書、初出二〇〇六年）は「秦氏政事記」の別系統の写本とみられる東京大学史料編纂所架蔵謄写本「秦元親武器并役人鑑」では「御地帳并諸帳奉行」は豊永・山内の二名のみで、久万は「御土蔵并茶油蠟燭奉行」となっている点、また「秦氏政事記」では「御土蔵并茶油蠟燭奉行」の欄が空白になっている点、これらに着目して「秦氏政事記」では「久万の名前は「御地帳并諸帳奉行」の側に一つずれて記載されている可能性が高い」と指摘している。

〔補註7〕　本書補論一参照。

［補註８］「慶長二年に制定されたいわゆる『長宗我部元親式目』があるが」との記述は誤りである（［補註２］参照）。

［補註９］ 拙稿「朝鮮出兵と長宗我部氏の海洋政策の一断面」（高知大学人文学部「臨海地域における戦争と海洋政策の比較研究」研究班編『臨海地域における戦争・交流・海洋政策』リーブル、二〇一一年）を参考に宛所についてさらに補足しておこう。「永徳寺」は野根（現安芸郡東洋町）の庄屋であったと判断される。なお、後述の「正覚寺《なわり》」「長楽寺《てい》」もそうであるように、長宗我部氏は地域の寺院を庄屋に登用していた。「すか五郎」は甲浦（現安芸郡東洋町）の政所であった須賀五郎右衛門のことと判断される。「孫左」は佐喜浜（現室戸市）の刀禰であった浜田孫左衛門のことと判断される。「さきのはま」は佐喜浜の庄屋であった田中三郎兵衛もしくはその前任者のことと推測される。「にしてら」は行当岬東北の安芸郡崎山（現室戸市）にある金剛頂寺で、庄屋の機能を果たしていたとみられる。「はね」は羽根（現室戸市）の庄屋であった入交杢右衛門もしくはその前任者のことと推測される。「吉良川」は吉良川（現室戸市）の庄屋であった中村宗介もしくはその前任者のことと推測される。「正覚寺《なわり》」は奈半利（現安芸郡奈半利町）の庄屋であったと判断される。「いわ左」は安芸郡岩佐（現安芸郡北川村）の庄屋など在地管轄の責任者のことと判断される。「長楽寺《てい》」は夜須庄（現香南市）の庄屋であったと判断され、同庄に属す「てい」すなわち手結を管轄していたと判断される。ただし、「いわ左」については、平井上総「豊臣期長宗我部氏における権力構造の変容」（［補註１］平井著書）によれば、豊臣期の安芸郡では「岩神左衛門進泰貞」が奉行となっており、彼を指す可能性もある（この点は平井氏から直接ご教示いただいた）。

なお、平井上総「豊臣期長宗我部氏の二頭政治」（［補註１］平井著書、初出二〇〇七年）が指摘するように、新兵衛が同年一〇月には大坂にいたことが確認され、一時帰還は実現しなかった可能性もある（ただし、平井論文ではいずれにせよ考察に影響はないとして、実現した場合を想定して考察がなされている）。よって、本章で検討した新兵衛の一時帰還に関連する権限を非有が実際には行使しなかった可能性もある。しかし、それは当時行使しえた権限だったはずであり、本章における考察には一時帰還の実否は影響はないと考えられる。

［補註10］ この点に関する研究として［補註９］平井論文「豊臣期長宗我部氏における権力構造の変容」、土居喜一郎「長宗我部氏の「新留守居制」と久武親直」（『海南史学』第四八号、二〇一〇年）をあげておきたい。

前者では、慶長二年に構築された「新留守居制」は「長宗我部家中で最も家格の高い「三家老」家の久武親直、出頭人の僧非有、それに奉行機構の中枢である「三人奉行」の一人豊永藤五郎という組み合わせからなっていた」、また「慶長の役による国主不在という重大な時期の権限を委任するために、バランスを考えて構築されたものと考えられよう」と指摘されている。さらに、本章のもとになった旧稿に対して次のような批判が提示されている。

津野氏は非有が長宗我部政権を運営していたとして、彼の留守居役をその延長で捉えているが、実際は常時広汎な権限を行使したのではなく、留守居であるがゆえに権限行使が可能であったと考えるべきであろう。

これは元親・盛親の所在を詳細に調べたうえでの鋭い批判であり、両人の在領国時にも非有が「広汎な権限」を行使していた事実を示す史料が今後も検出されなければ、本章で提示した私見は根本的な修正を要することになる。

後者では、前者の成果をふまえつつ、「新留守居制」のメンバーについて「地位の高い順に非有・久武親直・豊永藤五郎といった序列が存在した」と指摘されている。

第四章　長宗我部盛親の家督相続

はじめに

戦国～豊臣期の長宗我部氏に関する研究は長い伝統を有しており、多くの研究が蓄積されてきたが、盛親の家督相続の時期については明確な結論がえられていない[1]。ただ、市村高男氏が必ずしも明確ではないとしつつも、「文禄三（一五九四）年以降、元親の文書が減少し、盛親の発する文書が急増してくる事実をみると、この頃に元親から盛親へ事実上の代替わりが行なわれた」と考えられること、しかし「元親が完全に引退してしまったわけではなく、豊臣秀吉との関係や重要な政策の実施などで必ず元親の出番が用意されていた」ことを指摘している[2]。同氏は元親が盛親を「一人立ち」させえなかった理由を継嗣をめぐる長宗我部氏内部の対立に求めており、これは従来の研究からしても妥当であろう[3]。

この元親—盛親のように新旧当主が権限を分掌して一権力を構成する政治形態（「二頭政治」）は毛利氏の元就—隆元の例をはじめ多数確認され、近年では東国も含め普遍的に観察されるとの指摘もある[4]。よって元親—盛親の場合も特殊ではないが、ただ当時の長宗我部氏が豊臣政権下の大名であった点を考慮する必要がある。つまり政権による大名当主としての認知の有無が盛親の家督相続を考えるうえで看過しえない問題となるのである。

そこで、本章ではこの問題も念頭に置きつつ、「事実上の代替わり」を具体的に検討するとともに、盛親の家督相

料金受取人払

本郷支店
承　　認

3272

差出有効期間
平成24年7月
31日まで

郵便はがき

113-8790

251

東京都文京区本郷7丁目2番8号

吉川弘文館 行

愛読者カード

本書をお買い上げいただきまして、まことにありがとうございました。
このハガキを、小社へのご意見またはご注文にご利用下さい。ご注文は
通常より早くお取寄せになることができます。

お買上**書名**

＊本書に関するご感想、ご批判をお聞かせ下さい。

＊出版を希望するテーマ・執筆者名をお聞かせ下さい。

お買上
書店名　　区市町　　書店

◆新刊情報はホームページで　http://www.yoshikawa-k.co.jp/

◆ご注文、ご意見については　E-mail:sales@yoshikawa-k.co.jp

ふりがな ご氏名	年齢　　歳	男・女
〒 □□□-□□□□	電話	
ご住所		
ご職業	所属学会等	
ご購読 新聞名	ご購読 雑誌名	

今後、吉川弘文館の「新刊案内」等をお送りいたします(年に数回を予定)。
ご承諾いただける方は右の□の中に✓をご記入ください。　□

注 文 書

月　　日

書　　名	定　価	部　数
	円	部
	円	部
	円	部
	円	部
	円	部

配本は、○印を付けた方法にして下さい。

イ. 下記書店へ配本して下さい。

(直接書店にお渡し下さい)

(書店・取次帖合印)

ロ. 直接送本して下さい。

代金(書籍代+送料・手数料)は、お届けの際に現品と引換えにお支払下さい。送料・手数料は、書籍代計1,500円未満500円、1,500円以上200円です(いずれも税込)。

＊お急ぎのご注文には電話、FAXもご利用ください。
電話 03—3813—9151(代)
FAX 03—3812—3544

書店様へ=書店帖合印を捺印の上ご投函下さい。

続を考察するための研究視角をいくつか提示したい。

1 盛親への諸権限の移譲

(1) 知行宛行権の移譲

まずは主従制の根幹にかかわる知行宛行権の盛親への移譲を検討する。文禄の役で戦功をあげた中山新兵衛は文禄三年二月二三日に幡多郡で加増をうけた。それを示す同日付谷忠澄坪付に「御書頂戴申ニ付、如此渡し申候畢」とあるように、加増は「御書」で命じられていた。[5] この「御書」とは一〇月四日付忠澄宛元親書状であり、「此中山事、い前もいひ遣し候すくれものにて候、加扶持も判形遣候、見合相当之明所候者、可渡候」とある。[6] つまり文禄二年一〇月に元親は新兵衛への加増を幡多郡の奉行忠澄に命じ、これをうけて忠澄は翌三年に坪付を発給したのである。よって、文禄三年二月までは元親が知行宛行権を行使していた事実が判明するが、その権限はのち盛親に移譲される。江口権左衛門は浜田与吉兵衛が上表した幡多郡の給地を文禄四年三月二四日に加増として与えられた。それを示す同日付忠澄坪付に「被成御書ことく浜田与吉兵上地分坪付仕、渡申畢」とあるように、加増はやはり「御書」で命じられていた。[7] しかし、この「御書」は次の盛親判物であった。

史料A[8]

此江口権左衛門、連々奉公無比類、此中心遣無隠旨肝要ニ候、浜田与吉兵衛上表下地、下田弐町四反有之由候、右分為加増、可遣者也、仍為後日如件、

文禄四年

三月十六日　　　　　　　　　　（盛親花押Ⅰ）

谷　忠兵衛《忠澄》

かたへ

この盛親判物をうけて忠澄は権左衛門に坪付を発給したのである。幡多郡に関しては同地の奉行が中央からの命令をうけて坪付を発給しており、これは同郡が土佐西端に位置するためであろうが――慶長年間には盛親発給の坪付がみられる――、注目すべきは命令の主が元親から盛親にかわった事実である。これは知行宛行権が盛親に移譲されたことを明示しており、かかる事態は文禄三年二月から翌四年三月の間に発生したと考えられよう。

これをふまえて、盛親発給の坪付を検討してみたい。長岡郡・吾川郡など土佐中央部の坪付の場合、文禄三年には盛親が単独で発給する様式をとっているが、文禄四年以降は担当奉行が日下に連署し、概ねその奥に盛親が花押をすえる様式が主流となる(9)。奉行人組織の整備との関連でじつに興味深い変遷であるが、ここでは盛親発給の坪付が登場する時期に着目したい。管見の限りでは、文禄三年八月二四日付森本右介宛のものが初見である(10)。盛親発給の坪付が文禄三年八月に登場した現象からすると、知行宛行権の移譲は文禄三年二月から同年八月にかけての時期に限定されよう。主従制の根幹にかかわるこの権限が当該期に移譲された事実を重視するならば、「事実上の代替わり」の時期はやはり文禄三年とみることができよう。以下、これを前提に他の諸権限について検討してみたい。

(2)　浦戸の拠点化と諸権限

長宗我部氏は天正一三（一五八五）年頃までに本拠を岡豊から大高坂に移していたが、朝鮮出兵に対応すべく同一

九年頃より浦戸の拠点化を開始する。(11)

史料B(12)

先度屋敷請取候者共、今朝見及候処ニ于今普請不取立段、由断体、不及是非候、殊今度屋敷請取候者共ハ木引等迄も令免許候処ニ、緩仕候事、太以曲事之儀候、今月廿六日限、屋地引・材木以下悉取揃、急度普請不仕候者、即時ニ可成敗候条、成其意得、頓ニ普請可仕候者也、

(盛親花押Ⅰ)

五月十六日

蚊居田《かいた》修理

ここで盛親は浦戸で屋敷地を与えられながら普請を開始しない蚊居田修理を叱責し、普請を厳命しており、同内容の判物を吉松与右衛門・福留勘右衛門・森本右介宛にも発給している。(13)盛親は諸役免除の措置をとっているが、さらに与右衛門・勘右衛門に対しては三月二四日付書状で浦戸に移転すれば「加増」するといった優遇策も提示していた。(14)実際、文禄四年四月一三日付蚊居田修理宛坪付には「為加増申付候、随分在津之覚悟可仕者也」とあり、同年四月一五日付森本右介宛坪付にも同様の記述があり、両人は浦戸移転を理由に加増されている。(15)また、与右衛門・勘右衛門の両人に関してはともに文禄四年四月一四日付盛親判物でいわゆる「給恩の徳政」を認められており、これは実質的には浦戸移転を理由とする加増とみなされる。(16)なお、右の史料Bをはじめとする盛親判物四通と三月二四日付盛親書状二通の年代は、年号を有する坪付・盛親判物と同じ文禄四年のものとみておきたい。

史料C(17)

追而申候、蓮池町・山田市の事、如何様出来心候哉、森右介(森本右介)と申付事候、頓〳〵作合候様仕候へく候、其外新市新町・あさくら町・蓮池町・山田町何もふる屋敷ニ相残候ハヽ、明七成敗仕候へく候、かしく、

う月六日
右衛門太郎
非有
森（森本） 右介

宛所の非有斎は元親・盛親の信頼を背景に広汎な権限を有していた僧侶で、先にも触れた森本右介は「秦氏政事記」によれば「普請奉行」であり、ともに市町移転を担当するに相応しい人物である(18)。この書状から、盛親が大高坂に移転されていた市町の浦戸への再移転を計画しており［補註1］、市町に対する恫喝も交えてその遂行を担当者に命じていたことが知られる。この命令が発されたのは、右介自身の浦戸移転などより文禄四年以降とみられる。

以上のように盛親は元親から移譲された知行宛行権も行使しつつ、浦戸の拠点化を推進していたのであり、知行宛行権だけでなく重要政策を推進するための家臣に対する指揮権、加えて諸役免除の決定権も盛親が有していたことが判明する。

さらに、盛親は文禄三年九月二〇日には再度の朝鮮出兵にそなえて出陣準備するよう横山九郎兵衛らや先の中山新兵衛らに命じており、軍事に関する権限も行使していたことが知られる。また、庄屋は領国支配を現地で支える重要な存在であるが、盛親は文禄四年四月二六日には香美郡山田島などの庄屋を任命している(19)。この庄屋に対する指揮権も盛親が握っていた。

史料D(20)

　尚々庄屋も壱人つゝ頓可罷下候、いさゝか緩ニ申渡候者、即時くひをきり候へく候、

今日迄荷物以下不下体ニ候、荷物之事者不及是非、其身〳〵至浦戸罷下、舟拵已下折角可仕候、此中由断之体、

曲事、沙汰之限候、此状着次第、可罷下候、万一遅候者、則可成敗候、態可申渡者也、

六月四日　　　　　　　　　　　　盛親（花押Ⅰ）

久枝庄や(20)

これと同内容の盛親判物が「かい田庄や」宛にも発給されており、これらは盛親が浦戸での造船に在地の庄屋などを動員する権限も有していたことを示している。[補註2]

(3)「御両殿様」

盛親は多くの権限を移譲されており、知行宛行権の移譲時期からすると「事実上の代替わり」は文禄三年とみてよかろう。しかし、市村氏指摘のごとく「元親が完全に引退」したわけではない。いわゆる『長宗我部元親百箇条』は慶長元（文禄五）年一一月に九九箇条が制定され、慶長二年三月に一条追加されたと考えられるが、いずれも制定者は元親・盛親の両人である。(21)元親は慶長四年五月に死去するものの、同年閏三月の段階でも他国衆への鉄砲供給を禁止する判物を発給しており、また盛親との連署状は同年四月一日まで確認される。(22)連署状の一例を示すとともに、元親・盛親に対する家臣団の認識を考えてみよう。

史料E(23)

売買并出挙事、在国上者、為理不尽之沙汰、不可有棄破候、全可得其意候也、

慶長二　六月七日　　　　元親（花押）

盛親（花押Ⅰ）

播州志賀磨津

与十郎とのへ

（後略）

ここで元親らは徳政免除を播磨出身の与十郎に認めており、これをうけて発給された非有らの連署状には「与十郎儀ハ御両殿様御判頂戴被申」とある。家臣らは元親・盛親を「御両殿様」と呼んでいたのであり、両人を区別する際には元親を「大殿様」、盛親を「若殿様」と呼んでいた。(24)『日本国語大辞典』(25)は「大殿様」について「隠居した殿様。当主に対してその父を敬っていう」と記す一方で、「大殿」については「世子に対して当主をいう場合、当主に対してその父をさす場合がある」と記している。結局、かかる呼称から家督相続の時期を明確にはしえないのだが、「大殿様」元親と「若殿様」盛親は「御両殿様」と認識されていた点を確認しておきたい。元親は文禄三年の「事実上の代替わり」以降も、「大殿様」として「若殿様」盛親とならび家臣団統制・領国支配のための基本法である分国法を制定するだけでなく、連署状あるいは単独の文書により一定の権限を行使していたのであり、かかる状況は慶長四年五月の死去まで継続したと考えられる。〔補註3〕

2　盛親の家督相続を考察する研究視角

(1)　実名と官途名

盛親の家督相続を考察する場合には前節で検討したような諸権限の移譲が重要な研究視角であるが、以下では別の研究視角をごく基本的なものも含めて提示してみたい。

父国親のあと家督を継いだ元親が父同様に実名の二字目に「親」を使用したのに対して、吉良氏を継いだ弟親貞や香宗我部氏を継いだ弟親泰は一字目に「親」を使用しており、この頃長宗我部氏では家督継承者あるいはその予定者だけが「親」を二字目に使用するようになったと考えられる。実際、当初元親の後継者に予定されていた長男の実名は信親で、香川氏を継いだ二男は親和、津野氏を継いだ三男は親忠である。四男の盛親が「親」を二字目に使用していた事実は、彼が家督を継ぐべき人物であったことを明示している。

ただ、盛親の通称は大名当主には相応しくない。盛親の烏帽子親は増田長盛で、実名の一字は長盛の「盛」、通称の「右衛門太郎」は長盛の官途「右衛門尉」にちなむとされる。豊臣政権の長盛が盛親を後見する立場にあったようだが、盛親は豊臣政権から大名当主として認知されなかったようである。元親は侍従に任じられており、たとえば薩摩の島津義弘なども同じ侍従に任じられていた[26]。その島津氏の家督継承は複雑で、当初義久の継嗣であった弟義弘の子久保が文禄二年に病死したため義弘の子家久（忠恒）が継嗣になったものの、実際には文禄四年にまず義弘が家督を継承する。家久の通称は「又八郎」であるが、慶長の役に際して秀吉が発給した陣立書には「羽柴薩摩侍従」つまり父義弘のみが記載されており、当然これは豊臣政権がまだ家久を大名当主として認知していなかったからである[27]。長宗我部氏の場合もこの陣立書には「羽柴土佐侍従」つまり元親のみが記載されており、これもやはり豊臣政権が盛親を大名当主として認知していなかったからであろう。しかし、家久の場合は秀吉死後の慶長四年に少将に任じられる。この時点で家久は家督を相続したわけではないが、豊臣政権下の大名当主に相応しい官職を与えられたのである。家久の父義弘が元親と同じ侍従であった点、家久よりも盛親の方が一歳年上であった点からすると、盛親も少将クラスに任じられてしかるべきであろうが、後述のごとく「右衛門太郎」のままであった。盛親は元親死後にはまちがいなく土佐の実質的な支配者となったわけだが、豊臣政権からは大名当主として認められていなかったと考えられる。

ところで、元親や盛親は「土佐守」とも呼ばれていた。たとえば、『面高連長坊高麗日記』には「長曽我部土佐守殿・同右衛門太郎殿」とあり、元親が「土佐守」と呼ばれていたことが知られ、盛親に関しては慶長五年の段階で井伊直政が「長曽我部土佐守殿」と印判状に記している。[28]これは僭称というよりも阿波の蜂須賀家政や讃岐の生駒一正がそれぞれ阿波守・讃岐守であったことなどから生じた誤解にもとづく俗称と思われる。

(2) 花押の変遷

盛親の花押の変遷について、周知の花押Ⅰ・Ⅱを中心に検討してみたい（以下、図2参照）。

史料F[29]

当作少々相ちかうやう聞申候、来作ハ百生このミ次第ニ上毛見、可遣候間、在所堪にん仕候やうニ弥々よく可申聞遣者也、

慶長三年
七月四日　　元（元親花押）
　　　　　　盛（盛親花押Ⅱ）

畑
上山庄や

この連署状について『土佐国蠹簡集』の編者奥宮正明は「今按盛親之押形自此改焉」と推測している。ただ、『高知県史古代中世史料編』所載文書で年代の明らかな文書のうち後述の例外を除くと、前掲史料Eが花押Ⅰの最後の所見なので、史料Eから史料Fまでの間に花押が変更されたと考えるべきであろう。

図２　盛親花押

【花押Ⅰ】

【花押Ⅱ】

【花押Ⅲ（？）】

【花押Ⅰ（？）】

※【花押Ⅰ】【花押Ⅱ】：註（10）『長宗我部元親・盛親の栄光と挫折』より。
【花押Ⅲ（？）】：『土佐国蠹簡集』（土佐山内家宝物資料館所蔵「山内文庫本」）より。
【花押Ⅰ（？）】：『土左国古文叢』（高知県立図書館所蔵複製本）より。

盛親は慶長の役に元親とともに参加し、渡海に際しては慶長二年六月二四日に豊後佐賀関を経由しており、翌年五月には帰国したとみられる。(30)この役で渡海諸将は朝鮮農民の支配のために連名の慶長二年九月日付榜文を掲げたが、その写三通によれば盛親が連署しており、「長曽我部土佐守盛親」のもとに花押影がある。(31)盛親は元親の代理として連署したのであろうが、これらの花押影は東京大学史料編纂所所蔵の写真帳で確認したところ、いずれも花押Ⅰであった。よって、盛親の花押変更は慶長二年九月から翌三年七月四日までに限定され、右の盛親の動向からすると、帰国つまり慶長三年五月頃の可能性が高い。

花押は様々な要因で変更されるが、盛親は改名・出家はしていないので、何らかの政治的地位の変化があったと考えられなくもない。想像を逞しくするならば、朝鮮からの帰国を機に盛親は新たな当主であることを鮮明にすべく花押を変更したと想定しえないであろうか。ただ、皮肉にも新たな花押Ⅱの初見史料が元親との連署状である事実はこの想定に掣肘を加える。しかし、以下で検討する文書からすると、この想定も払拭しえない。

慶長五年、関ヶ原合戦から帰国した盛親は防戦の準備を開始し、非有らは盛親の意を奉じて浦戸への兵力集中を命じる一〇月二三日付覚書を発給した。その覚書には盛親袖判があり、これが年代を確定しうる花押Ⅱの最後の所見となる。[32] 領国没収後も盛親にしたがっていた家臣がおり、盛親は池六右衛門に「何方へも相越、身命相続候様尤候」と去就の自由を認める判物を発給している。[33] この判物は閏一一月発給なので、年代は慶長六年と確定される。差出書には「長右　盛親」とあり、盛親の通称が依然として「右衛門太郎」であったことも確認されるが、注目すべきは花押の変更である。この判物の花押影は図の花押Ⅲ（?）であり、『高知県史古代中世史料編』は「花押82」つまり花押Ⅰとみなしているが、花押Ⅰとは異なる。一方、同年のものと推測される同趣旨の一二月一〇日付明神源八宛判物の花押影は図の花押Ⅰ（?）であり、『高知県史古代中世史料編』は「花押82」つまり花押Ⅰとみなしており、たしかに花押Ⅰの亜種のようである。[34] 盛親が改易を機に花押を新たに考案したのか、旧に復したのか判断しかねるが、いずれにせよ花押Ⅱの使用をやめたとみられ、[補註4] これは土佐支配権の喪失という政治的地位の変化によるものであろう。してみると、花押Ⅰから花押Ⅱへの変遷についてもその要因として政治的地位の変化すなわち土佐支配権を獲得した状況を想定してもよいのではないだろうか。

おわりに

最後に家督相続に影響を与えたと考えられる盛親の人となりに付言して擱筆したい。

史料Cで盛親は「明七成敗仕候へく候」と恫喝しているが、命令の翌日に移転しなければ成敗するというのはあまりにも性急ではなかろうか。盛親の発給文書には、たとえば史料B「即時ニ可成敗候」や史料D「即時くひをきり候へく候」のように厳しい言辞が散見される。諸大名にとって豊臣政権から課される軍役を果たすことは至上命令で、長宗我部氏の場合とりわけ朝鮮出兵に対応すべく浦戸の拠点化を急ぐ必要があり、かかる事情が盛親を駆り立てていたのであろうが、盛親の発給文書からは彼の性急さが看取される。一方、慶長の役で豊後の太田勢に従軍した慶念は渡海諸将を題材に俳諧連歌を作成し、元親について「しと〳〵とのへたまハんハ土佐のかミ」と詠んでおり、『邦訳日葡辞書』によれば「しと〳〵」とは「物事をゆっくりときちんとするさま」という意である[35]。元親と盛親は親子とはいえ、随分と気性がちがっていたのである。このことはおそらく豊臣政権も知るところであり、性急さがみられる盛親は家督としての資質に欠けると判断されたのかもしれない。こうした気性の問題も盛親の家督相続を考察する際には考慮すべきであろう。

註

（1）寺石正路『長宗我部盛親』（土佐史談会、一九二五年）、山本大『長宗我部元親』（吉川弘文館、一九六〇年）、秋澤繁編『戦国大名論集15長宗我部氏の研究』吉川弘文館、一九八六年、以下『大名論集15』と略）、下村效『日本中世の法と経済』

（続群書類従完成会、一九九八年）など参照。

（2）『高知県の歴史』（山川出版社、二〇〇一年）。

（3）天正一四（一五八六）年に元親の嫡子信親が戦死したのち、継嗣として元親の三男津野親忠を推す吉良親実ら一族と元親の四男盛親を支持する家老久武親直らとの対立が発生した。元親は盛親を継嗣に指名、親実らを処分するが、親忠は高岡郡で坪付を発給するなど独自の支配権を有しており、慶長四（一五九九）年三月に元親が親忠を幽閉し、翌五年関ヶ原合戦後に盛親が親忠を殺害した経緯からすると継嗣をめぐる長宗我部氏内部の対立が盛親の家督相続の時期に影響を与えたことは確かであろう。

（4）山室恭子『中世のなかに生まれた近世』（吉川弘文館、一九九一年）、堀本一繁「龍造寺氏の二頭政治と代替り」（『九州史学』第一〇九号、一九九四年）など参照。

（5）『高知県史古代中世史料編』（高知県、一九七七年）所収『土佐国蠹簡集』五七一号。以下、本章では同書所収の『土佐国蠹簡集』『土佐国蠹簡集拾遺』『土佐国蠹簡集木屑』『土佐国蠹簡集脱漏』『土左国古文叢』をそれぞれ『蠹』『拾』『木』『脱』『古』と略す。これら所載の文書は写であるが、本章では引用に際して「写」の表記を略し、右の史料編が「花押」とする箇所もそのまま「花押」とし、同書が「花押82」「花押83」と表記する盛親花押影はそれぞれ「花押Ⅰ」「花押Ⅱ」と表記する。

（6）『蠹』五五九号。

（7）『拾』二二六号。

（8）『拾』二二五号。

（9）東端の安芸郡は当初幡多郡と同様に同地の担当者が坪付を発給したが（『蠹』六三一号）、のちには文禄四年以降の中央部と同じ様相を呈する。高岡郡は註（3）参照。

（10）『蠹』五九〇号。これには袖判がすえられており、他と様式が異なるので一抹の不安もあるが、文禄三年九月五日付（『蠹』五九四号）・同年一〇月一八日付（『脱』一一七号）の奥判坪付が確認されるので、この頃盛親坪付が登場するとみて大過なかろう。なお、本書第二章で文禄二年の盛親坪付として『秀吉と桃山文化—大阪城天守閣名品展—別冊』（毎日新聞大阪本社文化事業部、一九九六年）高知県立歴史民俗資料館出品資料27の宮地五良左衛門宛坪付（『蠹』六一二号はこれの写）を釈文に拠ってあげたが、『長宗我部元親・盛親の栄光と挫折』（高知県立歴史民俗資料館、二〇〇一年）に62として掲載された同文書の資料解説と写真によれば年代は文禄四年であり、不適切な例示だったので訂正する。
（11）拙稿「長宗我部氏から山内氏へ」（小島毅編『義経から一豊へ』勉誠出版、二〇〇六年）。
（12）『拾』三一四号（『蠹』五八一号）。
（13）『蠹』五七九号、『蠹』五八二号、『拾』三一五号（『蠹』五八〇号）。
（14）『蠹』五七五号、『蠹』五七六号。
（15）『蠹』六一四号、『蠹』六二〇号。
（16）『蠹』六一七号、『蠹』六一八号。「給恩の徳政」については下村效「戦国・織豊期徳政の一形態」（『大名論集15』、初出一九七六年）参照。
（17）『蠹』八七三号。
（18）本書第二章、註（11）拙稿参照。
（19）出陣準備は『蠹』五九六号、『蠹』五九五号。庄屋任命は『蠹』六二五号。
（20）『蠹』五八五号。なお、「かい田庄や」宛は『木』四九七号（『古』一二四三号）。
（21）『中世法制史料集第三巻武家家法Ⅰ』（岩波書店、一九六五年）「解題」参照。
（22）『蠹』六九五号、『蠹』七〇八号。元親発給文書については野本亮「試論　長宗我部元親発給文書に関する若干の考察」（『高知県立歴史民俗資料館研究紀要』第一一号、二〇〇一年）参照。
（23）『蠹』六六七号。
（24）非有らの連署状は『蠹』九〇四号。「大殿様」・「若殿様」の所見は『蠹』九〇二号など。
（25）『日本国語大辞典第二版第二巻』（小学館、二〇〇一年）。
（26）豊臣期の武家官位制については註（1）下村著書第二編第六章～第八章参照。
（27）義弘の家督継承は『大日本古文書島津家文書』一四九五号。陣立書は同四〇三号。

（28）『面高連長坊高麗日記』（『改定史籍集覧第二五冊』近藤活版所、一九〇二年）。『蠹』七五一号。
（29）『蠹』六七三号。
（30）本書第五章参照。
（31）『大日本古文書島津家文書』九七一号、九七二号、九七三号。なお、九七三号は「曽」が「僧」となっている。
（32）註（10）『長宗我部元親・盛親の栄光と挫折』67（『蠹』七四九号はこれの写）。ただ、花押Ⅱを有する一二月二日付今村孫十郎宛判物（『蠹』七五三号）は慶長五年の盛親上洛の途次で発給された可能性が高く、もしそうならばこれが最後の所見となる。
（33）『蠹』七七一号。年未詳だが、『蠹』七七〇号の花押影も花押Ⅲ（？）と同形。
（34）『古』一二三七号。
（35）『朝鮮日々記』（『朝鮮日々記を読む』法蔵館、二〇〇〇年）。『邦訳日葡辞書』（岩波書店、一九八〇年）。
［補註1］　本書第二章［補註4］参照。
［補註2］　史料Dの「舟拵」を「造船」と理解したのは誤りである。『長宗我部元親・盛親の栄光と挫折』七〇頁の資料解説が指摘するように「舟拵」は艤装のことである。
［補註3］　本章では知行宛行権だけでなく他の諸権限も移譲されてゆくものの、元親が一定の権限を行使し続けていたとする見解を提示している。しかし、知行宛行権を除く諸権限に関してはかかる移譲論よりも平井上総「豊臣期長宗我部氏の二頭政治」（同『長宗我部氏の検地と権力構造』校倉書房、二〇〇八年、初出二〇〇七年）が提示した共有論の方がより実態を把握しているようである。
［補註4］　『長宗我部盛親』（高知県立歴史民俗資料館、二〇〇六年）には80として『古』一二三七号の正文にあたる文書が掲載されており、その盛親花押は花押Ⅰ（？）・花押Ⅲ（？）のうちどちらかといえば、後者に近い形である。よって、「いずれにせよ花押Ⅱの使用をやめた」とみてよいと考えている。

第五章　慶長の役における長宗我部元親の動向

はじめに

文禄・慶長の役（壬辰倭乱・丁酉再乱）における日本側諸将の動向に関しては、戦前の池内宏氏による緻密な研究『文禄慶長の役正編第一』『文禄慶長の役別編第一』[1]や参謀本部編『日本戦史朝鮮役』[2]（以下『戦史』と略）があり、以後も数多の研究が蓄積されてきた。[3]また、倭城研究もこれと密接にかかわる倭城の普請や在番の状況についてめざましい成果をあげてきた。[4]しかし、「個々の大名が具体的にどのような作戦・軍事行動をとったのかを確定する作業は依然不可欠」と指摘されるように、[5]諸将の動向にはいまだ不明な点が多く、かかる傾向は池内氏の研究が未完に終わったため、とりわけ文禄の役の後半以降に顕著である。

本章の対象とする慶長の役における長宗我部元親の動向についても、いわゆる右軍・左軍のいずれに属していたのかについてさえ定説をみない事実が示すように、基本的な動向の解明が課題として残されている。[6]そこで、本章では諸将が戦略を合議した重要な場であったにもかかわらず、看過されてきた全州会議に注目しつつ前記の課題に取り組んでゆくが、かかる考察を通して諸将の戦略を分析する新視点を提示することも課題とする。

1　渡海より全州会議にいたる動向

周知のとおり文禄二（一五九三）年四月より日明間では講和交渉がもたれていたものの、文禄五（慶長元）年九月二日にこれが決裂したため秀吉は戦闘再開を決定する。同年九月七日付書状で小早川隆景が島津義弘に「高麗御無事俄相破、毛利壱《吉成》、加主計《加藤清正》、小西《行長》急度被指渡之由候、年明候ハヽ、四国・中国之衆可罷渡之由御触候」[7]と報じたように、秀吉は年内に毛利吉成らを朝鮮に先遣し、翌年には長宗我部元親ら「四国・中国之衆」を派遣する方針を表明した。実際に先遣部隊が渡海を開始したのは慶長二年一月のことで、同年二月二一日になって秀吉は各将に朱印状で部隊編成や戦略を示した[8]。元親の部隊三〇〇〇人は、藤堂高虎・池田秀雄・加藤嘉明・来島通総・中川秀成・菅達長らの部隊とともに六番隊に編成されたが、「船手之動入候時者、藤堂佐渡守《高虎》、加藤左馬助《嘉明》、脇坂中務少輔《安治》両三人申次第、四国衆、菅平右衛門《達長》并諸手之警固船共可相動事」とあるように、その軍勢は他の四国衆と同様に「船手」つまり水軍としての性格を有しており、指揮権は藤堂高虎・加藤嘉明や七番隊の脇坂安治に託されていた。文禄の役でも長宗我部勢は文禄二年二月二七日に「船手へ可相加事」を秀吉より命じられ、あの晋州城攻撃の部署を秀吉が定めた同年三月一〇日の陣立書でも「舟手衆」に編成されるなど、水軍として編成されることがあった[9]。後述のごとく、長宗我部勢は慶長の役においても蔚山の戦いではやはり水軍として後巻に参加しており、このないわば水陸両用の性格は同氏の軍事力の特質として注目されよう[10]。

さて、慶念の『朝鮮日々記』によれば、元親は慶長二年六月二四日に豊後国佐賀関で軍目付の太田一吉と合流し、名護屋・対馬を経て七月七日に釜山に到着した[11]（以下、適宜図3参照）。同日記の七月一〇日条には「番船から島《唐》のく

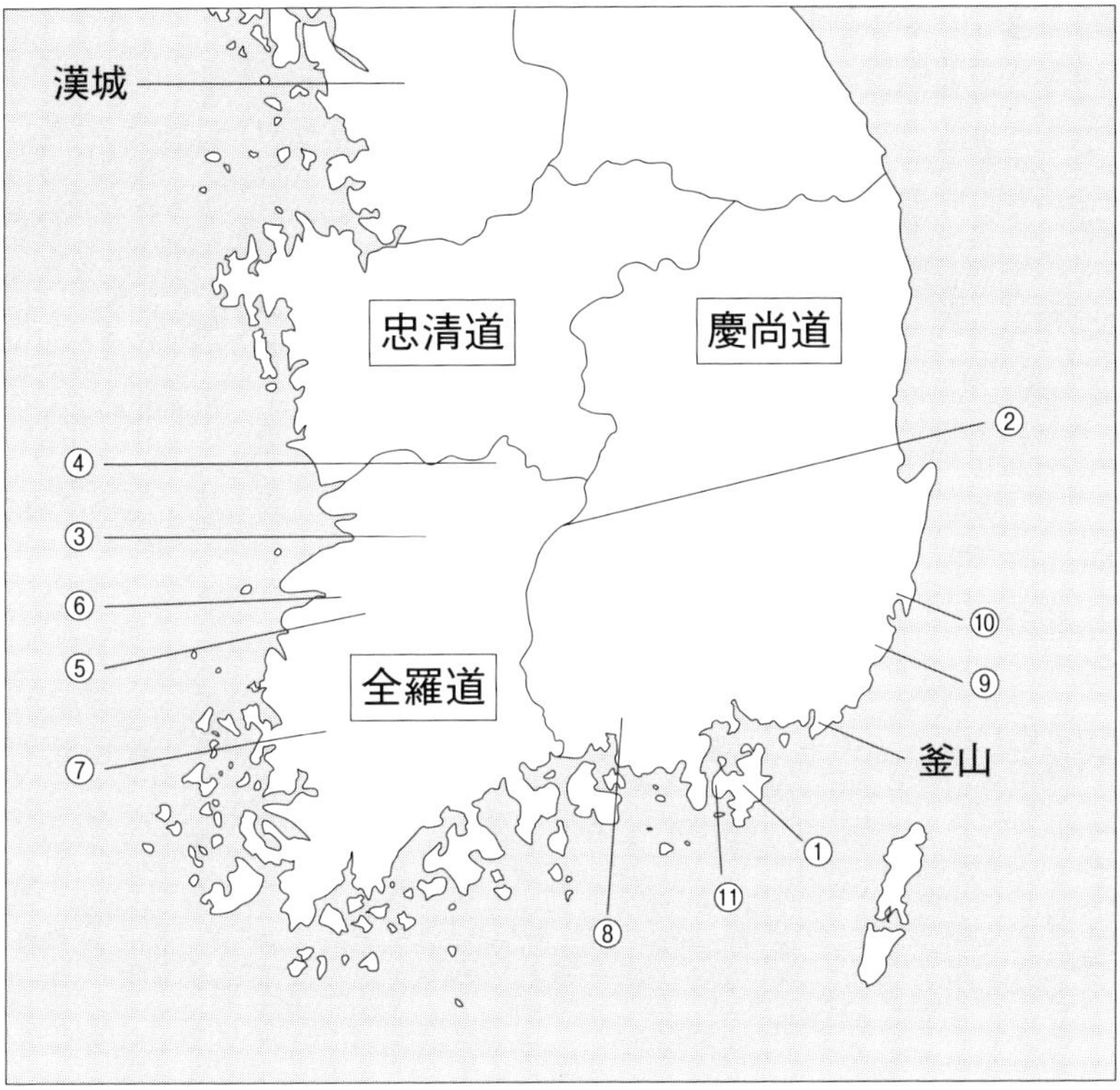

図3　長宗我部元親関係地図（概ね○囲みの番号順で移動）

①巨済島　②黄石山　③全州　④珍山　⑤井邑　⑥古阜　⑦羅州　⑧泗川　⑨西生浦　⑩蔚山　⑪見乃梁

ち其外の島にかゝりて有りしに、加藤との（加藤嘉明）又ハ日向（高橋元種ら）・さつま（島津義弘）・あわとの（蜂須賀家政）・土佐との（長宗我部元親）・飛騨守殿（太田一吉）をはじめて、番船をきり取やきやふり、残りなくうちはたしけれハ、それよりして番船つゐに出すなり」とあり、刊本の編者はこの記事に「十五日の巨済島海戦を指すカ」と頭註を付している[12]。「番船つゐに出すなり」とあること、同日条の和歌で慶念が嘉明の活躍と高虎の失態を諷していること、一五日条には海戦に関する記事がないこと、これらから頭註の推測にしたがうべきであろう。ならば、元親らの釜山到着日なども五日ほどくだることになろうが、ここでは日本側が「制海権を握る」契機となった巨済島海戦[13]に元親も参加していた可能性がきわめて高い点を確認しておきたい。

翌八月に陸上部隊はいわゆる右軍・左軍の二手に分かれて北上を開始するが、元親の所属については左右両説ある。たとえば、『戦史』は右軍の「将」を毛利秀元とし、続けて加藤清正・黒田長政・鍋島直茂父子・池田秀雄・中川秀成や軍目付の熊谷直盛・垣見一直をあげ、長宗我部元親もこれに加えており、一方の左軍については「将」を宇喜多秀家とし、続けて小西行長・宗義智・蜂須賀家政・毛利吉成父子・生駒一正・島津義弘・高橋元種ら日向衆などや軍目付の太田一吉・竹中隆重・早川長政をあげており、これらとは別に水軍として藤堂高虎・脇坂安治らをあげている[14]。これに対し、北島万次氏は「宇喜多秀家を大将とする左軍の部将は小西行長・島津義弘・加藤嘉明・蜂須賀家政・生駒一正・長曽我部元親ら」と指摘している[15]。そこで、『戦史』も引用する次の史料に注目したい。

史料A[16]

八月十七日注進状并絵図到来、加披見候、赤国《（全羅道）》与白国《（慶尚道）》之堺、安陰郡之内、黄石山之城、金海上官相拘候処、仕寄申付、八月十六日夜、責崩、彼上官首、黒田甲斐守《（長政）》手へ討捕、其外、於城中三百五十三、并谷々《（各々カ）》つき崩候処、於手前数千人切捨候由、粉骨之至神妙ニ被思召候、弥先々動之儀、左手之衆申談、不可有由断候、猶徳善院《（前田玄以）》・増田右衛門尉《（長盛）》・石田治部少輔《（三成）》・長束大蔵大輔《（正家）》可申候也、

九月廿二日　御朱印

（後略）

[宛所の人名―毛利秀元・長宗我部元親・同盛親・吉川広家・恵瓊・鍋島直茂・同勝茂・池田秀雄・中川秀成・黒田長政・加藤清正・早川長政・垣見一直・熊谷直盛]

これは八月一四〜一六日の黄石山の戦いにおける黒田長政らの戦功を報じた注進状などを披見した秀吉が発給した朱印状の写である。これは返書にあたるので、注進状などは宛所の諸将によって作成されたはずで、これら諸将は行動をともにしていたとみなされる。よって、『戦史』が指摘するように、元親は秀元らの右軍に属していたと考えるべきである。しかし『豊公遺文』が「慶長二年八月朔日より、全羅道働に就て、左手、右手、船手の三口より発向せし時」のものとして掲げる「備立」では、左軍・右軍が『戦史』の指摘とは逆になっており、この所見をもとに史料Aの宛所の諸将を「左手衆」とする指摘もある。(17)ただ、この「備立」は典拠不明であり信憑性に乏しく、両軍の進軍ルートからするとこうした呼称はまずありえず、史料Aの「弥先々動之儀、左手之衆申談、不可有由断候」も、「左手の衆で申談し」ではなく、「左手の衆に申談し」と理解すべきであろう。なお、『戦史』は早川長政の所属を左軍とするが、史料Aを重視して右軍に属したとみておきたい。

以上より、元親は慶長二年八月から右軍の一員として慶尚道を北上し、黄石山の戦いに参加し、そののち全羅道へ侵攻していったと考えるべきであろう。この全羅道で八月に開かれた全州会議に元親も臨むが、従来重視されてきたのは九月の井邑会議の方である。

2　井邑会議

慶長二（一五九七）年九月の井邑会議は諸将が以後の戦略を決定した場として重視されてきたが、それは決定の内容もさることながら、むしろ次のような史料に恵まれていたからであろう。

史料B(18)

謹而奉致言上候、一先度自全州御使衆ニ委申上候、青国(忠清道)へ相動、国中過半発向仕、それより赤国(全羅道)うち相残こほり〳〵、各致割符、発向仕半ニ御座候、隙明申次第、御仕置城々、御普請ニ取かゝり可申分候事、

一今度青国・赤国致発向、こほり〳〵之事、委細絵図ニ書付、致進上候事、

一御仕置城々、各致惣談相定申候、就其、小西摂津守(行長)城之義、最前ハしろ国(慶尚道)之内と、被成　御諚候へ共、赤国順天郡内所柄見合て、取出可申候事、

一釜山海之儀、最前ハ羽柴左近(立花宗茂)可致在城之旨、雖被仰出候、日本より之渡口ニ御座候へハ、御注進等をも被申上、又御下知をも先手へさしはからい、被申触候ためニ、毛利壱岐守(吉成)在城被仕可然と申義ニ御座候事、

一羽柴左近事、慥なる仁にて御座候、併其身わかく候間、島津(義弘)・鍋島(直茂)城之間ニ一城取拵、被致在番候へと申義ニ候、此等之旨、宜預御披露候、恐々謹言、

(後略)

[差出書の人名―宇喜多秀家・蜂須賀家政・小西行長・島津義弘・長宗我部元親・吉川広家・生駒一正・鍋島直茂・島津忠恒・長宗我部盛親・池田秀雄・中川秀成・熊谷直盛・早川長政・垣見一直]

[宛所の人名―前田玄以・増田長盛・石田三成・長束正家]

これは慶長二年九月一六日に諸将が全羅道井邑における会議で作成した連署言上状の案である。従来、多くの研究がこれに注目してきたが、ここでは各条文を端的に整理した北島万次氏の指摘をあげたい。「申し合わせはつぎの点にあった。すなわち、①忠清道から全羅道に侵入した島津勢らの日本軍は全羅道の各地域に手分けして兵を進め、駐屯支配のための城普請をすること、②忠清・全羅両道の各郡の様子については、絵図をもって報告すること、③軍議により各自の駐屯支配の城々普請の地点を定めたが、その場合、小西行長は城を全羅道順天の適当なところに普請す

ること、④日本と朝鮮在陣諸大名とのパイプとなる釜山浦に毛利吉成を在番させ、釜山浦の守りを強化すること、⑤立花宗茂の城は島津勢と鍋島勢の間に普請すること[19]」。

「申し合わせ」事項はこの指摘どおりであるが、ただ、史料Bには「先度自全州御使衆ニ委申上候」とあるので、少なくとも①の方針は全州会議で決定済みであったと即座に推測されよう。じつは、諸将による各会議を考察した伴三千雄氏が「前後の事情から推せば、出征諸将の全部が全州に会合して、「発向」の後に海岸地方に築城すべき担任区分や守備の部署が大体決議され、井邑会議は其補遺であつたこと」をつとに推察しているのである[20]。そこで本章では、この全州会議に注目したい。

3　全州会議と井邑会議

前述のごとく元親属する右軍は慶長二（一五九七）年八月一六日に黄石山の戦いで勝利をおさめ、そののち全羅道全州に到着した。同地には、高虎らの水軍と合流して八月一五日に全羅道南原を攻略した秀家ら左軍も到着する。『面高連長坊高麗日記』八月二四日条の「全州へ城わりにて日本の諸勢被相揃候而の儀候[21]」なる記事にもとづいて、全州会議が開催された事実はこれまでも指摘されてきた。この会議の結果について、『戦史』は以後両軍ともに全羅道・忠清道各地を征圧、右軍主力は忠清道稷山で九月初旬に明軍と交戦することになったとし、編成については従来の左軍に元親父子や鍋島直茂父子・吉川広家・池田秀雄・中川秀成（軍目付は早川はそのままで、垣見・熊谷が太田・竹中にとって替わる）らが加わった点、右軍の場合は主力が秀元・清正・黒田長政ら（軍目付は前記の変更により太田・竹中）であった点を指摘しており、北島氏は「毛利秀元・加藤清正・黒田長政らの右軍は忠清道へ北進して京畿道をめざし、左軍のうち、宇喜多秀家・小西行長は軍を南へ回し、島津義弘等は全羅道の左路を下って列邑に分屯することとなった」と指摘する。[22] しかし、全州会議の決定を直接示す次の史料は、こうした従来の理解に修正を迫るものである。

史料C[23]

此表之儀致言上度存知候刻、御両使(松井藤介・竹中重定)被罷帰候条、申上ル、

一全州城ニ大明人楯籠之由候間、押懸候処、はや明退申候条、左手・右手致参会、従是さき〳〵動之義惣談仕、多分ニ相究申候事、

一青国(忠清道)動之儀、人数三手ニ相分、左之先小西摂津守(行長)・羽柴兵庫頭(島津義弘)・蜂須賀阿波守(家政)・生駒讃岐守(一正)・備前中納言(宇喜多秀家)、中筋先手黒田甲斐守(長政)・安芸宰相(毛利秀元)、右先加藤主計頭(清正)・毛利壱岐守(吉成)・鍋島加賀(直茂)・土佐侍従(長宗我部元親)・池田伊与守(秀雄)・中川修理太夫(秀成)、如此相備致発向、其後加藤主計・黒田甲斐、安芸宰相人数弐百(万)相添、都合三万五千人青国より直ニ白国之(慶尚道)内両人城所へ罷越、彼地普請仕、并立毛有之間、苅取可申分ニ相究申、罷戻ミち筋則所々相動申候、普請之儀、筑前中納言(小早川秀秋)殿御人数浅野左京太夫(幸長)相加可申分候事、

一相残人数七万八千七百人ハ赤国へ罷戻、未相破郡々数多御座候条、国中無残所海陸共ニ撫切ニ仕可致発向候事、

一舟手者共七千余全州より罷戻、赤国(全羅道)浦辺ニ付而可致発向候事、

一赤国隙明次第、御仕置城各見合申候て普請可申付候、右之様子多分ニ付如此相究申候間、此者宜(旨カ)預御披露候、

八月廿六日　　連判

(後略)

[差出書の人名―宇喜多秀家・毛利秀元・長宗我部元親・同盛親・鍋島直茂・同勝茂・池田秀雄・中川秀成・加

藤清正・黒田長政・蜂須賀家政・生駒一正・島津義弘・同忠恒・毛利吉成・太田一吉・熊谷直盛・垣見一直・竹中隆重・早川長政・毛利友重・恵瓊・小西行長・藤堂高虎・脇坂安治・加藤嘉明・菅達長・同右八」

右に略記した差出書には元親父子も含まれており、「左手・右手致参会」とあるように左軍（前述のごとく水軍が合流）・右軍の諸将が全州でまさに一堂に会して会議を開いたのである。この会議では今後の戦略が「多分」つまり多数決によって決定され、「左」「中筋」「右」の文言に着目すると、忠清道侵攻にあたり次のように部隊が再編されたことが知られる。当初の左軍より毛利吉成・日向衆(24)を除いた諸将からなる部隊、当初は右軍に属した黒田長政・毛利秀元からなる部隊、この両人を除く当初の右軍と当初は左軍に属した毛利吉成・日向衆からなる部隊、これら三部隊である（各部隊の軍目付は後述）。以下、これらを当初の編成と区別してそれぞれ〈左軍〉〈中軍〉〈右軍〉と仮称し、考察をすすめてゆく。なお四条目によれば、水軍は全州から全羅道沿岸部を南下する計画であった。

元親は、『戦史』が指摘するように秀家らの左軍に編入されたのではなく、秀元・黒田長政を除く当初の右軍に属した諸将や当初の左軍より離脱した毛利吉成らとともに〈右軍〉を構成することになったのである。ただ、これはあくまで計画であったとも考えられるので、その実施状況を確認する必要があろう。そこで注目したいのが次の史料である。

史料D(25)

一番郡割之事

万項（頃）　扶安　羽柴兵庫頭（島津義弘）
金溝《キンヂイ》　金堤《キンせ》　鍋島加賀守（直茂）
輿（興）徳　毛利壱岐守（吉成）

古阜
泰仁
茂長　霊光
井邑　高敞
長城　潭陽
浮呂　玉果　谷城
咸平　務安

土佐侍従（長宗我部元親）
池田伊与
中川修理
中国衆
蜂阿波守
生駒讃岐守
備前中納言殿（宇喜多秀家）
小西摂津守（行長）
船手衆

二番目郡割之事

珍原　昌平
罹（羅）州
光州
宝城　長与
同福
和順《はいじゅん》　綾城《トグセグ》
南平　霊岩
康津　海南
楽安　順天　光陽
輿（興カ）瑞

中国衆
土佐侍従
池田伊与
中川修理
備前中納言殿
毛利壱岐守
鍋島加賀守
蜂阿波守
生駒讃岐守
島津兵庫頭
小西摂津守
船手衆

右手

壱万人	加主計（加藤清正）	龍潭　鎮▨（岑）
五千	毛壱（毛利吉成）	茂朱　沃川
壱万弐千	鍋加（鍋島直茂）	錦山　懐徳
三千	土侍従（長宗我部元親）	珍山
二千八百	池与（池田秀雄）	
千五百	中修（中川秀成）	
合三万四千（四千三百）		

中

五千	黒甲（黒田長政）	高山　▨（礪）山　恩津
三万	芸州（毛利秀元）	連山　尾（尼）山　公州
合三万五千		

左

壱万四千七百	小摂（小西行長）	益山　咸悦
壱万	羽兵（島津義弘）	龍安　石城
九千七百	（阿州 生讃）	扶余　臨波（陂）
壱万	備前中納言殿（宇喜多秀家）	沃溝
合四万四千四百		

船手衆
咸平　務安　珍鳥《（島）》　与《（興）》陽

以上

これの前半部分「一番郡割之事」「二番目郡割之事」は史料Bに「赤国《（全羅道）》うち相残こほり〳〵、各致割苻、発向仕半ニ御座候」とある「割苻」の写もしくは案とみてよく、井邑会議の際に作成されたのであろう。しかし、史料Cによれば、忠清道侵攻後は「加藤主計《（清正）》・黒田甲斐《（長政）》、安芸宰相《（毛利秀元）》人数弐百《（万）》相添、都合三万五千人」つまり〈右軍〉の加藤勢一万人と〈中軍〉の黒田勢五〇〇〇人に〈中軍〉の毛利勢のうち二万人を加えた計三万五〇〇〇人は慶尚道方面へ移動し、「相残人数七万八千七百人」つまり加藤勢以外の〈右軍〉二万四三〇〇人と〈左軍〉四万四四〇〇人それに〈中軍〉の毛利勢のうち一万人の計七万八七〇〇人は全羅道を掃討する方針がすでに全州会議で決定されており、この後者にやはり同会議で全羅道沿岸部の南下が決定された水軍を加えた軍勢の部署を記したのが、右の「郡割之事」にほかなるまい。また後半部分に記された「右手」「中」「左」と「船手衆」の編成は全州会議の決定と合致しており、各担当地域もまたそこでの決定（「左」＝西、「中筋」＝中央、「右」＝東、「浦辺」＝沿岸）に対応している。よって、この後半部分は侵攻状況を摘記したもので、史料Bに「今度青国・赤国致発向、こほり〳〵之事、委細絵図ニ書付、致進上候」とある「絵図」に反映されたと考えてよかろう。実際、この史料Dに続いて『鍋島家文書』が掲げる一三四号には「右押衆」として史料Dの「右手」の諸将が列記され、その下に史料Dに摘記された担当地域とよく符合する地域が図示されているのである。この図は、末尾の「鼻数五千四百五十七」なる記載から、侵攻後に作成されたことはまちがいなく、右の「絵図」の写もしくは案とみられる。

史料Dや右の図は、その対応関係も勘案すると、ともに井邑会議に際して作成されたものであり、全州会議の方針がほぼそのとおりに実施された事実を示す史料といえよう。ただ、井邑会議には参加しなかった加藤勢などの動向も検証しておく必要があろう。

史料E(26)

御折紙并左手より御状共致拝見候、然者左手川向発向之絵図持被下、致披見候、次ニ宰相殿《（秀元）》御人数壱万被相添、早主《（早川長政）》其郡より赤国《（全羅道）》可被指出旨尤ニ存候、其旨可被仰合候、加主斗《（加藤清正）》明日川はた《（忠清道清州）》ノ郡陣替可為候、主斗も川を越木川迄相働、それニ而出合可申、其方御人数はやく候共、木川にて御待可被成候、それニ而両方致同道、御人数可被打入候、加主斗殿へも双方木川ニ而可被相待通、堅申談候、尚々期貴面之時候、恐惶謹言、

（後略）

これは竹中隆重・太田一吉が黒田長政・早川長政・恵瓊宛に送った九月五日付の返書である。まず、先に保留した軍目付の所属を考えてゆこう。返書の宛所が示すように、やはり全州会議の方針どおり黒田勢・毛利勢は〈中軍〉として九月初旬に行動しており、その軍目付は早川であった。冒頭にはこれら〈中軍〉諸将からの「御折紙」と「左手より御状」を拝見したとあり、さらにこの返書で清正の動向を報じているので、竹中・太田の両人は清正らを構成員とする〈右軍〉の軍目付であったと考えてよい。ならば、ここにみえる「左手」は秀家らを構成員とする〈左軍〉にあたるが、その軍目付は残りの垣見・熊谷の両人とみなされる。軍目付に関する『戦史』の先の指摘は以上のように修正すべきであろう。

次に、この時点での清正らの軍事行動について考えてみたい。史料Eでは〈右軍〉の先手として忠清道清州まで進撃していた清正と〈中軍〉諸将との合流地点を錦江支流右岸の木川にすると述べられているが、清正が黒田長政宛に送った九月九日付書状(27)によれば、実際には清正は誤って木川より北方の鎮川にいたり、ここで長政らを待つことにな

った。この間の九月六日に〈中軍〉は稷山の戦いで明軍と交戦し、かなりの打撃をこうむるのであるが、ここで重視したいのは、全州会議の方針どおりに右の諸将が行動している点である。さらに、史料Eには「宰相《（秀元）》殿御人数壱万被相添、早主其《（早川長政）》郡より赤国《（全羅道）》可被指出旨尤ニ存候」とあり、〈中軍〉より毛利勢のうち一万人が早川長政に添えられて全羅道に移動する計画が知られる。これも全州会議の方針どおりで、この毛利勢は史料Dの前半部分にある「中国衆」に該当し、その指揮官は吉川広家であった。やはり、全州会議における方針はほぼ実施されていたのである。

そもそも、史料Bの連署者つまり井邑会議の顔ぶれが史料Cで「相残人数七万八千七百人ハ赤国へ罷戻」とされていた諸将とほぼ一致すること自体その実施状況を如実に示していよう。諸将のうち毛利吉成だけは連署者にみあたらないが、これは④の決定によりすでに釜山に向かっていたためと推測される。ただ、史料Dの前半部分には吉成の担当地域が記載されており、子吉政が豊前毛利勢や日向衆を率いて転戦しているので、その軍勢も井邑に集結していたとみてよかろう。

以上より、先に掲げた井邑会議の「申し合わせ」事項のうち①③は、史料Cの最後の条文もふまえるならば、全州会議で方針が決定済みであったこと、また②についても全州会議の方針どおり実施された軍事行動の事後報告であることが明らかになった。無論、④⑤は井邑会議で登場した議題であり、①③の詳細もこの場で決定されているので井邑会議も重要ではある。しかし、全州会議において戦略の基本方針が決定され、それがほぼ実施された事実を看過してはなるまい。全州・井邑両会議の性格を見抜いた点において先の伴氏の指摘はまさに至言だったのであり、われわれは全州会議の意義を再認識すべきであろう。

ここで、これまでの考察にもとづいて元親の動向を述べておきたい。元親は自身も参加した八月二六日の全州会議で清正を先手とする〈右軍〉に編成され、全羅道の全州から北上し、全羅道内陸の最北部で忠清道にほど近い珍山へと進撃した（史料D後半部分）。そののち元親は清正を除く他の〈右軍〉と同様、全州会議での決定にしたがって南下し、九月一六日の井邑会議に臨んだ。ここでは、先の全州会議での方針にもとづいて、以後の全羅道掃討計画の詳細が決定された。それを示すのが史料Dの「一番郡割之事」「二番目郡割之事」である。これらには全羅道の地域名とその担当諸将が列挙され、後者記載の地域が前者のそれよりも南に位置しているので、「一番」「二番目」の名称どおりの順で全羅道を南下してゆく計画であった。

元親に関しては、前者では「古阜」、後者では「罹（羅）州」と記載されており、まず井邑から西進して同じ全羅道の古阜を侵攻し、それより南下して全羅道の羅州にいたる計画であった。「一番郡割之事」で茂長・霊光、「二番目郡割之事」で珍原・昌平と担当地域が記されていた吉川広家ら中国衆による霊光・珍原の侵攻、また前者で金溝・金堤が担当地域となっていた鍋島勢による両地の侵攻など計画が実施された事実が確認できるので[28]、長宗我部勢についても九月中旬から前記の計画どおりに全羅道を転戦していったとみなされ[29]、次節で述べるように、一〇月下旬には慶尚道泗川に到着していた。

4　泗川倭城普請から帰国命令にいたる動向

慶長二（一五九七）年一〇月二八日に島津忠恒らが慶尚道泗川に到着し、翌日より泗川倭城の普請が開始される。同地で島津勢を迎え、この普請に携わったのは、〈右軍〉の池田秀雄・中川秀成・毛利吉政（釜山在番の父にかわり日向衆らを率いていた）[30]や軍目付の垣見一直、そして元親らであった[31]。同年一二月二七日には在番の島津父子が入城し、元親らも交えた祝宴が催されていたが、その日、蔚山の戦いの急報がもたらされた。当時、浅野勢・毛利勢による蔚山倭城の普請は完成間近に迫っていたものの、一二月二三日より明・朝鮮軍が同城を包囲したのである。元親ら泗川倭城の普請に携わっていた諸将は、蔚山救援のため西生浦に向かった[32]。翌年正月一日、元親は一直にやや遅れて秀雄・秀成・吉政らとともに西生浦に到着し、二日には盛親をともない船三〇艘余りを率いて蔚山に先行している。西生浦に集結した他の諸将も蔚山への移動をこの二日に開始し、蔚山倭城を後巻したため、包囲は四日に解除された。この時、長宗我部勢一六〇人は池田勢とともに「船手」に編成されており、このように状況に応じて水軍に編成される点はじつに興味深い。

さて、周知のとおり、諸将と秀吉との間に存在した戦況認識のギャップはこの戦闘を契機に拡大してゆくが、前者の認識を端的に示しているのが安骨浦会議での決定である[33]。

史料F[34]

（前略）

一蔚山ニ加藤主計（清正）居城可仕候、両城難相抱之由、被聞召候間、西生浦ニは毛利壱岐守（吉成）同一手之者共、可致在城由、被仰遣候、釜山浦ニ寺志摩守（寺沢正成）致在城、安芸宰相（毛利秀元）人数千五百人、筑前中納言（小早川秀秋）人数五百人、可致加勢旨被仰遣候、先右之分ニ仕置申付、各帰朝、猶様子被聞召届、随其重而可被仰遣候、

一蔚山を始、城々普請、弥々丈夫ニ申付、兵粮・玉薬さしこめ候て、各ハ可帰朝候、下々労可申候間、可相戻候也、

正月廿二日　御朱印

（後略）

[宛所の人名—毛利秀元・長宗我部元親・同盛親・吉川広家・恵瓊・竹中隆重・熊谷直盛・毛利友重・垣見一

直・早川長政・池田秀雄・同秀氏・脇坂安治・中川秀成・加藤嘉明・生駒一正・山口宗永（小早川家臣）・蜂須賀家政〕

これは蔚山の戦いを報じた「去五日書状」を披見した秀吉が、正月二二日付で長宗我部元親父子らに発給した朱印状の写の一部である。省略箇所には「旧冬城々隙明次第、可帰朝候処、令在陣、今度手ニ相候事、辛労ニ候」とあり、元親らが旧冬に帰国すべきところ在陣し、今回の戦いに臨んだことを秀吉は労っている。よって、本来元親らは泗川倭城の完成後に帰国する予定であったことが知られるが、秀吉は今後について前掲のように指示している。諸将が「去五日書状」で清正による蔚山・西生浦両倭城の維持は難しい由を上申したのであろう、秀吉は蔚山に清正を、西生浦に吉成らを、釜山浦には寺沢正成を配置し、釜山浦については毛利勢・小早川勢を加勢とするよう命じた。一方、在番予定の鍋島直茂らに発給された朱印状には当然ながら「旧冬」云々の記述はなく、最後の箇条も「城々普請、弥丈夫ニ申付、兵粮・玉薬以下指籠、在番不可有由断候也」となっている(35)。最後の箇条を対比すれば明らかなように、この時点で秀吉は史料Ｆの宛所の元親らについては毛利勢・小早川勢の一部以外は城普請などが完了次第に帰国するよう指示しているのである。

他方、この指示の到着以前に開かれた安骨浦会議には元親も参加しており、三成ら宛の正月二六日付連署言上状(36)を秀家・秀元らと作成した。元親ら諸将は、前年の井邑会議で詳細を決定して秀吉に上申したとおり実施してきた従来の計画を、蔚山の戦いに接して、変更することにしたと言上している。具体的には、戦線の東端に位置する蔚山倭城を放棄し、その在番者清正を西生浦在番とする、一方の西端に位置する順天倭城も放棄し、その在番者行長を泗川在番とし、同所の在番者島津義弘らを固城在番とする、また梁山倭城についても放棄し、その在番者黒田長政を亀浦在番とするなど、まさに戦線縮小論であった。

しかし、秀吉が「加藤主計（清正）相拘蔚山、小西（行長）居城順天、黒田（長政）甲斐居城梁山、可引払旨」について「不得　御諚可引払之段曲事之由、被仰遣候」と三月一三日付朱印状で鍋島父子に伝えているように、[37] この戦線縮小論は先の史料Fで蔚山倭城の維持を指示していた秀吉の逆鱗に触れることになった。ただ、怒りをあらわにした秀吉もこの朱印状で梁山から亀浦への撤退は認めており、また帰国についても「普請之儀、如存分出来候而、縦敵取懸候共、堅固可相拘と存候ハヽ、各かたへ一札を出、帰朝させ可申候」と指示している。この指示は、鍋島父子と同じく在番予定の小早川秀包らや島津義弘らに発給された三月一三日付朱印状にもみられる。[38] よって、この時点でも元親らの帰国に関する秀吉の指示は基本的には変更されていなかったのであり、五日後の朱印状でも秀吉はやはり次のように指示している。

史料G[39]

先書雖被仰出候、重而被仰遣候、城々普請之儀、各申談、有様ニ割符仕、其請取之城々丈夫ニ申付、別ニたのミも無之候者、地主（城）一札ヲ取置、兵粮・鉄炮・玉薬以下入置、無心元儀無之様ニ申付、帰朝可仕候、猶増田（長盛）右衛門尉・徳善院（前田玄以）・長束（正家）大蔵大輔可申候也、

三月十八日　　御朱印

（後略）

［宛所の人名―宇喜多秀家・毛利秀元・長宗我部元親・蜂須賀家政・藤堂高虎・池田秀雄・加藤嘉明・来島康親（長親）・生駒一正・恵瓊・脇坂安治・菅達長］

ここでも、秀吉は先の史料F以来の方針どおりに指示をくだしているが、ただその史料Fで毛利勢一五〇〇〇人・小早川勢五〇〇〇人が釜山浦在番の正成への加勢を命じられていた点を想起するならば、こうした帰国の指示はあくまで基本方針として理解する必要があろう。

おわりに

本章では、全州会議が以後の軍事行動とりわけ部隊編成や全羅道侵攻などを規定した事実に注目し、慶長の役における元親の動向を追ってきたが、まさに素描の域を出るものではない。かかる本章でも、いやむしろそれゆえ、元親の帰国時期にも付言しておかねばなるまい。『戦史』はその時期について五月を示唆する程度であるが、山本大氏は「三月十八日」と明言している[40]。しかるべき代案を提示しえないものの、以下で検討してゆく諸史料が示すように後者は明らかな誤りである。最後に、この問題に関する二、三の史料を年次比定も交えつつ検討することで、若干の推測を述べて擱筆することにしたい。

史料H[41]

追而被仰遣候、

一各事、先書ニハ西生浦城毛利壱岐守(吉成)為加勢可在之旨、雖被仰出候、釜山浦肝要所候間、寺沢志摩守(正成)申談、為加勢四国衆四番にして、鬮取仕、一組相残、三組を可令帰朝候、然者、一番鬮ニ取当候者ハ五月より九月まで五ヶ月在番可仕候、残三組之者又鬮取仕、二番ニ取当候者ハ、十月替候て、来年四月迄七ヶ月可在之候、

一番　土佐侍従(長宗我部元親)

一番　蜂須賀阿波守(家政)

一番　生駒讃岐守(一正)

一番　伊与衆　　但、伊与衆一番鬮取ニ取当候者、

一組　藤堂佐渡守(高虎)、来島(康親)
一組　池田伊与守(秀雄)、加藤左馬助(嘉明)
是も鬮取ニ仕、一組相残、今一組ハ、共ニ令帰朝候也、
一最前より中国人数千五百人、筑前中納言(小早川秀秋)人数五百人、合弐千人釜山浦ニ為加勢可残置旨、雖被仰出候、此人数者、毛利壱岐守、西生浦在番被仰付候条、則西生浦へ可遣置候事、
右、来年大人数被差渡、御動共ニ被仰付候条、其間之加勢ニ候之条、乍辛労右通鬮取仕、可致在番候、猶竹中貞右衛門尉(重定)・松井藤介可申候也、
三月十八日　○(秀吉朱印)
(後略)
［宛所の人名—長宗我部元親・蜂須賀家政・生駒一正・藤堂高虎・「池田伊与守」・加藤嘉明・「来島右衛門尉一」］

この朱印状の発給年次は慶長二（一五九七）年と従来されてきたものの、[42]宛所に「来島右衛門尉一」が記されているので翌慶長三年とみるべきである。慶長二年二月二一日付朱印状や同日付朱印陣立書では、[43]「六番」のうちに「来島出雲守」と記されている。この出雲守とは通総のことで、彼は慶長二年九月に鳴梁海戦で討死した。もし、史料Hが慶長二年の三月段階のものならば、宛所には「来島出雲守」とあってしかるべきであろう。ところが、宛所には「来島右衛門尉一」とあり、これは通総の子康親（長親）にあたる。[44]彼の名が宛所にあがっているのは、父通総がすでに討死していたからであろう。実際、先の史料Gの宛所にも通総ではなく康親の名があがっている。ところで、宛所の「池田伊与守」はこうした見解に対する反証となりうる危惧もある。伊予守の実名については秀雄・秀氏・景雄が流布しているものの、本稿では『姓氏家系大辞典』や『黒田家文書』注解にしたがい、[45]この伊予守を秀雄、その子

孫次郎を秀氏と表記してきた。ただ、通説では秀雄の客死は慶長二年一一月晦日とされており、これは右の判断に疑問を投げかける。

しかし、前述の正月二二日付の史料Fの宛所には「池田伊与守」と「同孫二郎」とが列挙されており、前述の安骨浦会議における決定を秀吉に上申した正月二六日付の諸将連署言上状の写の差出書にも「池田伊与守」とあるので、秀雄客死の時期に関する通説は誤りであろう。後者については、秀雄の死後に秀氏がその官途を踏襲していたかにも思われるが、慶長三年のものと断定しうる四月一五日付の島津忠恒宛書状[46]の差出書に「池田孫次郎」とあるので、その可能性はまずない。よって、宛所の「池田伊与守」も本稿の見解に対する反証とはなりえまい。

年次が確定されたところで内容を検討したい。一条目で秀吉は、以前に元親ら宛所の四国衆に対して西生浦の吉成への加勢を命じていたのであるが、より釜山浦を重視して、同所の正成への加勢を命じている。これと関連して注目されるのが二条目で、「最前より」秀吉は毛利勢一五〇〇人・小早川勢五〇〇人を釜山浦への加勢とするよう命じていたものの、これらを西生浦の吉成のもとに派遣すべくここで命令を変更している。「最前より」つまり変更前の秀吉の命令とは、史料Fの「釜山浦ニ寺志摩守（寺沢正成）致在城、安芸宰相（毛利秀元）人数千五百人、筑前中納言（小早川秀秋）人数五百人、可致加勢」なる命令にほかなるまい。してみると、該当する史料は管見に触れていないが、正月二二日からこの史料Hが発給されるまでに、西生浦の吉成への加勢を四国衆に命じた「先書」が発給されていたはずである。やはり、史料F・Gの帰国に関する秀吉の指示はあくまで基本方針だったのである。それゆえ、史料Gと同日付の史料Hでも秀吉は四国衆すべてには加勢を命じておらず、「鬮取仕、一組相残、三組を可令帰朝候」と指示したのである。では、元親らはこの指示にしたがったのであろうか。

史料I[47]

昨日寺志従(寺沢正成)西目帰着候、追々　御朱印到来候而、御番衆之賦も最前之趣相違候、四国衆を釜山ニ、中国衆を西生蒲(浦)にとの事候、其城普請之事見合、可有校了ためニ明日安国寺(恵瓊)令同道、其ち可帰候、普請之儀不可有緩候也、

（後略）

これは吉川広家が家臣松岡長佳らに送った四月二〇日付書状であり、秀吉の変更後の指示が四月二〇日頃になって毛利勢にもたらされたこと、またそれに応じて毛利勢の移動がはかられたことが知られる。同じく西生浦への配置転換を命じられた小早川勢でも、四月二〇日に西生浦の在番体制が決定されている(48)。このように西生浦への配置転換を指示された諸将はそれに対応していたのであり、元親らも同様の行動をとっていたと推測されよう。

史料J(49)

以上

諸城被籠玉薬、先日於固城寺沢殿(正成)御指図御割符由候、藤堂佐渡(高虎)固城へ被籠置員数在之付而、拙者手前之儀、随其旨可相加旨、重而志摩殿(正成)承之条、只今又玉薬三万放持せ申候、被成御請取、封儘可被置候、相違在之間敷候、最前弐万放之請取返進候条、前後一同之請取、此者可被下候、先日御返候玉薬、此方請取不申候き、参着候哉、御手前玉薬沢山御用意付、先度御理之様子、旁丈夫之御嗜此中承、存知之通寺沢殿へも委細申入候、爰元御普請、来廿日時分大略相調、可令帰朝候、呉々御残多存儀、幾千万ニ候、猶期来音時候、恐惶謹言、

（後略）

これは元親が島津忠恒に送った四月九日付書状である。元親は、高虎が兵を置く固城に手勢を加えるよう寺沢正成より指示された旨も述べているが、帰国との関係で注目されるのは、やはり「爰元御普請、来廿日時分大略相調、可令帰朝候」なる文言であろう(50)。普請の完了次第に帰国するという元親の行動は、史料F以来の秀吉の基本方針にもと

づくものであろう。元親自身もこの四月九日の段階では四月二〇日頃に帰国できるものと期待していたのであるから、「先書」で西生浦加勢を指示された四国衆には含まれていなかったと考えられる。しかし、その二〇日頃に秀吉の新たな指示が諸将にもたらされ、前記の毛利勢や小早川勢の行動からすると、元親らもそれに対応していたと推測される。『元親記』は「高麗御番手に残らるゝ衆。瀬戸の城《(見乃梁倭城カ)》にて鬮取有。元親。加藤左馬助《(嘉明)》など二番にて帰朝の衆也」と記しており[51]、軍記物の記述ではあるが、もしこれに信を置くならば、「瀬戸の城」に集結した元親らは秀吉の指示どおり「鬮取」により在番者を決定し、幸運に恵まれた元親は早々に、おそらく『戦史』示唆のごとく五月に帰国したことになろう。

註

（1）池内宏『文禄慶長の役正編第一』『文禄慶長の役別編第一』（吉川弘文館、一九八七年、初版はそれぞれ一九一四年・一九三六年）。

（2）参謀本部編『日本戦史朝鮮役』（村田書店、一九七八年、初版は一九二四年）。

（3）中村栄孝『日鮮関係史の研究中』（吉川弘文館、一九六九年）、北島万次a『豊臣政権の対外認識と朝鮮侵略』（校倉書房、一九九〇年）、同b『豊臣秀吉の朝鮮侵略』（吉川弘文館、一九九五年）など。

（4）こうした成果については、「倭城研究シンポジウム」（『倭城の研究』第三号、一九九九年）、白峰旬「文禄・慶長の役における秀吉の城郭戦略」（『城郭研究室年報』第一〇号、二〇〇一年、のち同『豊臣の城・徳川の城』〈校倉書房、二〇〇三年〉収録）、笠谷和比古・黒田慶一『秀吉の野望と誤算』（文英堂、二〇〇〇年）、高田徹「倭城について」（『城』第一八〇号、二〇〇二年）など参照。

（5）中野等「文禄の役における立花宗茂の動向」（『日本歴史』第五九七号、一九九八年）。

（6）山本大『長宗我部元親』（吉川弘文館、一九六〇年）一六七～一六八頁、『高知県史古代中世編』（高知県、一九七一年）

九五八〜九五九頁（山本大執筆）などで、山本氏が当該期における元親の動向を述べているものの、紙幅も示すように若干の言及にとどまっている。

（7）『鹿児島県史料旧記雑録後編三』（鹿児島県、一九八三年、以下『旧三』と略）一〇七号。

（8）『大日本古文書浅野家文書』（以下『浅』と略）二七〇号、二七一号など。

（9）『福岡県史近世史料編柳川藩初期（上）』（福岡県、一九八六年）所収『立花家文書』（以下『立』と略）三二六号、『浅』二六三号。なおこの点は、三鬼清一郎「朝鮮役における水軍編成について」（『名古屋大学文学部二十周年記念論集』一九六九年）参照。

（10）秋澤繁「豊臣政権下の大名石高について」（同編『戦国大名論集15長宗我部氏の研究』吉川弘文館、一九八六年、初出一九七五年）指摘のごとく長宗我部氏の軍役は三〇〇〇人で固定されており、政権との間の「微妙な政治的条件」もこれに影響を与えていたと推測されているが、あるいはこうした特質も関係するのではあるまいか。なお、島津義弘が同忠恒（家久）に送った（慶長五年）八月二〇日付書状（『大日本古文書島津家文書』〈以下『島』と略〉一一六二号）には「長宗我部《盛親》殿人衆之事、二千之軍役にて候へ共、此度之御忠節ニ候と被仰、五千めしつれ被罷上候」とあり、軍勢増派を要請する義弘の意図を考慮する必要もあるが、長宗我部氏の軍事動員力の高いポテンシャルがうかがえよう。

（11）本章では、朝鮮日々記研究会編『朝鮮日々記を読む』（法蔵館、二〇〇〇年）の翻刻によっている。なお、太田ら軍目付の実名については拙稿「慶長の役における軍目付の実名について」（『ぐんしょ』再刊第五四号、二〇〇一年）参照。

（12）註（11）『朝鮮日々記を読む』八頁。なお、やはり同頁の頭註にもあるが、「日向」とは高橋元種ら「日向衆」四氏を指すと考える（拙稿「文禄・慶長の役における毛利吉成の動向」〈高知大学人文学部人間文化学科『人文科学研究』第九号、二〇〇二年〉）。

（13）註（3）中村著書二一三頁。

（14）『戦史』三一七頁（三五三頁では早川を右軍とする）。註（3）中村著書二一四頁も同様である。

（15）北島b一九一頁。

（16）『佐賀県史料集成古文書編第三巻』（佐賀県立図書館、一九五八年）所収『鍋島家文書』（以下『鍋』と略）一一九号。

（17）「備立」は『豊公遺文』（博文館、一九一四年）五八〇～五八二頁所収。指摘は『黒田家文書第一巻本編』（福岡市博物館、一九九九年、以下『黒』と略）二〇八号の注解。

（18）『島』九八八号。

（19）北島b二〇七頁（同a二六一～二六二頁もほぼ同様）。

（20）伴三千雄「文禄慶長役数次の軍議」（『歴史地理』第四〇巻第一～四号、一九二二年）。なお、伴氏は史料Bの写とみられる『征韓録』所収文書に依拠しているが、これは差出書に同氏指摘の誤写があるほかは史料Bとほぼ同文である。

（21）『面高連長坊高麗日記』（『改定史籍集覧第二五冊』近藤活版所、一九〇二年）。

（22）『戦史』三一八頁・三六五～三六六頁。北島b二〇二頁。

（23）『中川家文書』（臨川書店、一九八七年）七六号。なお、倭城普請への関心から白峰氏が註（4）論文などでこの史料の記述に言及している。

（24）日向衆や相良長毎は吉成もしくはその子吉政の指揮下にあった（註（12）拙稿）。

（25）『鍋』一三三号。［補註1］

（26）『黒』二〇八号。

（27）『黒』二〇九号。二〇九号と右の二〇八号の『黒』の注解は、津野の見解とはかなり異なる。

（28）（慶長二年）九月二六日付垣見一直他二名連署鼻請取状（『大日本古文書吉川家文書』七二二号）、（同年）一〇月一日付垣見一直鼻請取状（『鍋』一二一号）。［補註2］

（29）註（6）『高知県史古代中世編』が依拠した『元親記』（『続群書類従第二十三輯上』続群書類従完成会、一九二七年）にも「元親はこぶい《（古阜）》。なじう《（羅州）》と云二郡の請取也」とある。

（30）註（12）拙稿参照。

（31）泗川倭城の普請の状況については、註（21）『面高連長坊高麗日記』参照。

（32）蔚山の戦いにおける元親らの動向については、『浅』二五五号参照。

（33）北島a・bなど参照。なお会議名は註（20）伴論文による。

（34）『浅』二二五五号。
（35）『鍋』一二二六号。
（36）『島』一二〇六号。
（37）東京大学史料編纂所架蔵影写本「鍋島文書」。
（38）『立』三五七号、『島』四三四号。
（39）『鍋』七七号。この文書の年代は三鬼清一郎『豊臣秀吉文書目録』（私家版、一九八九年）・註（4）白峰論文にしたがった。
（40）『戦史』三二五頁、三九三頁。註（6）山本著書、註（6）『高知県史古代中世編』。
（41）『天下統一への陣立』（名古屋市秀吉清正記念館、二〇〇一年）三一号。引用にあたり、掲載写真を参考に釈文を若干修正した。
（42）註（39）三鬼目録、註（41）『天下統一への陣立』。
（43）『浅』二七〇号、二七一号など。
（44）『新訂寛政重修諸家譜第十』（続群書類従完成会、一九六五年）一六四頁。
（45）太田亮『姓氏家系大辞典第一巻』（角川書店、一九六三年）。『黒』二七四～二七五頁。
（46）『旧三』三九九号。
（47）『大日本古文書吉川家文書別集』六〇五号。
（48）『山口県史史料編中世2』（山口県、二〇〇一年）所収「光市文化センター蔵文書（清水家文書）」一二号。
（49）『旧三』三九七号。
（50）註（4）白峰論文はこの普請を前年ほぼ完成していた泗川倭城のそれと指摘する。
（51）註（29）『元親記』。
［補註1］　本章のもとになった旧稿では紙幅の都合上、「一番郡割之事」「二番目郡割之事」を上下に配するかたちで引用したが、今回の収録にあたり横並びに記載するなど出典『鍋』のとおりにあらためた。

［補註2］　この一〇月一日付垣見一直鼻請取状と同内容の同日付鍋島勝茂宛垣見一直・熊谷直盛・早川長政連署鼻請取状（東京大学史料編纂所架蔵写真帳「大阪城天守閣所蔵文書」）が確認される。前者は後者の差出書の一部と宛所が誤って欠落したものとみられる。

第六章　軍目付垣見一直と長宗我部元親

はじめに

豊臣秀吉は慶長の役に際して七名の軍目付（「目付」「横目」「奉行」）を任命した[1]。諸大名に対して軍目付がつけられる体制は「前の派兵時には見られなかったものであり、慶長の役における大きな特徴」とされている[2]。この軍目付の役割としては戦果を証明する鼻請取状の発給が指摘されているものの[3]、慶長の役における軍目付の実態や監察対象である諸大名との関係は十分には解明されていない。本章では、かかる研究状況をふまえて、軍目付の一人である垣見一直と長宗我部元親との関係を考察してみたい[4]。

一直と元親との関係といえば、倭城普請をめぐる口論が――少なくとも長宗我部氏に関心を寄せている者の間では――よく知られている。後掲の『元親記』のエピソードでは、元親が感情をあらわにして一直と口論し、両者の関係は以前にも増して険悪になったとされている。しかし、近年公にされた一直宛元親書状を読むと、右のエピソードに対して疑念を抱かざるをえない。

本章では、軍目付一直と秀吉や渡海諸大名との諸関係および右の新出史料を検討することにより、エピソードの実否を確かめつつ、慶長の役における一直と元親との関係を考察してゆく。かかる事例研究をとおして、軍目付の実態や諸大名との関係を解明するための作業仮説を提示することが本章の課題である。

1　軍目付垣見一直と長宗我部元親との対立に関するエピソード

慶長二（一五九七）年、豊臣秀吉は慶長の役を開始するにあたり、部隊編成・在番体制とともに軍目付任命とその役割を渡海諸大名に告知した。（5）

史料A（6）

（前略）

一釜山浦城筑前中納言（小早川秀秋）、御目付太田小源五（一吉）在番仕、先手之注進無由断可仕事、

（中略）

一先手之衆為御目付、毛利豊後守（重政）・竹中源介（隆重）・垣見和泉守（一直）・毛利民部大輔（友重）・早川主馬首（長政）・熊谷内蔵丞（直盛）、此六人被仰付候条、任誓紙之旨、惣様動等之儀、日記を相付候而、善悪共ニ見隠、聞隠さす、日々可令注進事、

一諸事かうらいニての様体、七人より御注進申上儀、正意ニさせらるへき旨、被仰聞候間、存其旨、縦縁者・親類・知音たりといふ共、ひいき（贔屓）・へんは（偏頗）なく、有様ニ可注進事、

（中略）

一右七人之者共ニ七枚起請をかゝせられ、諸事有様之体可申上旨、被仰付候条、忠功之者ニハ可被加御褒美、自然背御法度族有之者、右七人申次第、不寄誰々、八幡大菩薩、可被加御成敗条、得其意不可有由断事、

（中略）

慶長弐年二月廿一日　○（秀吉朱印）

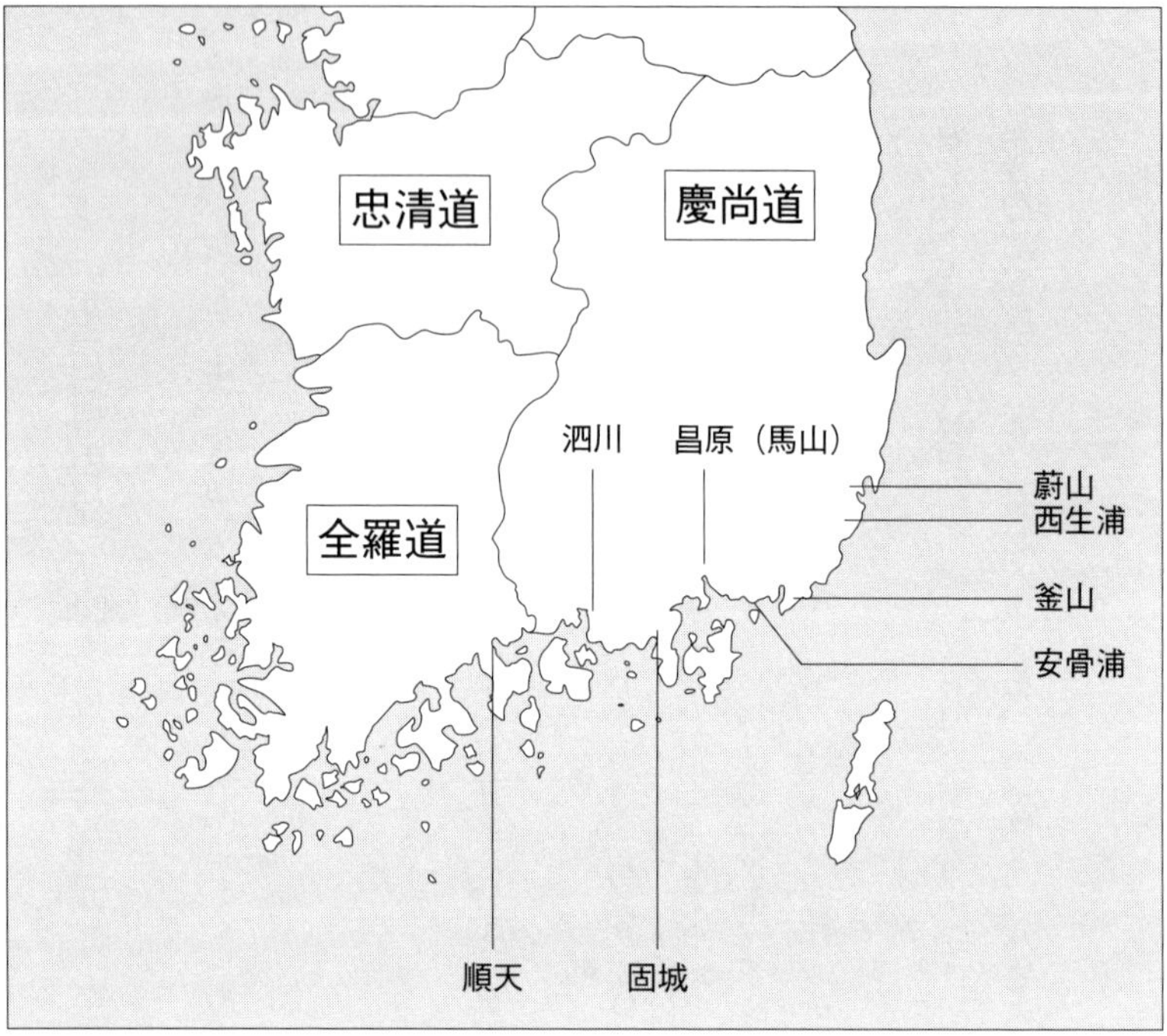

図4　関連地図

一五八
羽柴薩摩侍従（島津義弘）とのへ

ここに掲げたのは島津義弘宛の朱印状であるが、これと同内容の朱印状（写）が多数確認されており(7)、長宗我部元親も含む渡海大名すべてに発給されたとみなされる。これによれば、秀吉は釜山倭城在番（以下、適宜図4参照）の小早川秀秋の軍目付として太田一吉、「先手」の軍目付として毛利重政・竹中隆重・垣見一直・毛利友重・早川長政・熊谷直盛、これら計七名の軍目付を任命していた。このうち、毛利重政が慶長二年五月に朝鮮で病死したため、秀吉は同月二四日あらたに釜山倭城在番の秀秋の軍目付として福原長堯を任命し、一吉を「先手」の軍目付に変更した(8)。

秀吉は「諸事かうらいニての様体、七人より御注進申上儀、正意ニさせらるへき旨、被仰聞候」と述べているように軍目付の注進こそを正しいものとするとしており、また起請文も提出させたうえで「諸事有様之体可申上旨」を命じていた。そして、その注進にもとづいて「御褒美」「御成敗」すなわち賞罰を決することを宣言している。秀吉は朝鮮におけるいわば自身の耳目としての活動を軍目付らに期待していたのである。

それゆえ、諸大名は軍目付の注進に細心の注意を払うとともに、彼らを猜疑さえしていた。たとえば、慶長二年一一月、垣見一直・福原長堯・熊谷直盛の三名による注進を察知した宇喜多秀家らは注進の不都合な内容を弁明すべく固城合議において連署注進状を作成している(9)。この連署注進状には秀家のほか藤堂高虎・脇坂安治・蜂須賀家政なども加判した。このうち家政は、後述のごとく戦線縮小論などに関する右の三名の口頭報告により秀吉から譴責されるのであり、彼らに対する猜疑は杞憂ではなかったのである。実際に軍目付の注進は賞罰に関する秀吉の判断を左右しており、諸大名は軍目付との関係悪化を招くような言動は慎んでいたはずで、長宗我部元親とて例外ではあるまい。

ところが、軍目付一直と元親が対立関係にあったとするエピソードを『元親記』は伝えている。このエピソードとりわけ泗川倭城普請をめぐる口論に着目した先学の指摘が存在する。しかし、ストーリーは戦線縮小論と密接にかかわるかたちで展開されており、この縮小論に関する部分はエピソードの信憑性を問ううえで看過しえないので、やや長文となるが、エピソードのほぼ全文を掲げておく。

史料B(10)

其年十月中旬頃より島津番手の城そせん（泗川）と言城普請、毛利壱岐守（吉成）・中川修理亮（秀成）・池田伊予守（秀雄）・元親卿、此四頭請取也。御横目ハ垣見和泉守（一直）也。次此普請の間、こちやわん（昌原カ）と言城本へ大名衆集て談合有。意趣ハ、小西摂津守（行長）取出の城まと（ママ）出過候間、川より此地へ引退候而可然候ハんとの評定也。元親ハ、まと取出候ハんとの談合ならハ可然。引退候ハんとの義ハいかゝとて、作病して出合給ハす。兎角皆々の談合極て、太閤様へ言上の状を認。各連

図5　泗川倭城跡（2009年3月津野撮影）

判の時、元親へも頻に迎を越。其時右衛門太郎（長宗我部盛親）を名代に出し、連判ハせられす。案の如く、此注進不入御意、以の外御腹立と有。已に元親ハ此連判に不入と見へたり。新坐の用捨にや、無用とハ難言、必作病して右衛門太郎を名代に出し補ひつらんと思召候。誠一分の弓矢を取て武略の功を積りたる者ハ、左様にこそあれとの御感と有。此談合に無同心故、和泉守とも連々間あしく成。其後そせんの城普請の時、門脇の塀の狭間の切様ニ付、元親と和泉守と事々敷せきあひ有。和泉ハ狭間を上切らんと言、元親ハか様の所の狭間ハ人の胸の辺より腰のあたりを当て切たるかよく候と宣ひ、又和泉、さけて切てハ敵城の内を見入て悪かりなん、只上んと言。又元親卿、此門脇へ敵心安付て城中を看候ほとに城の内弱くしてハ城ハもたるましきとから／＼と笑て、其方好ミのことく上ケて切てハ敵あたまより上を可打かとて、元親卿杖を以鉄炮の構して和泉に見せられ、惣別か様の事ハ我次第にめされよと、あら／＼と宣けれハ、和泉兎角の返答に及ハす。誠元親卿律義第一の人にて、御上使・御横目衆とあれハ頭を地に付慇懃に被仕候か、此時ハ以の外なる存分にて有し也。其より弥挨拶悪く成行たり。（中略）元親卿ハ国元へも不寄給、直に大坂へ登出仕候時、加藤左馬之助（嘉明）殿・有馬玄蕃（晴信カ）殿・元親卿父子、四人一度に御目見へ、此時摂津守取出の城の事被仰出、御感有。

このエピソードのうち泗川倭城（図5）の狭間をめぐる口論に着目して、山本大氏は「言葉荒く和泉守に一矢を報いたのであった」と指摘するとともに、「「律義第一の人」「慇懃の人」であるという評は、（中略）元親の人物の一面を物語ってもいよう」と推論している。(11)

慶長の役で太田一吉の軍勢に従軍した慶念は渡海諸大名を題材に俳諧連歌を作成しており、これは彼らの人物像に関する貴重な同時代史料といえる。(12) 元親については「しと〳〵とのへたまハんハ土佐のかミ」と詠んでいる。(13)「しと〳〵」の意は「物事をゆっくりときちんとするさま」であり、(14) こうした元親の人となりに対する慶念の認識からすると、山本氏の推論は的を射ていよう。ただし、その元親が一直に対して「言葉荒く」反論したのは事実であろうか。かかる疑問を覚えるのは、戦線縮小論に対する一直と元親の態度をはじめ史実と異なる記述が右のエピソードには多々みられるからである。そこで、次節ではエピソードの記述を検証してゆきたい。

2 『元親記』のエピソードの実否

エピソードを伝える『元親記』の成立は元親三三回忌の年すなわち寛永八（一六三一）年であり、作者は高島孫右衛門正重である。正重は元親近習であったとされ、慶長七（一六〇二）年からは山内氏に仕えた。『元親記』は元親三三回忌に際して霊前に供えられており、関田駒吉氏は「此書若干記録に拠り編纂された形跡あるも、追悼忌に迫られ倉卒の筆に成つた憾みがないでもない。然し恭敬感慨の係る者で現今長宗我部氏に関する唯一の実録」と評している。(15) 渡邊哲哉氏はこの評などをふまえつつ、「文章表現にも文学的な工夫が見られることから、生々しい実録というより

図6　順天倭城跡（2009年3月津野撮影）

は、文学的側面のやや強い戦記物語であるといえよう」と評している[16]。先学の「倉卒の筆」「文学的な工夫」なる言辞が示すように、前節で掲げたエピソードの記述にも史実との齟齬がみられる。

まず、そもそもエピソードの年代設定に誤りが存在する。『元親記』は一直・元親らの泗川倭城の普請を「其年十月中旬頃」としており、エピソードの前の記述からすると「其年」は文禄五（慶長元、一五九六）年にあたる。しかし、一直・元親の両人が慶長の役で渡海するのは慶長二年のことであり、また普請が開始されたのは同年一〇月のことである[17]。

次に、口論の伏線である「小西摂津守取出の城」つまり順天倭城（図6）に関する「評定」の様子をみよう[18]。「こちやわん」は当時日本側が「ちやわん」と呼んでいた昌原（馬山）のことであろうが[19]、順天倭城の存廃について諸大名が談合したのは安骨浦である[20]。この談合に参加した面々は、慶長三年正月に次のような連署状を作成した。

史料C[21]

謹而奉致言上候、

一当表之儀、去年赤国（全羅道）御働之間ニ井邑と申所ニて各相談仕、多分ニ付て、御仕置之城所并御普請人数割等大方相

究、其間申上候キ、併御城所之儀者、其以後城主共何も先々罷出、所柄弥見計相究、御普請被懸、相調申候、然者、今度蔚山表へ大明・朝鮮之人数罷出、其働見及申ニ付て、各人数之者共相談仕、多分ニ付而、已来之御仕置如此相究申度存趣之事、

一蔚山之儀、最前御左右次第ニ可相定と雖致言上候、能々吟味仕候へハ、所柄出過、難所川越ニて、以来迄無心元所ニて御座候間、如先々西生浦を先々加藤主計頭(清正)在番仕候ニ相究申、安芸宰相(毛利秀元)人数之内五千人残置、普請申付候事、

一小西(行長)在城順天之儀、大河をへたて、路次筋難所ニて手苦候て、船付遠干潟に候へハ、自然之時、海陸共ニ加勢難成所ニて御座候之間、川東只今島津(義弘)城泗川へ小西罷移、島津者固城へ被移候へと申渡候、南海島之儀、順天被取入上者、海陸共ニ被入所と各存知、から島(巨済島)瀬戸口之城計丈夫ニ被相残尤之由、申遣候、雖然、摂津守(小西行長)・対馬守(宗義智)不致同心候、島津儀者、先手次第ニ可仕候由候、此上者御諚次第ニ相究可申候事、

(中略)

一梁山之儀、是又第一城所悪、釜山浦之間、別而節所之間、自然之時、人数之出入難成所柄ニ御座候間、如先々かとかひ(亀浦)へ仕替、彼地之儀ハ、当表東西之諸勢ミちすちと申、殊大河渡口ニ候間、一城無御座候而者、不相叶ニ付て、右之分ニ相定、安芸宰相普請申付、黒田甲斐守(長政)在番申渡候事、

一(中略)此等之趣、宣(宜)預御披露候、恐々謹言、

正月廿六日

備前中納言(宇喜多秀家)
安芸宰相
蜂須賀阿波守(家政)

生駒（一正）讃岐守
藤堂（高虎）佐渡守
脇坂（安治）中務大夫
菅三郎兵衛尉
杢島（来島吉清）彦右衛門尉
菅右衛門八
山口（宗永）玄蕃頭
中河（中川秀成）修理大夫
池田（秀雄）伊与守
長宗我部（元親）侍従

石田（三成）治部少輔殿
長束（正家）大蔵大夫殿
増田（長盛）右衛門尉殿
徳善院（前田玄以）

諸大名は、前年の井邑会議で決定して秀吉にも上申済みの計画を変更することにしたと言上している[22]。変更の契機となったのは「今度蔚山表へ大明・朝鮮之人数罷出、其働見及申ニ付て」とあるように、蔚山の戦いであった。変更の内容は戦線東端の蔚山倭城と戦線西端の順天倭城さらに梁山倭城の放棄、これにともなう在番者の移動を骨子としており、戦線の縮小を意味している。諸大名はいわば戦線縮小策を連署状で言上したのであり[23]、史料Cの差出書が示すように元親も加判した。実際には、元親は戦線縮小論に同意していたのである。これは、エピソードの記述とは異なる。史料Bによれば、元親は「小西摂津守取出の城」を放棄する案をよしとせず、仮病をつかって欠席し、連署状作成に際しては子息盛親を名代として自身は加判しなかったとされている。[24]つまり、エピソードでは元親は戦線縮小論に反対する立場をとっていたことになっている。その一方で、一直は縮小論に同意していたかのように記されている。しかし、後掲の史料Fが直截に示すごとく、一直は縮小論を支持する側にはなく、その提唱者を秀吉に告発さえしていた。以上から明らかなように、エピソードは順天撤退の賛否に関する元親・一直の立場を史実とは正反対の構図で描いている。よって、元親が縮小論に同意しなかったがゆえに、一直との関係が悪化したとする前段は荒唐無稽なのである。こうした史実の歪曲は、旧主元親の消極性を隠蔽し、さらには積極性を創出するための正重による操作であろう。

してみると、戦線縮小論をめぐる対立が前提となり発生したとされる一直と元親との口論もまた史実としての信憑性は乏しく、旧主元親を賛美すべく正重が創作した虚構とみた方がよさそうである。当然、その口論を機に以前にも増して険悪となったとされる両者の関係もまた虚構であろう。ただし、慶念が詠んだ前掲の俳諧連歌からすると、「誠元親卿律義第一の人にて、御上使・御横目衆とあれハ頭を地に付慇懃に被仕候」とする部分は山本氏推論のごとく元親の人物像の一面を物語っていると考えられる。次節ではかかる元親の人物像だけでなく、一直との関係も示す元親書状の検討を通して両者の交流を考察してゆきたい。

3　垣見一直と長宗我部元親の交流

次に掲げる史料は、近年公にされた垣見一直宛長宗我部元親書状である。

史料D(25)

今度者懸御目、本望至極存候、御陣用意無緩申付候、未御在洛候哉、御前御沙汰承度存候、せかれ為　御目見罷登候、定而頓而御暇可被下候条、御乗船時分柄、其外委細被仰聞候ハヽ、可畏入候、毎事於高麗可得御意迄候、恐惶謹言、

長土

卯月十九日　　　元親（花押）

垣泉州様

まいる人々御中

これを掲載した図録『長宗我部盛親』には次のような解説がある。

豊臣秀吉の直臣、垣見和泉守家純（一直―津野註）宛。朝鮮の陣では、渡海している諸大名の横目衆の一人として目を光らせた。平身低頭、律儀な元親が珍しく家純に反発したことがあり、以来不仲であったという。書面のなかで、「せがれ御目見えのため」とあり、盛親が登城して秀吉に面会できるよう取次を依頼している点が注目される。

この解説が前掲のエピソードや山本氏の研究をふまえていることは明らかで、盛親「御目見」の依頼に注目してい

るように、右の書状から一直に対する元親の平身低頭ぶりを看取している。こうした元親の態度に関する見解を傾聴すべきであろう。ただ、年次比定がなされておらず、「以来不仲」とするエピソードとの関係に戸惑っていると忖度される。

まず、書状の年代を比定しておきたい。「御陣用意無緩申付候」「毎事於高麗可得御意迄候」なる箇所からは、元親が朝鮮渡海の準備を命じていたこと、また一直もほどなく朝鮮に渡海する予定であったことが知られる。かかる状況から想定しうる年代は、文禄の役もしくは慶長の役の開始時、すなわち文禄元（一五九二）年もしくは慶長二（一五九七）年である。一直は前者の段階では「弥五郎」、後者の段階では「和泉守」と称していた。よって、宛所を「垣泉州」とする史料Dの年代は慶長二年と確定される。つまり、史料Dは一直の軍目付就任の約二ヵ月後に元親が送った書状である。無論、エピソードの場面よりも前のものである。(26)

書状は書止文言の「恐惶謹言」、宛所の「様」が示すように厚礼であり、一直に対する元親の低姿勢ぶりが知られる。それは、元親が当時の一直の立場をよく理解していたからにほかなるまい。元親が「御前御沙汰」と述べているのは、具体的には盛親「御目見」の可否であり、それは元親が一直に対面した際に秀吉への取りなしを依頼した件であったとみてよかろう。一直は元親の要望を直接秀吉に取りなし、それに対する秀吉の意思・命令を元親に伝達する立場にあった。こうした一直と元親との関係を前提として、元親は「其外委細被仰聞候ハヽ、可畏入候」と一直に情報提供を丁重に求めており、この丁重さからは「しと〳〵」とされる人柄が偲ばれよう。

盛親「御目見」は長宗我部氏にとって重要な意味をもっていた。当時の長宗我部権力は元親・盛親のいわゆる「二頭政治」体制であった。市村高男氏は文禄三年以降に元親発給文書が減少し、盛親発給文書が急増する状況に着目して「この頃に元親から盛親へ事実上の代替わりが行なわれた」とみており、(27)文禄三年に知行宛行権が元親から盛親に移譲されていた事実からすると妥当な見解であろう(28)。ただし、知行宛行権をのぞく大名当主としての権限は元親・盛親が共有していた(29)。ところが、盛親の通称は「右衛門太郎」であり、慶長四年五月の元親死去後もそのままであった。大名世嗣や大名当主に相応しい官職が盛親に与えられたことはなく、盛親は秀吉あるいは豊臣政権から家督継承者として認知されていなかったとみなされる(30)。かかる状況のもとでの盛親「御目見」は、認知につながる絶好の機会と目されていたはずである。このことも元親の低姿勢ぶりに影響を与えていたと考えられよう。

また、「御前御沙汰」はじめ種々の情報を元親に提示しえたことが示すように一直は当時秀吉に近侍しており、こうした秀吉との関係が軍目付任命の一因であろう。この任命を前提に元親が発した「毎事於高麗可得御意迄候」なる言葉からすると、渡海後も元親は一直に平身低頭していたにちがいない。はたして、その元親が一直に物申し対立するような事態は発生していたのであろうか。ここで一直と他の大名との関係について考えてみたい。

前述のごとく、泗川倭城の普請は慶長二年一〇月に開始されていた。『面高連長坊高麗日記』によれば、同年一二月二七日に在番の島津義弘・忠恒父子が入城し、泗川倭城では諸大名による祝宴が催されていたが、その日蔚山の戦いの急報が届いた(31)。この急報に接した泗川の諸大名は救援のため蔚山の南に位置する西生浦にむかう(32)。一直は軍目付熊谷直盛とともに翌年正月一日未刻に到着し、元親は中川秀成らとともに同日申刻に到着している(33)。後述のごとく、一直・直盛は蔚山の戦いにおける蜂須賀家政らの失態を秀吉に注進し、家政は秀吉に譴責される。すなわち、この戦いにおいても一直らは諸大名の軍事行動を監察していたのである。泗川倭城普請および蔚山救援における監察の一環であろう、今回の救援に際して一直は島津義弘にある指示を出していた。

史料E(34)

当年之御慶珍重多幸々々、仍去極月廿二日、加主(加藤清正)拘之蔚山新城ニ唐人相働、籠城ニ及候由、極月廿六日到来候、

就夫垣泉州（垣見一直）を始泗川御普請衆、各うるさむ（蔚山）表之様ニ被打越候間、拙者も人数一分ニ可罷出之由雖申候、城主之儀者請取之城番堅可相勤之由被仰聞候、され共我々事者親子在之儀候条、一人者各御供仕、東表へ罷出、蔚山籠城之様をも見廻申度候由、垣泉州へ重畳申入候へ共、有間敷儀にて候由承候間、于今泗川ニ然与在城仕候、（中略）

羽兵

正月六日　義弘

石治少様（石田三成）

人々御中

これは島津義弘が石田三成に送った書状の写である。義弘は救援参加を申し出たのであるが、一直は「城主」として泗川に在番するよう言い聞かせた。これに対して義弘は自分たちは親子でいるので、いずれか一人は視察もかねて参加したいと重ねて申し入れたが、一直に「有間敷儀」と拒否され、指示どおり泗川在番にあたった。この応酬からは、一直の義弘に対する指示の効力のほどが判明する。また、書状には一直が指示すること自体を不当と訴えるような義弘の言辞はみられず、三成宛である点からすると、義弘だけでなく三成ら豊臣政権首脳部のあいだにおいても軍目付一直の指示にしたがうべきとの共通認識が存在したとみてよかろう。

こうした一直の指示とこれに対する義弘の態度をふまえるならば、元親が一直に物申し対立するような事態が発生していたとはやはり考えにくい。むしろ、次節で検討してゆく戦線縮小論に関する秀吉の賞罰からすると、元親は平身低頭ぶりを堅持していたと考えるべきなのである。

4　戦線縮小論に関する垣見一直らの注進と秀吉による賞罰

エピソードは仮病をつかって連判しなかった元親の機転に秀吉が感心し、元親帰国後の御目見のおり戦線縮小論に同意しなかったことを賞したとするが、実際には元親は同意していた。この縮小論に関する垣見一直らの注進とそれにもとづく秀吉による賞罰をみてゆきたい。

縮小論に関しては、提唱者とみなされた大名や彼らに同意した軍目付が秀吉の譴責をうけることになった。[35]

史料F[36]

　幸便之条令啓上候、帰朝之刻者、色々得貴意、快悦至極候、

一我等三人事、去二日ニ御目見仕、翌日、於朝鮮去年以来之儀、御尋被成候条、具申上候、

一蔚山へ唐人取懸ニ付而、後巻之次第、唐人越河、少々山ニ雖乗揚候、蜂須賀阿波守(家政)・黒田甲斐守(長政)、其日之先手之当番ニ乍有、合戦不仕趣申上候処ニ、臆病者之由、御諚被成、御逆鱗不大形候、

一御手先之城共、可引入由、各言上仕候儀、言語道断、曲事ニ思召旨、御諚被成候、私通申上候者、不聞召以前より島津(義弘)・小西(行長)・対馬守(宗義智)三人之城引入、御為ニ可成族(様カ)三人之城主、私体方へも、度々ニ書状を越申候へ共、不受　御諚、為下御城引入儀、不及覚悟趣、三人之城主も返事仕候ニ付而、其以後各失手言上為仕儀候、即此書状、談合衆并早主(早川長政)・竹源(竹中隆重)・毛利民(友重)書状ニて御座候とて、懸御目候処、猶以、御逆鱗被成、三人之城主共同心不仕儀、丈夫ニ思召、事之外　御感被成候、阿波守・甲斐守儀者、後巻之合戦を不仕、臆病者と思召候ニ、剰御先手之城可引入興行人、旁以取分対阿波守曲事ニ思召候、只今進退可被取消儀候へ共、永被加御思案之間、

追而様子被仰出迄者、可致在国候、甲斐守是も後巻之合戦をへり、臆病者、殊主居城之所さへ不見定、不顧諸卒之苦労、無詮城共仕捨候儀、曲事不浅雖思召候、先被加御思案之条、進物之儀者不及申、御注進等之一通も進上不可仕候、様子追而可被仰出候、次早川主馬頭・竹中源介・毛利民部太輔事、為御目付之身、相加惣談、御城可引入族（様カ）、城主方へ遣書状、同御目付之間へも遣書状儀、第一之曲者と思召間、召寄御成敗有度雖思召候、是も御思案被成候間者、豊後ニ可有之候、右之様子、彼者共方へ奉行三人、弾正（浅野長政）相加、可申遣旨被仰出候、

（中略）

五月廿六日

福右馬（福原）
長堯（花押）

垣和泉
一直（花押）

熊内蔵（熊谷直盛）（花押）

人々御中

羽兵庫殿（島津義弘）

島又八郎殿（島津忠恒）

これは帰国した軍目付一直らが朝鮮在陣中の島津義弘・忠恒父子に対して発給した連署状である。最初の条で述べられているように、慶長三年五月三日に一直らは秀吉に昨年来の戦況を報告した。蔚山の戦いとそれを契機に浮上した戦線縮小論に関する報告がなされ、これにもとづいて秀吉は賞罰を決している。

史料Cの連署者のうち、史料Fにおいて譴責が確認されるのは蜂須賀家政のみである。史料Fによれば、一直らが

秀吉に提出した証拠は「談合衆并早主・竹源・毛利民書状」であり、史料Cには連署していない黒田長政も譴責されている。長政も「談合衆」として加判していたのであろう――史料Cは写なので、長政ら複数の大名の署名が書き落とされた可能性が高い――。史料Fによれば、蔚山の戦いにおける消極性から「臆病者」と判断された家政・長政の両人は「談合衆」のうちでも「興行人」とみなされ、譴責の対象となっている。また、早川長政・竹中隆重・毛利友重らは「軍目付」という立場がとくに問題視され、「第一之曲者」とみなされた。史料Cの家政以外の連署者に対する譴責が確認されないことからすると、家政・長政そして三人の軍目付はいわゆるスケープゴートにされてしまったのであろう。[37]

たしかに、戦線縮小論に同意した大名すべてが譴責されたわけではない。しかし、もし一直と元親との関係が泗川倭城の口論を機に以前にも増して険悪になっていたならば、縮小論への同意は不問に付されはしなかったであろう。かかる観点にたち、秀吉による賞罰をさらに検討してゆきたい。

秀吉は譴責の一方で、縮小論に同意しなかった大名を賞しており、その判断もやはり一直らの報告にもとづいていた。

史料G[38]

（前略）

一朝鮮之儀ハ此方ニ御座候内にて候つる也、定而可被聞候、福原右馬介（長堯）・熊谷半次（直盛）なと被罷上様体被申上、蜂阿（家政）・黒甲（黒田長政）ハ御せつかんにて御前へ不被出候、兵庫（島津義弘）ハ無異儀候、加藤左馬（嘉明）へハ被成御朱印、是より以前之儀又今度之働天下無双の武辺之由、御感状ニ候、領知とも四万石御加増ニ候、切々御取成之故と存候、右馬介も四万石之御加増ニ候、

（中略）

五月廿日

於草津
亜相貴公（前田利家）

これは西笑承兌が前田利家に送った書状の案である。秀吉が蜂須賀家政・黒田長政を折檻し、自身との面会も禁じたとされており、こうした譴責は史料Fの内容と一致している。よって、「福原右馬介・熊谷半次など」とは、五月三日に秀吉に報告した一直ら三名にほかなるまい。ここで、史料Fとの関連で注目されるのは、島津義弘について「無異儀候」とわざわざ報じていることである。それは史料Cによって、「摂津守・対馬守不致同心候、島津儀者、先手次第ニ可仕候由候」と秀吉に伝えられていたためであろう。諸大名が戦線縮小策を言上した段階では、小西行長・宗義智は策に同意しなかったが、義弘は「先手次第」として判断を保留したと伝えられていたのである。史料Cによれば、縮小策では順天倭城の放棄にともない、同城から行長らが泗川倭城に移り、泗川倭城の義弘は固城倭城に移動することになっていた。それゆえ、義弘は行長らの判断次第であるとし、縮小策そのものに対する賛否を保留していた。しかし、史料Fによれば、「三人之城主共同心不仕儀、丈夫ニ思召、事之外　御感被成候」とあるように、義弘は行長・義智とともに縮小策に同意しなかったと報告され、それを秀吉は賞したのである。承兌の「無異儀候」なる発言は、積極的に反対した行長らと異なり、義弘の場合は罰の対象になる危惧が存在したことを示している。確かに、賛否の保留は同意を意味しない。これを「先手次第」と報告するのと、「同心不仕」と報告するのとでは大きなちがいがあろう。史料Fの冒頭の「帰朝之剋者、色々得貴意、快悦至極候」なる文言は、義弘がこの点への配慮を帰国間際の一直らに依頼していたことを示唆していよう。一直らは、自らの報告により首尾よく事なきをえただけでなく、秀吉が賞したことを史料Fで報じているのである。

義弘の場合は戦線縮小にともなう移動対象の「城主」であったため、とくにその態度が注視されたのであろうが、賛否の保留すら罰の対象となる危惧が存在した。よって、縮小論への同意が史料Cにより判明していた元親らの場合は罰の対象となりえたはずである。それが回避されたのは、前記の五名がスケープゴートに選ばれたからであり、この秀吉の判断は軍目付らの報告にもとづいている。五名のうち蜂須賀家政・黒田長政・早川長政は秀吉死後の慶長四年閏三月、蔚山の戦いに関する軍目付の報告は「不相届」なる理由で復権する。(39) 軍目付の報告には恣意性が存在したわけで、諸大名は軍目付との関係を損なわぬよう心がけていたはずである。蔚山の戦いのおりに一直の指示にしたがったことが示すように、義弘は一直に忠実であった。そうした日頃の態度が今回も功を奏したのであろう。してみると、一直と元親との関係が険悪であったとはやはり考えにくい。縮小策に同意した元親が譴責されていないのは、一直と良好な関係を保っていたからであろう。もし、そうでなければ、縮小論に関してだけでなく、一直らが監察にあたった蔚山の戦いに関しても、格好のスケープゴートになっていたであろう。

ただし、軍目付らとの関係が一度険悪になりながらも、秀吉により賞された例がある。それは、史料Gに登場する加藤嘉明の例である。嘉明は慶長二年七月におきた唐島の戦い（巨済島の海戦）に際して、「御法度之御朱印之旨」に背き、また戦闘に参加した諸大名との約束に違反しただけでなく、諸大名や軍目付に悪口をはいた。(40) 一直ら軍目付は七月一九日付連署状で「御為を存候故、各も奉行中も堪忍仕候、以来於御前御尋之時は、有様ニ可申上候」と嘉明に通告した。(41) 諸大名そして軍目付も嘉明のことを思うがゆえに今回の件については堪忍することにし、これ以降はありのまま秀吉に報告すると通告したのである。慶長の役の緒戦においてはやくも、「善悪共ニ見隠、聞隠さす、日々可令注進事」なる秀吉の命令が現地の裁量によって骨抜きにされていた事実は興味深い。ただ、ここで関心をむけたいのは、嘉明と軍目付らとの関係が一度険悪になっていたことである。しかし、この件は尾を引かなかったようで、軍目付らは嘉明にむしろ好意的であった状況が観察される(42)。嘉明は軍目付との関係改善に成功したのである。ただし、縮小論の賛否をめぐっては軍目付間に分裂が生じていた。史料Fにあるように長政・隆重・友重らは賛成派であり、一方彼らを告発した一直らは反対派であった(43)。よって、嘉明はじめ諸大名が軍目付の両派いずれかと対立せざるをえない構造が存在した。嘉明の場合は、以下の史料H・Iが示すように、後者すなわち反対派に与した。

史料Gでは秀吉が嘉明に「以前之儀又今度之働天下無双の武辺之由」の朱印感状を発給し、四万石の加増も決定したとされているが、この史料Gからは嘉明の具体的な功績は知りえない。しかし、秀吉が発給した朱印感状にはそれが明示されている。

史料H(44)

　猶以帰朝候者、直此方へ先可罷上候、被成御対面、御直ニ被仰聞、頓国へ可被遣候也、

其方事先年於江北柴田合戦刻、一番鑓ヲ仕候付而、為御褒美御知行一廉被成御加増候、其以後於朝鮮数度番船切捕、無比類動手柄段、不可勝計候、殊今度順天・蔚山両城可引入由各連判仕候へ共、不致加判神妙覚悟、御感不斜候、依茲手前御代官所、有次第参万七千百石為御加増被下候、本知六万弐千石、都合拾万石、内壱万石無役、玖万石軍役可仕候、国持ニ臆病者有之者、被成御闕所、猶以国主ニ茂可被仰付候、如此被仰出上者命ヲ全仕、可致忠節候、自然乗調義、聊爾之動不仕、無越度様、可令覚悟候、猶徳善院(前田玄以)・浅野弾正少弼(長政)・増田右衛門尉(長盛)・長束大蔵太輔(正家)可申候也、

慶長参

五月三日　　○(秀吉朱印)

加藤左馬助とのへ

宛所・年月日からして、これを史料Gの「御感状」に該当するものと判断することに異論はなかろう。[45] まず、秀吉は天正一一（一五八三）年の賤ヶ岳の戦いにおける「一番鑓」とそれに対する褒賞、朝鮮出兵における海戦での功績について述べている。秀吉は、こうした功績のなかでもとくに戦線縮小策に関する連判状に加判しなかったことを賞し、それゆえ恩賞として三万七一〇〇石の加増を決定するとともに、もし国持大名で臆病者がいたならばその所領を没収して、かわりに嘉明を国持大名にする腹案も提示している。秀吉が臆病者の国持大名として念頭においていたのは、史料Fに登場する蜂須賀家政らにほかなるまい。秀吉が戦線縮小論への賛否を賞罰の基準としていかに重視していたかが知られよう。次の史料はこうした点をさらに明瞭に示している。

史料I[46]

急度申入候、今度於朝鮮数度之御手柄被聞召付、御感不斜候、就其御代官所有次第為御加増被遣候、被任　御朱印之旨、可有御拝領候、此御文言御書ニ被成候故、無帰朝已前ニ被遣事候、誠御面目之至候、第一順天・蔚山可引入由、各以連判雖被申候、其方無加判段、是又神妙ニ被思召之由、重畳忝御意共候、早々此　御朱印御前より持遣事候、御帰朝候者直ニ此方へ御参候て尤候、猶御意趣以面上可申入候条、書中不申得候、恐惶謹言、

長大

五月三日　正家（花押）

加左馬様

人々中

これは史料Hとともに嘉明に届けられた長束正家の書状であり、[47] 史料Hの発給およびその送付の経緯について報じ

ている。ここで注目されるのは、嘉明の功績のうち縮小論に関する連判状に加判しなかったことが「第一」とされている点である。先の史料Fでみられた、縮小論賛成派の軍目付らに貼られたレッテル「第一之曲者」とまさに対照的である。すなわち、縮小論への賛否は秀吉にとって極めて重要な評価基準だったのである。そして、嘉明が縮小策に同意しなかったことを報告したのは、史料Gの記述と史料H・Iの日付が示すように一直らであった。彼らは縮小論を提唱あるいはこれに同意した諸大名らを告発する一方で、同意しなかった嘉明の功績を称賛したのである。嘉明と賛成派の軍目付との間には確執が生じていたであろうが、当然ながら反対派の軍目付との間にはそれはなかったはずであり、嘉明は今回のような恩賞をえたのである。

以上のような、戦線縮小論に関する一直らの注進とそれにもとづく秀吉の賞罰からすると、もし一直と元親との関係が口論を機に以前にも増して険悪になっていたならば、縮小論に同意した元親はただでは済まなかったはずである。もとより、『元親記』のエピソードのように「摂津守取出の城の事被仰出、御感有」などといったことはありえないが、元親が秀吉に譴責されなかったのは事実である。それは、一直らが元親同意をあげつらわなかったからにほかなるまい。一直と元親が険悪な関係にあったとは考えられず、盛親の家督継承問題も勘案するならば、史料Dの元親書状から看取された平身低頭の態度を元親は堅持していたと考えるべきである。してみると、『元親記』の「御上使・御横目衆とあれハ頭を地に付慇懃に被仕候」なる部分こそ当時の元親の実像とみてよかろう。しかしながら、元親三三回忌に際して『元親記』を執筆した旧臣正重には、ただただ平身低頭する旧主の姿をそのまま描くことはできなかったのであろう。狭間をめぐる口論の虚構は、軍目付一直に対する元親のルサンチマンの代弁として感受すべきであろう。

おわりに

本章では、軍目付垣見一直と秀吉や渡海諸大名との諸関係および新出の長宗我部元親書状を検討することにより、『元親記』のエピソードの実否を確かめつつ、慶長の役における一直と元親との関係を考察してきた。一直は盛親「御目見」のセッティングを元親から依頼された事実が示すように、秀吉に近侍しうる存在であった。慶長二（一五九七）年二月、秀吉はその一直を朝鮮において自身の耳目として活動する軍目付に任命した。実際、渡海した一直は泗川倭城普請や蔚山救援において諸大名の行動を監察しており、慶長三年五月には帰国して秀吉に蔚山の戦いや戦線縮小論について注進する。前者に関しては蜂須賀家政・黒田長政が消極的であったと報告され、後者に関してはこの両人が「興行人」として、与した軍目付早川長政ら三名とともに告発された。同時に、加藤嘉明や島津義弘が縮小論に同意しなかった功績者として報告された。秀吉はかかる注進にもとづいて、家政ら五名を譴責する一方で、嘉明らを賞し、嘉明には恩賞として三万七一〇〇石を加増する決定をくだした。このような一直らの注進とそれにもとづく秀吉の賞罰からすると、諸大名は一直らとの関係悪化を招くような言動は慎んでいたはずである。

元親の場合は、盛親の家督継承問題もかかえており、その盛親の「御目見」の件を一直に依頼していたことからすると、なおさらであろう。元親が縮小論に同意しなかったがゆえに、一直との関係が悪化したとするエピソードの前段は荒唐無稽であった。当然、この関係悪化を前提として発生したとされる泗川倭城の狭間をめぐる口論、そしてこれを機に以前にも増して険悪となったとされる両者の関係もまた虚構である。もし、一直との関係が険悪になっていたならば、実際には縮小論に同意した元親が無事で済んだとは考えにくいからである。口論の虚構は軍目付一直に対する元親のルサンチマンの代弁として感受すべきであり、元親自身の書状から看取された平身低頭の態度——旧臣正重も「御上使・御横目衆とあれハ頭を地に付慇懃に被仕候」と吐露した態度——を堅持していたと考えるべきであろう。

最後に、右のような事例研究をとおしてえられた知見をふまえて、軍目付の実態や諸大名との関係を解明するための作業仮説を提示しておきたい。

①秀吉は朝鮮における自身の耳目としての活動を軍目付に期待していた。盛親「御目見」の件が示すように一直は秀吉に近侍する存在であり、こうした秀吉との関係があったからこそ、軍目付に任命されたのであろう。すなわち、秀吉に近侍しうる人物であることが軍目付抜擢の必要条件の一つとして仮定される。

②秀吉は軍目付に起請文も提出させたうえで「諸事有様之体可申上旨」を命じていた。ところが、唐島の戦いに際して嘉明が「御法度之御朱印之旨」に背き、また戦闘に参加した諸大名との約束に違反しただけでなく、諸大名や軍目付に悪口をはいた一件は秀吉に注進されなかった(48)。これは「善悪共ニ見隠、聞隠さす、日々可令注進事」なる秀吉の命令が緒戦の段階ですでに遵守されなかったことを示している。また、蜂須賀家政らの譴責とその後の復権からは軍目付の注進の恣意性が看取される。これは「ひいき《（贔屓）》・へん《（偏頗）》はなく、有様ニ可注進事」なる秀吉の命令が遵守されなかったことを示している。すなわち、軍目付らは①でみたような秀吉の期待どおりの活動に終始していたのではなく、注進にあたって情報を操作していたと仮定される。

③ただし、右の譴責や嘉明に対する恩賞が示すように、秀吉が軍目付の注進にもとづいて「御褒美」「御成敗」すなわち賞罰を決したのは事実である。そのためであろう——また、②の状況も一因であろう——、蔚山救援の際に泗川残留を一直に指示された義弘はそれにしたがっている。この事例からすると、秀吉は軍目付への軍事指揮権の付与は宣言していないが、実際には諸大名に対する軍目付の軍事指揮権が発生していたと仮定される。

④元親が一直に対する平身低頭の態度を堅持していたとみる私見および右の①～③のような仮定が妥当ならば、諸大名は軍目付に屈従していたと仮定されよう。

⑤戦線縮小論をめぐって軍目付らは賛成派と反対派に分かれ、後者の一直らは前者の面々を容赦なく告発した。こうした事実は軍目付間にも確執が存在したことを示している。すなわち、軍目付は渡海諸大名も巻き込みながら徒党を形成していたと仮定される。

これらがあくまで作業仮説であること、すなわち今後の課題が山積されていることを銘記しつつ、擱筆したい。

註

（1）北島万次『朝鮮日々記・高麗日記』（そしえて、一九八二年）、同『豊臣政権の対外認識と朝鮮侵略』（校倉書房、一九九〇年）、同『豊臣秀吉の朝鮮侵略』（吉川弘文館、一九九五年）など参照。軍目付に関しては「目付」「横目」「奉行」など様々な呼称が史料上確認されるが、本章では北島氏の研究にならい軍目付と呼ぶことにする。

（2）中野等「慶長の再派兵」（同『秀吉の軍令と大陸侵攻』吉川弘文館、二〇〇六年）。

（3）註（1）北島著書および同『壬辰倭乱と秀吉・島津・李舜臣』（校倉書房、二〇〇二年）参照。なお、鼻請取状および請取鼻数に関する論考としては、藤木久志「朝鮮侵略」（佐々木潤之介編『日本民衆の歴史3天下統一と民衆』三省堂、一九七四年）、同『日本の歴史第15巻織田・豊臣政権』（小学館、一九七五年）、琴秉洞『耳塚（増補改訂）』（総和社、一九九四年、初版は一九七八年）、丸山雍成「唐津街道と耳塚・鼻切り」（『交通史研究』第四六号、二〇〇〇年）などがある。[補註1]

（4）垣見の実名に関しては家純・家紀も流布しているが、慶長の役とくに慶長二年七月中旬から慶長三年五月下旬にかけては一直であったことが確認されるので、本稿では一直と呼ぶことにする。この垣見も含めて本稿において使用する軍目付の実名については拙稿a「慶長の役における軍目付の実名について」（『ぐんしょ』再刊第五四号、二〇〇一年）参照。

（5）註（1）北島『朝鮮日々記・高麗日記』など参照。

（6）『大日本古文書島津家文書』四〇二号。
（7）三鬼清一郎『豊臣秀吉文書目録』（私家版、一九八九年）、同『豊臣秀吉文書目録（補遺1）』（私家版、一九九六年）参照。なお、本稿執筆にあたり秀吉朱印状（写）の検索に両書を利用した。
（8）慶長二年五月二四日付福原長堯宛秀吉朱印状写（東京大学史料編纂所架蔵レクチグラフ「成簣堂古文書」）。
（9）拙稿「朝鮮出兵と西国大名」（佐藤信・藤田覚編『前近代の日本列島と朝鮮半島』山川出版社、二〇〇七年）参照。
（10）『土佐国群書類従巻四』（高知県立図書館、二〇〇一年）所収。
（11）山本大『長宗我部元親』（吉川弘文館、一九六〇年）二四三〜二四五頁。
（12）以下、本書第四章参照。
（13）『朝鮮日々記』（『朝鮮日々記を読む』法蔵館、二〇〇〇年）。
（14）『邦訳日葡辞書』（岩波書店、一九八〇年）。
（15）関田駒吉「土佐史界の開拓者谷秦山」（同『関田駒吉歴史論文集下』高知市民図書館、一九八一年、初出一九三三年）。
（16）渡邊哲哉「解説」（註（10）『土佐国群書類従巻四』）。
（17）本書第五章参照。
（18）北島万次「小西行長が在陣した順天倭城の昨今」（『日本歴史』第七四三号、二〇一〇年）は、図6として掲げた写真の奥に写っている天守台は「作り替えられて」おり、「当時の石垣普請の技術の跡が隠れてしまった」と復元作業の問題を指摘している。図5の泗川倭城跡についても同様の問題があろう。
（19）『黒田家文書第一巻本編』（福岡市博物館、一九九九年）二五号など。
（20）安骨浦会議については伴三千雄「文禄慶長役数次の軍議」（『歴史地理』第四〇巻第一号〜第四号、一九二二年）参照。
（21）『大日本古文書島津家文書』一二〇六号。
（22）井邑会議については註（20）伴論文、本書第五章参照。
（23）戦線縮小論と秀吉の反応については、註（1）北島『豊臣秀吉の朝鮮侵略』、笠谷和比古『関ヶ原合戦と近世の国制』（思文閣出版、二〇〇〇年）参照。

(24) 朝鮮農民支配のために掲げられた諸大名連署の慶長二年九月日付榜文には元親ではなく盛親が署名しており(『大日本古文書島津家文書』九七一号、九七二号、九七三号など)、この時盛親は元親の名代であったと考えられる(本書第四章参照)。おそらく、エピソードの名代に関する記述はこの榜文作成に仮託して創作されたのであろう。

(25) 『長宗我部盛親』(高知県立歴史民俗資料館、二〇〇六年)五九号。この個人蔵の元親書状は高知県立歴史民俗資料館の寄託資料となっている。

(26) 前述のごとく、『元親記』はエピソードを文禄五年かのように記述しているが、慶長二年の誤りである。

(27) 荻慎一郎・森公章・市村高男・下村公彦・田村安興『高知県の歴史』(山川出版社、二〇〇一年)。

(28) 本書第四章参照。

(29) 平井上総「豊臣期長宗我部氏の二頭政治」(同『長宗我部氏の検地と権力構造』校倉書房、二〇〇八年、初出二〇〇七年)。本書第四章では、知行宛行権以外の権限も移譲されてゆくが、元親が一定の権限を行使し続けていたと指摘した。しかし、こうした移譲論よりも平井論文提示の共有論の方がより実態を把握しているようである。

(30) 本書第四章参照。

(31) 『面高連長坊高麗日記』(『改定史籍集覧第二五冊』近藤活版所、一九〇二年)。

(32) 元親らの蔚山救援については、本書第五章参照。

(33) 『大日本古文書浅野家文書』二五五号。

(34) 『鹿児島県史料旧記雑録後編三』(鹿児島県、一九八三年)三五五号。なお、義弘は蔚山の戦いの急報が一二月二六日に泗川に届いたと述べているものの、『面高連長坊高麗日記』は前述のごとく一二月二七日のこととしている。

(35) 以下でみてゆく秀吉による譴責については、註(23)笠谷著書、拙稿c「蔚山の戦いと秀吉死後の政局」(『ヒストリア』第一八〇号、二〇〇二年)参照。

(36) 『大日本古文書島津家文書』九七八号。史料中に二箇所ある「族」の傍註「様カ」は、註(23)笠谷著書による。

(37) 朴鐘鳴訳注『看羊録』(平凡社、一九八四年)一六八頁によれば、蔚山の戦いにおける消極性に関しては藤堂高虎・加藤清正も譴責されている。ただし、高虎が蔚山救援に参加したとする他の史料的所見には接したことがない。

(38) 伊藤真昭・上田純一・原田正俊・秋宗康子編『相国寺蔵西笑和尚文案自慶長二年至慶長十二年』(思文閣出版、二〇〇七年)七一号。

(39) 註(23)笠谷著書、拙稿c参照。

(40) 拙稿a。

(41) 東京大学史料編纂所架蔵影写本「近江水口加藤文書」。

(42) この点については、後述の別稿で論じる予定である。

(43) 太田一吉に関しては不明である。

(44) 註(41)「近江水口加藤文書」。

(45) 註(23)笠谷著書一八〜一九頁にはこれと同内容の写(国立公文書館内閣文庫蔵「古文書集」)が掲げられており、「宛所の部分が省略されているが、本文書は近江水口城主の加藤家に伝来していたということからして、秀吉から加藤嘉明に宛てて発給されたもの」と判断されている。史料H(註(41)「近江水口加藤文書」)の宛所が示すように、同書の判断は的確であり、本稿も同書の解釈を参考にしている。なお、松澤克行「ケンブリッジ大学図書館所蔵「豊臣秀吉朱印状」」(山本博文編『東京大学史料編纂所研究成果報告2009—5江戸幕府・朝廷・諸藩の編年史・編纂史料集の史料学的研究』東京大学史料編纂所、二〇一〇年)では、ケンブリッジ大学図書館所蔵の当該文書の写が紹介されており、史料Hにあたる註(41)「近江水口加藤文書」所収文書とともにその全文翻刻が掲載されている。[補註2]

(46) 註(41)「近江水口加藤文書」。

(47) 史料Iと同日付の嘉明宛長束正家・増田長盛・浅野長政・前田玄以連署状も確認される(註(41)「近江水口加藤文書」)。この連署状は史料Hの内容を反復しつつ秀吉の上意を伝達しており、連署者は史料H本文の末尾に記載された面々と一致し、また書止文言は「恐々謹言」、宛所は「加藤左馬助殿」と史料Iよりも薄礼となっている。こちらの方がより正式な副状であり、厚礼の史料Iは正家の私信であると思われる。なお、高木昭作「近世史料論の試み」(『岩波講座日本通史別巻3』岩波書店、一九九五年)は江戸時代の老中奉書に関して、「薄礼化することによって、上意を伝達する文書であることへの注意を喚起したものといえるのではないか」と指摘している。

（48）　唐島の戦いに関する注進および秀吉による論功行賞については別稿執筆を期しており、嘉明の悪口をめぐる軍目付や参戦諸大名の対応も論じる予定である。

［補註1］　鼻請取状および請取鼻数に関する最近の論考としては、北島万次「秀吉の朝鮮侵略における鼻切りと虚構の供養」（『メトロポリタン史学』第六号、二〇一〇年）がある。

［補註2］　本章のもとになった旧稿を山内譲氏に謹呈したところ、史料Hとして掲げた慶長三年五月三日付加藤嘉明宛秀吉朱印状の原本とみなされる文書が愛媛県歴史文化博物館に所蔵されており、『伊予の城めぐり』（愛媛県歴史文化博物館、二〇一〇年）に掲載されていることをご教示いただいた。

第七章　朝鮮出兵期における造船に関する一試論

はじめに

豊臣政権による朝鮮出兵では主力として西国の諸大名が渡海し、その軍役人数の総計は文禄・慶長の両役をあわせると約三〇万人にも達した。この軍役人数が示すように朝鮮出兵は、前近代日本においては空前絶後の規模で人員・物資の大量輸送を要する海外派兵であった。そのため、豊臣政権あるいは諸大名は既存の船舶の徴発はもとより造船を盛んに実施した。この造船に関して、三鬼清一郎氏は次のように指摘している。(1)

造船の行われた地域は、必ずしも天然の森林地帯だけに限られない。当時における手工業者の分布状況や資材輸送の条件などに規制されて、特定の地域に集中して行われた模様である。(中略)造船も諸大名に対しては軍役の一環として課せられるのであり、(中略)、諸大名のおかれた政治的・経済的条件にもとずい《ママ》ているのである。そのことは、それぞれの地域における大名領国制の展開と密接な関係をもち、全国的には、特殊な「造船地帯」が形成されていたものと思われる。

三鬼氏は、朝鮮出兵に対応する造船は「諸大名に対しては軍役の一環として課せられる」と指摘するとともに、それは「特定の地域に集中して行われた」と考え、仮説として特殊な「造船地帯」の形成を提示したのである。朝鮮出兵により生じた特需が以降の諸産業発達の契機となった場合もあろうが、あくまで特需であった点に関心を払うならば、刹那的な隆盛をみせた産業あるいは産業地帯も存在したと考えられる。こうした観点からすると、朝鮮出兵時には造船が軍役なるがゆえにまさに特殊な「造船地帯」が存在していたと予測されよう。

しかし、駿河国清水湊が造船基地として発展してゆく契機の一つが朝鮮出兵であったと示唆する小和田哲男氏の研究が知られるものの(2)、右の三鬼氏の仮説を念頭において「造船地帯」やその形成にかかわる諸条件を具体的に指摘した研究は管見にはふれていない。すなわち、仮説が提示されてから約四〇年になるが、これまでその検証は十分にはなされてこなかったのである。

そこで、本章では豊臣政権の造船命令に関する一連の文書の考察をとおして「造船地帯」を特定し、さらに当該地域がかくなりえた条件を解明することで、右の仮説を検証してみたい。考察の対象となる一連の文書は豊臣政権の造船命令を示す史料として周知のものであるが、相互の関連性は複雑であり、以下で検討してゆく先行研究の理解には少なからぬ混乱がみられる。すなわち、当該の造船命令に関してはその年代、船舶の規格、造船地、また造船に関連する支給・供出、これらが誤認あるいは誤解されてきたのである。よって、本章では年代比定と解釈に意を尽くしてゆくことになる。かかる基本的な考察により右の諸問題を解決しつつ、前記の課題にアプローチしたい。

1 造船命令に関する文書と先行研究

本節では、豊臣政権の造船命令に関する一連の文書を掲げるとともに、これらに着目した先行研究の見解を確認しておきたい。本稿が一連の文書とみなすのは次の史料A〜Cであるが、後述の渡辺世祐氏の見解にかかわる史料Dもあわせて掲げよう(3)。

史料A

態申入候、仍来年朝鮮へ御人数被差渡御用として、御舟弐百五拾艘被仰付候、然者、鉄之　御朱印①并いかりの御朱印②被成候、持せ進之候、急之御用候間、爰元へ鉄御自分御用ニ被上置候於有之者、先少つゝ成共、請取申度候、先年五百石舟之いかり今不入候条、それを其方へ被遣之候、播州室津ニ有之儀候間、相改、急度可相渡候、其御心得可被成候、猶此使者可申入候、恐々謹言、

石川紀伊守

卯月十三日　光元（花押）

堅田兵部少輔（元慶）様

人々御中

史料B

先書如申入候、鉄重而之③-1　御朱印被成候条、進之候、舟之儀御急ニ候、作申所土佐国ニ候之条、鉄遅請取申候へハ、遅々仕候条、先々御手前御自分之御用ニ被上置候於御座候者、先御渡可忝候、公儀と申なから、偏奉頼存候、先書も被入御念之通、過分候、何も急速ニ相調之儀、重而致　言上、従是可申入候、恐惶謹言、

石川紀伊守

卯月十九日　光元（花押）

堅田兵部少輔様

人々御中

史料C

返々、早速ニ被仰付候段、御礼不得申候、以上、

③-2鉄重而弐百駄　御朱印被成候処ニ、被仰付、御渡可有之由、忝候、公儀御用と申なから、別而貴殿御馳走之段、於拙子忝候、鉄早速ニ相調、御渡被成候間、御舟之儀、頓而出来可仕候、鋌之儀、遅候ても不苦候、成程之義被仰付、尤ニ存候、猶御使者へ具申入候条、不能巨細候、恐惶謹言、

卯月廿三日　　石紀伊守
　　　　　　　　光元（花押）

堅田兵部少輔様
　　　御報

史料D

以上、

態申入候、仍④太閤様御召舟のいかり廿首、拙者に可有御渡との御朱印被成候間、被仰付、被成御渡候て可被下候、いかりの注文、別紙ニ進上申候、恐惶謹言、

　　　　　　　　石川紀伊守
五月十三日　　　光元（花押）

柳沢監物（元政）殿
堅田兵部少輔殿
　　人々御中

朝鮮出兵時の造船に関するこれらの史料に着目した研究としては、渡辺世祐氏と曽根勇二氏の論考がある。（4）まず、

渡辺氏の見解をみよう。同氏は「秀吉の奉行」石川光元が「小早川隆景の主なる与力で毛利氏の老臣である堅田元慶」に宛てたものとして史料Aの「来年朝鮮へ」〜「急度可相渡候」の部分および史料Bの「鉄重而之　御朱印」〜「偏奉頼存候」の部分を引用し――加えて史料C・Dの存在も考慮しつつ――、これらに依拠して「秀吉の命により毛利氏で二百五十艘を造ることとなり、又土佐でも造るので船奉行の石川光元がその材料として鉄・碇等をも渡し、必要ともしたので早急に元慶に依頼するに及んだものと思はれる」と指摘している。秀吉が毛利領国での造船と土佐でのそれを命じていたことを渡辺氏は一九三〇年代に指摘していたのであり、これは朝鮮出兵期における造船地に関する早期の指摘として重視される。ただ、石川光元が造船の材料として鉄・碇などを支給する一方で、必要ともしたとみている点など釈然としない部分がある。逐語的な解釈が提示されていないので推測するほかないが、史料A〜Dを一連の文書とみなしたものの、相互の関連性をふまえた明快な解釈がえられなかったようである。

続いて、曽根氏が史料A・Bに着目して提示した近年の見解をみよう。同氏はまず史料Aの内容を「石川は五百石程度の二百五十艘を確保するため鉄・碇の秀吉朱印状を小早川氏に与えて、造船とその供出を命じた」「さらに「播州室津」で不用の碇があれば直ぐにも与えるとも指示した」と要約している。次に、史料Bに関しては「舟之儀御急ニ候」〜「重而致　言上」の部分に着目して、「小早川氏に土佐の造船で用いる鉄を至急供出するよう命じたが、秀吉は小早川氏に鉄を用意させ、それを土佐の造船に活用しようとした」と述べている。史料A・Bを「緊急の造船令」を伝達する文書と位置付けた点や鉄供出および土佐における造船などに関する指摘は傾聴すべきである。ただ、渡辺氏がかつて一連のものと理解した史料A〜Dのうちなにゆえ史料A・Bのみを検討したのかは不明であるが、これらとの関連性が明らかな史料Cを考察の対象に含めなかったことが解釈にあたっての支障となったと思われる。とくに史料Aの要約内容からすると、曽根氏にしても依拠したはずの史料A・Bに関する明快な解釈がえられなかったようである。

次に、解釈とも密接にかかわる年代比定に関する両氏の見解を確認しておこう。渡辺氏については、先の指摘を含む第一章が「朝鮮役最初の造船」、続く第二章が「文禄元年初頭の造船」とそれぞれ命名されているので、『大日本古文書小早川家文書』と同様に史料A～Dを天正一九（一五九一）年のものとみなしたようである。また、曽根氏については、「翌年の再出兵を想定した秀吉」なる記述が示すように史料A・Bともに文禄五（慶長元、一五九六）年のものとみている。しかし、後述のごとく両説ともに難があると考えられる。なお、史料A～Dの写を掲載する『萩藩閥閲録』では史料A～Cに関しては判断が保留されているものの、史料Dに関しては文禄元（天正二〇、一五九二）年とされている。(5) この史料Dに関する年代比定にもやはり難があると考えられる。

先行研究がかかる状況にいたったのは、やはり、史料A～Cあるいは史料A～Dを整合的に理解することが難しいからにほかなるまい。しかし、年代など確定しうる要素を確定してゆけば、より説得的な理解が導けるのではなかろうか。

2　造船命令に関する文書の年代比定

本節では、とりわけ史料Aを検討することで、史料A～Cの年代を比定してみたい。

まず、石川光元の官途名に注目しよう。下村效氏の研究によれば、光元が紀伊守に補任されたのは文禄四（一五九五）年一一月二日のことで、(6) その根拠は『親綱卿記』の同日条の「石川久五郎諸大夫成候事、今日申入事也」なる記事である。(7) 同氏によれば、当時の記録にみられる「諸大夫成」は叙爵とその相当官への補任であり、この時点で光元は紀伊守に補任されたと判断される。よって、史料A〜Dの年代の上限は文禄五（慶長元）年と確定される。また、秀吉死去が慶長三年八月であることから、下限は慶長三年と確定される。してみると、渡辺氏や『大日本古文書小早川家文書』の天正一九年説は成立しえない。また、史料Dに関する『萩藩閥閲録』の文禄元年説も成立しえない。では、曽根氏が史料A・Bに関して提示した文禄五年説はどうであろうか。

曽根論考は史料A・Bとは別の朱印状（写）の年代比定に際して光元の紀伊守補任に言及しているので、文禄五年説もこの補任をふまえたものと思われる。では、なにゆえ文禄五年以降のうちでも文禄五年と判断されたのであろうか。「翌年の再出兵を想定した秀吉」なる記述からすると、おそらくは史料Aの「来年朝鮮へ御人数被差渡」の文言を重視したのであろう。確かに、慶長の役は慶長二年に開始されるので、その前年にあたる文禄五（慶長元）年が相応しいかのようにも考えられる。しかし、文禄五年の四月段階では秀吉は講和する姿勢をとっており、日明間の講和交渉が決裂して秀吉が再出兵を決定するのは文禄五年でも九月のことである(8)。文禄五年四月の段階で「来年朝鮮へ御人数」を派兵するために「御舟弐百五拾艘」の造船を秀吉が命じることはありえない。

では、慶長の役が開始された慶長二年はどうであろうか。前年の文禄五年九月に秀吉は再出兵を決定していたものの、主力である西国諸大名が本格的に渡海するのは慶長二年四月から七月にかけてである(9)。こうした状況からすると、慶長二年の四月は、秀吉が「朝鮮へ御人数」を派兵している最中といえる。よって、秀吉がこの段階で早くも翌年の再出兵を想定したとは考えられない。

実際、文禄五（慶長元）年・慶長二年に比定される四月発給の秀吉朱印状で、「来年」の派兵を表明するものには接したことがない(10)。

となれば、史料Aの年代は慶長三年をおいてほかには考えられない。この慶長三年の状況について、中野等氏は一定の戦線縮小が進むものの五月までは「来年（慶長四年）を期して大規模な派兵を実施するという計画は堅持されて」いたと指摘しており(11)、次の諸史料も示すように(12)、首肯すべき指摘である。慶長三年に比定しうる文書のうち、三月一三日付秀吉朱印状には「来年者御人数被差渡、朝鮮都迄も働之儀可被仰付候」、五月二六日付福原長堯・垣見一直・熊谷直盛連署状には「来年御人数被相渡、赤国《全羅道》之筋都河迄働被仰付、蔚山のかたへ打入候様ニとの御有増候」とある。史料Aの「来年朝鮮へ御人数被差渡」なる文言は、慶長の役開始時の出兵すなわち慶長二年の再出兵ではなく、慶長三年に秀吉が表明した慶長四年の出兵すなわち再々出兵とも言うべき「大規模な派兵」を意味しているのである。そして、秀吉はその実施のために史料Aにみられる造船命令をくだしたのである。よって、史料Aの年代は慶長三年に比定され、後述のごとくこの史料Aと明らかに関連性を有する史料B・Cの年代も慶長三年と判断される。

3　造船命令に関する文書の解釈

前節における年代比定をふまえて、本節では一連の文書の解釈を提示したい。史料A～Cの年代は慶長三（一五九八）年と判断されるわけだが、かかる年代比定を前提とした場合、次の史料が重視される(13)。

史料E

急度被仰遣候、七端八端帆鉄碇三百丁御用ニ候、五百石船いかり被遣候、ねりなをし、鉄不足之所申付、急石川紀伊守可相渡者也、

慶長三

卯月十三日　御朱印《秀吉公》

堅田兵部少輔とのへ

この史料Eは「慶長三」の付年号を有しているものの、あえて史料Aの年代比定においては検討の俎上にのせなかった。迂遠に思われるやもしれないが、あくまで史料Aの年代が慶長三年と確定されたのちでないと、以下の考察が循環論法に陥ってしまうからである。

この史料Eと関連して注目されるのは『日本戦史朝鮮役』の「秀吉、毛利輝元ノ老臣堅田元慶ヲシテ五百石積船ノ碇ヲ七八端帆ノ船用碇三百個ニ改鋳シ之ヲ献セシム」なる記述である。[14] 同書はこれを慶長三年四月一三日のこととして記述しており、論拠は示されていないものの、史料Eに拠っていることはまちがいない。ほぼ正確な解釈がなされているが、史料A〜Cとの関連性が認識されていないため、「鉄不足之所申付」の部分は十分には理解できなかったようである。

史料Aの傍線部によれば、秀吉朱印状は①「鉄之　御朱印」と②「いかりの　御朱印」の二通が発給されたはずである。よって、史料Aは①②の秀吉朱印状の副状にあたると考えられる。ならば、②に該当するのは「鉄碇三百丁御用ニ候」なる文言を有し、史料Aと同じ慶長三年の四月一三日付で発給された史料E——厳密には史料Eの正文——とみることに異論はあるまい。こうした両史料の関係もふまえて、史料A〜Cを解釈してみたい。

史料Aによれば、まず秀吉が翌慶長四年の「大規模な派兵」を計画しており、そのために船二五〇艘の造船を命じ、この造船に関連して①および②（史料E）の朱印状を伏見で発給し、[15] 播磨国室津あるいはその周辺にいた光元に送付した。その光元がこれらの朱印状に副えて堅田元慶宛に送付したのが史料Aである。この史料Aで光元はまず①の内容つまり鉄の供出について依頼している。すなわち、鉄の供出は急務であるので、すでに毛利氏が私用のため「被上置候」鉄があるならば、少しずつであっても受け取りたい旨を伝えている。次に光元は②の内容つまり碇の供出に関連して、先年製造した「五百石舟」用の碇は今は不用なので秀吉がそれを支給するとしたこと、またそれは室津にあるので光元が調査して元慶に渡すことを伝えている。この「五百石舟」用の碇は史料Eに「五百石船いかり被遣候、ねりなをし」とあり、『日本戦史朝鮮役』が指摘しているように「七端八端帆」船用の碇三〇〇丁に改鋳すべく渡されるのである。厳密には史料Eに「鉄不足之所申付」とあるように、今回の鉄供出にともなう碇用鉄の不足分を補塡するものであったと解される。後述のごとく、これらの鉄・碇を供出する大名は小早川氏ではなく毛利氏である。

この史料Aに関する解釈を前提に史料Bを解釈してみたい。まず、冒頭の「先書如申入候、鉄重而之　御朱印被成[③—1]候条、進之候」の部分から、鉄供出に関して①の朱印状とは別に③—1の「重而」の朱印状が発給されることになっており、その旨を光元は以前にも元慶に伝えていたが、今回その③—1の朱印状とともに史料Bを送付したことが知られる。続く部分で光元は「鉄遅請取申候へハ」すなわち鉄の供出が遅れたならば、造船が遅れてしまう、それゆえ史料Aでも伝えたように「被上置候」鉄があるならばまず受け取りたい旨を伝えている。

次に史料Cであるが、冒頭の傍線部③—2の「鉄重而弐百駄　御朱印」とは、史料Bの③—1の朱印状を指すとみてよかろう。周知のごとく中国地方は鉄の一大生産地であり[16]、一六世紀末以降の鉄流通の状況からすると当時の毛利氏にとって二〇〇駄は決して大量ではなく[17]、秀吉は③の「重而」の朱印状によって、すでに①の朱印状で命じていた鉄供出に加え、さらに二〇〇駄の鉄供出を命じたものと判断される。元慶はこの「重而」の朱印状と史料Bをうけて、「被仰付、御渡可有之由」と史料Cにあるように鉄供出の手配をし、供出する意向を伝えていた。これに対して光元は謝意を表したのち、「鉄早速ニ相調、御渡被成候間、御舟之儀、頓而出来可仕候」と述べている。ここから、①の朱印状および史料Aで供出を指示された鉄（「被上置候」鉄を含む）はすでに光元のもとに送付されていたこと、この供出により造船が可能となったことが知られる。一方、続く部分から、②の朱印状（史料E）および史料Aで供出を指示されていた「七端八端帆」船用の碇三〇〇丁については遅れても差し支えなかったことが判明する。碇製造よりも造船を優先しているわけだが、それは碇三〇〇丁が今回の造船により完成した船で使用するためのものだったからにほかなるまい[18]。

ところで、渡辺氏が言及した史料Dについても検討しておく必要があろう。史料Dは傍線部④の「太閤様御召舟のいかり廿首、拙者に可有御渡との御朱印」が発給され、その朱印状の命令を伝達するために光元が柳沢元政・元慶宛に発給したものである。史料Dの内容からすると、秀吉の「御召舟」で使用する「いかり廿首」の供出を命じた④の朱印状そのものも送付されたか否かは不明であるが、「いかりの注文」は送付されたことが知られる。これと関連して注目されるのが、「いかりの覚」と題する文書である[19]。この「いかりの覚」は日付・差出書を欠くものの、宛所は元政・元慶となっており、しかも「弐拾丁」の碇に関する規格が記載されているので、史料Dの「いかりの注文」の写と判断される。史料Dおよび「いかりの覚」の宛所が示すように、「御召舟」用の碇供出は元政・元慶の両名が担当していたのである。よって、史料A〜C・Eにみられる元慶一人が担当者であった碇供出とは別件と理解されるので、史料Dは史料A〜C・Eと一連の文書とはみなされない。年代については光元の紀伊守補任時期と慶長四年の「大規模な派兵」の計画からすると、やはり慶長三年と推測すべきであろう。

4 慶長三年の大規模造船命令と「造船地帯」

本節では、前節で提示した解釈をふまえて、渡辺・曽根両氏の見解を検討しつつ、慶長三（一五九八）年の造船命令により建造を命じられた船舶の規格、造船地、また関連する資材の支給・供出について私見を提示したい。

まず、造船命令に関連する支給・供出の対象となった大名の検討であるが、渡辺説では毛利氏が鉄・碇を支給される一方で供出もすると推測されている。また、曽根説では小早川氏が供出すると理解されている。これらは、「小早川隆景の主なる与力で毛利氏の老臣である堅田元慶」とする渡辺氏の指摘からもうかがえるように、史料A〜Cが元慶宛であったことにもとづいていよう。しかし、慶長三年当時すでに隆景は死去しており、元慶は「輝元出頭人」の一人と位置付けられる存在であった[20]。よって、当時の状況からすると支給・供出の対象として想定すべき大名は小早川氏ではなく、毛利氏——結果的には渡辺説のとおり——だったことになる。

次に支給物と供出物に関する見解を検討しよう。後者に関して渡辺・曽根の両説ともに鉄・碇の供出を指摘しており、先の解釈で示したようにこの点についてはまったく異論ない[21]。一方の前者に関して渡辺説は鉄・碇ともに支給されたとみており、曽根説は碇の支給を指摘している。先の解釈で示したように鉄の支給はなく、あくまで支給されるのは碇である。よって、支給物に関しては曽根説にしたがうべきである。ただし、史料Aの文言を忠実に解釈するならば、「不用の碇があれば」支給するのではなく、「不用の碇があるので」支給すると理解すべきであろう。豊臣政権が毛利氏に供出を命じたのは追加分の二〇〇駄を含む鉄および「七端八端帆」船用の碇三〇〇丁であり、一方で毛利氏に支給したのは鉄供出にともなう碇用鉄の不足分を補塡する五〇〇石船用の碇だったのである。

以下では、こうした支給・供出に関する理解を前提として造船地について私見を提示したい。渡辺説は毛利領国および土佐で造船するとみており、曽根説は小早川氏に造船を命じたとしつつ、土佐での造船も指摘している。両説に共通するのは史料Aの「弐百五拾艘被仰付候」の部分を元慶が属した大名に対する造船命令と解した点である。しかし、「然者」なる文言に注意を払うならば、こうした理解は成り立たないのではなかろうか。造船をある大名に命じ、その同じ大名に対して「だから」鉄・碇を豊臣政権に供出せよと命じるのは矛盾していよう。むしろ、造船の主体として注目すべきは両説が副次的に言及している土佐であろう。史料Bには「舟之儀御急ニ候、作申所土佐国」と明示されており、それゆえに毛利氏からの鉄供出が遅れたら、造船が遅れてしまうと光元は督促している。さらに、先に史料Cの解釈で示したように、毛利氏から鉄が供出されたことで造船が順調に進むであろうと光元が述べていることもふまえるならば、造船の主体が毛利氏――あるいは小早川氏――であったとは考えられない。素直に史料を解釈するならば、造船の主体と判断すべきは土佐の大名すなわち長宗我部氏であろう。造船を命じられたのは長宗我部氏であり、それゆえ毛利氏から供出された鉄・碇が支給される計画がたてられたのである。

その造船で建造される船舶の規格は曽根説では「五百石程度の二百五十艘」とされている。しかし、これは史料Aの「五百石舟之いかり今不入候条、それを其方へ被遣之候」の部分の誤解にもとづく指摘であろう。「五百石舟之いかり」はそのまま使用されるのではなく、史料Eが示すように「ねりなをし」使用されるのである。そして、その「ねりなをし」分も含めて供出を求められている碇つまり史料Eの「七端八端帆鉄碇三百丁」こそがあらたに建造される船に用いられたと考えるべきであろう。ゆえに、慶長三年の造船命令によって建造されることになったのは、「七端八端帆」の船二五〇艘であったと判断すべきである。なお、帆反数からすると、これらの船種はおそらく四五〜六〇石積の小早であったと考えられる。[22]

では、こうした船舶の規格や艘数からすると、造船命令はいかに評価すべきであろうか。文禄五年一二月五日付「唐入軍役人数船数等島津家分覚書」によれば[23]、島津氏の場合は慶長の役に備えて以下の船舶を準備することになっていた（算用数字は艘数）。

「有船」―一〇端帆10、九端帆5、八端帆10、七端帆20、六端帆20、計65

「作船」―九端帆45、八端帆21、計66

島津氏では「有船」つまり保有している船六五艘の他に、「作船」つまり新造船六六艘を準備する計画があった。まず、この事例からすると、慶長三年の造船命令は大規模造船を命じたものと評価されよう。また、慶長の役における島津氏の軍役人数は公的には一万人であるが、右の「覚書」では一万五〇九七人が動員される予定であった。いずれにせよ、公的には三〇〇〇人であった長宗我部氏のそれを大幅に上回っている。よって、島津氏の計画と比較すると、長宗我部氏が使用するにしては「七端八端帆」の船にしても二五〇艘は膨大な量である。ゆえに、今回の造船命令はあくまで豊臣政権に供出するための船舶の建造を命じたものと理解される。なればこそ、豊臣政権は史料Cで光元が述べているように「公儀御用」として鉄および碇を毛利氏から供出させ、それを長宗我部氏に支給する方策をとっていたのである。それは長宗我部領国における造船では鉄の生産および鉄を材料とする碇の製造、とくに前者が懸案の律速因子となっていたためにとられた方策だったのであろう。ここに、未曽有の対外戦争を惹起した豊臣政権が三度目の「大規模な派兵」に臨む段階で確立した、軍需に対応する資材確保・輸送・分業の体制を看取すべきである。かかる条件のもとで、土佐は「七端八端帆」の船舶の建造に特化した造船地となっていたとみなされる。すなわち、三鬼氏が仮説で想定した特殊な「造船地帯」の一つが土佐に形成されていたとみなされるのである。

おわりに

本章では豊臣政権の造船命令に関する一連の文書の考察をとおして、慶長三（一五九八）年に「七端八端帆」の船二五〇艘を土佐において建造する大規模造船が命じられていたこと、それゆえ三鬼氏が想定した特殊な「造船地帯」の一つは土佐であったとみなされること、さらにその形成の条件として豊臣政権が造船にかかわる資材確保・輸送・

分業の体制を確立していたこと、これらを指摘した。豊臣政権は、三度目の海外派兵に臨む段階で造船そのものは「造船地帯」を領する長宗我部氏が、造船に要する鉄・碇の供出は鉄の一大生産地を領する毛利氏がそれぞれ分担する大規模造船を企図していたのであり、この大規模造船は鉄・碇の供出が「公儀御用」として賦課されていたことが示すように、三鬼氏指摘のごとく「軍役の一環」として課されていたのである。すなわち、豊臣政権は大規模造船を軍役として課していたがゆえに、律速因子の問題を解決する方策をとるなどして「造船地帯」の形成を推進していたのである。

なお、土佐でこうした大規模造船が進捗していた事実を直截に示す史料を本章では提示しえなかった。もとより、秀吉の死期がせまっており、実際には本格的な造船にいたらなかった——まさに刹那的であった——可能性もある。このように造船の実態が未解明である点に憾みを残す本章は試論の域をでるものではなく、実態にかかわる史料的所見の検索は今後の重要な課題である。

ところで、右の今後の課題を念頭におきつつも、当面取り組むべき課題がある。それは、当時の土佐すなわち長宗我部領国の状況を分析し、「造船地帯」に相応しい地域であったか否かを検討することであろう。

従来は朝鮮出兵期とりわけ文禄期まではむしろ造船に要する資材（とくに材木）・人材の供給地として土佐は注目されてきた。(24) その一方で、いわゆる南海路の伝統を背景として豊臣期には「船舶用良材に恵まれた土佐で、大船を含む造船が盛んであったこと」、そして「水軍・廻船の運用、造船など海事関係の諸奉行をはじめ、その基礎となる浦方支配（政所・刀禰——水主）体制が、慶長初年には整備されていた状況」がすでに秋澤繁氏によって指摘されている。(25) 冒頭に掲げたように、三鬼氏は特殊な「造船地帯」形成の条件として、「手工業者の分布状況」「資材輸送の条件」「諸大名のおかれた政治的(26)・経済的条件」、またこれらと密接な関係にある「大名領国制の展開」などを指摘している。

本章でも資材に関しては政権による鉄・碇の支給を指摘したものの、他の諸条件に関しては言及しえなかった。こうした諸条件を右の体制整備の時期的問題も意識して検討することで、(27)慶長三年段階の土佐における大規模造船計画の現実性を検証してゆくことが本章に課された当面の課題となろう。

註

（1）三鬼清一郎「朝鮮役における水軍編成について」（『名古屋大学文学部二十周年記念論集』名古屋大学文学部、一九六九年）。
（2）小和田哲男「秀吉の朝鮮侵略と造船業」（『戦国史研究』第九号、一九八五年）。
（3）順に、『大日本古文書小早川家文書』四一七号・四一九号・四二〇号・四二一号。なお、史料Aのみ書止文言が「恐々謹言」と薄礼になっており、奉書としての性格を考慮すべきかもしれないが（高木昭作「近世史料論の試み」〈『岩波講座日本通史別巻3』岩波書店、一九九五年〉参照）、後述のごとく朱印状の副状と判断される。
（4）渡辺世祐「朝鮮役と我が造船の発達」（『史学雑誌』第四六編第五号、一九三五年）。曽根勇二「大坂湾の材木流通」（同『秀吉・家康政権の政治経済構造』校倉書房、二〇〇八年、初出二〇〇六年）。以下、本章で言及する両氏の見解はこれらによる。
（5）『萩藩閥閲録第一巻』（マツノ書店、一九九五年）二六〇〜二六一頁。なお、『史料綜覧』には該当しそうな造船命令に関する綱文はみられない（『史料綜覧巻十二』東京大学出版会、一九五三年。『史料綜覧巻十三』東京大学出版会、一九五四年）。
（6）下村效「天正　文禄　慶長年間の公家成・諸大夫成一覧」（同『日本中世の法と経済』続群書類従完成会、一九九八年、初出一九九三年）。
（7）『親綱卿記』（『続々群書類従第五』続群書類従完成会、一九六九年）。
（8）中野等「講和交渉の推移」（同『秀吉の軍令と大陸侵攻』吉川弘文館、二〇〇六年）。

（9）中野等「慶長の再派兵」（註（8）中野著書）、本書第五章など参照。
（10）三鬼清一郎『豊臣秀吉文書目録』（私家版、一九八九年）、同『豊臣秀吉文書目録（補遺1）』（私家版、一九九六年）参照。
（11）註（9）中野「慶長の再派兵」。
（12）以下、それぞれ『大日本古文書島津家文書』四三四号・同九七八号。なお、これらの年代比定の根拠は蔚山の戦いに関する記述が含まれていることである。
（13）『萩藩閥閲録第一巻』二六〇頁。
（14）参謀本部編『日本戦史朝鮮役』（村田書店、一九七八年、初版は一九二四年）三二五頁。
（15）当時の秀吉の所在については福田千鶴「豊臣秀頼研究序説」（三鬼清一郎編『織豊期の政治構造』吉川弘文館、二〇〇〇年）参照。
（16）小葉田淳「鉱山史概説」（同『日本鉱山史の研究』岩波書店、一九六八年）。
（17）毛利領国の事例ではないが、藤井譲治「一六・一七世紀の生産・技術革命」（『日本史講座5近世の形成』東京大学出版会、二〇〇四年）によれば、慶長一四年に備中国奉行の小堀一政が三〇〇〇駄の鉄を短期間で調達し、また船により輸送しえたことが知られる。
（18）石井謙治『和船Ⅰ』（法政大学出版局、一九九五年）二一三〜二一四頁によれば、和船には小型軽量の鉄碇が多数搭載され、通常その数は一〇〇石積で四〜五個、五〇〇石積で五〜七個、一〇〇〇石積で七〜八個であった。今回建造される「七端八端帆」の船は後述のごとく四五〜六〇石積と考えられるものの、一艘あたり何個の碇を搭載したのかは不明である。ただ、右の石数と碇の個数との対応関係からすると、複数搭載されたとみられるので、建造される二五〇艘に搭載する碇すべての供出が毛利氏に命じられたわけではないと推測される。
（19）『萩藩閥閲録第一巻』二六〇頁。
（20）光成準治「毛利氏行政機構の進展と給人統制」（同『中・近世移行期大名領国の研究』校倉書房、二〇〇七年）。
（21）なお、『史料綜覧巻十三』の慶長三年四月一三日条には「秀吉、鉄及ビ碇ヲ安芸広島ノ毛利輝元ニ徴ス」なる綱文がある。その論拠は『萩藩閥閲録』とされており、おそらく同書所収の史料A〜Cの写および史料Eにもとづく記述と推測される。

（22）『国史大辞典第五巻』（吉川弘文館、一九八五年）の「小早」の項参照。
（23）『大日本古文書島津家文書』九六四号。
（24）註（1）三鬼論文など。
（25）秋澤繁・荻慎一郎編『土佐と南海道』（吉川弘文館、二〇〇六年）四六～四七頁・五〇頁。
（26）秋澤繁「豊臣政権下の大名石高について」（同編『戦国大名論集15長宗我部氏の研究』吉川弘文館、一九八六年、初出一九七五年）によれば、長宗我部氏の軍役は豊臣期を通じて三〇〇〇人で固定されており、政権との間の「微妙な政治的条件」も影響を与えていたと推測されている。これをふまえるならば、豊臣政権と長宗我部氏との間では「軍役の一環」として造船を課すことに関して早期から合意がなされていた可能性もあろう。
（27）平井上総「豊臣期長宗我部氏における権力構造の変容」（『長宗我部氏の検地と権力構造』校倉書房、二〇〇八年）によれば、長宗我部権力は「留守居制」が象徴するように文禄～慶長期に変貌を遂げてゆくとされており、このような長宗我部権力の状況は秋澤氏が指摘する海事関係の体制整備と深くかかわっていると予測される。

第八章　南海路と長宗我部氏

はじめに

周知のとおり、戦国〜織豊期に南海路が機能していた状況を示す史料は豊富とはいえない。とくに土佐―九州の航路として使用されていた状況を示す史料は乏しく、そのため土佐―南九州あるいはこれらの領主であった長宗我部―島津の交流はほとんど明らかにされてこなかった。しかし、後述のごとく近年の研究によって長宗我部領国の廻船が南九州に来航していた事実が判明した。その論拠となったのは、大隅国肝付氏の家臣薬丸兼将が長宗我部氏の家臣江村親家に発給した書状（写）である。土佐―南九州の交流の一端が明らかとなったわけだが、いまだ検討されていない注目すべき史料が存在する。それが本章において検討の俎上にのせる一通の長宗我部元親宛書状（写）である。この書状は差出書・年月日のいずれも欠いているためか、管見の限りではこれに言及する研究はない。そこで、本章では薬丸兼将書状に関する近年の研究をふまえつつ、この元親宛書状の検討を中心に考察をすすめ、南海路を介した長宗我部―島津の交流とその意義について私見を提示してみたい。

具体的な考察にさきだち、ここで南海路の定義を確認しておきたい。秋澤繁氏は『日本一鑑』の記述をもとに南海路とくに土佐沿岸部のルートを復元する論考において南海路の定義を明確化した(1)。秋澤氏は、小葉田淳『中世日支通交貿易史の研究』(2)以来慣用されてきた南海路の概念について「近来、交通量の多寡から九州東岸〜瀬戸内航路を以て南海路の幹線、土佐湾岸経由を支線と位置付けるなど（『高知県の歴史』第四章第二節、二〇〇一年）、一部に混乱・逸脱がみられる」と指摘し、『蔭凉軒日録』文明一七（一四八五）年一二月二四日条の記事にもとづいて[3]、ここに登場する遣明船航路としての南海路とは蔭凉職亀泉集証が「中国航路」との対置において用いた言葉であるとして「中国航路」の定義と南海路の広狭のそれらを次のように提示した。

五島を起点としたこの用例が、その予想航海日程をも併せ考える時、九州西北岸〜関門海峡〜瀬戸内コースを「中国海路」と呼び、これに対し五島より南下して九州南端を迂回、同東岸〜豊後水道〜土佐沿岸〜紀伊水道コースを「南海路」とせることは明瞭で、起点のとり方（例えば種子島）により多少の変動はあるにせよ、これが広義の南海路である。他方、狭義の南海路とは、中国が古く山陽道を意味し、従って中国海路＝山陽道沿岸航路と解される如く、紀伊半島又は土佐の海を指す南海を冠する以上、この段階では土佐沿岸通過航路のことである。

九州東岸航路は、これと密着する限りにおいて、広義南海路の一環を形成しているのである。

九州東岸から瀬戸内をへて畿内にいたる航路は南海路ではなく、もとよりその幹線ではないのであり、広義の南海路とは五島（あるいは種子島）―九州南端―九州東岸―豊後水道―土佐沿岸―紀伊水道をへて畿内にいたる航路であり、狭義の南海路とは土佐沿岸を通過する航路なのである。この南海路の呼称は、慶長五（一六〇〇）年一二月に浦戸を退去して海路大坂に向かう長宗我部盛親の「御供」に対して井伊直政家臣が与えた過書に「南海路相違有間舗者也」とあるように、遣明船廃絶後の戦国〜織豊期においても使用されていた[4]。

以下、本章では秋澤氏が明確化した南海路の定義にしたがって考察をすすめてゆく。

1　島津氏に対する長宗我部氏の「大船」進上

本節では、天正一四（一五八六）年の段階における長宗我部―島津の関係に着目することで、土佐―南九州あるいは長宗我部―島津の交流を考察してゆくための作業仮説をたてることにしたい。

天正一四年八月一八日頃、次の史料が示すように長宗我部氏は「大船」を島津氏に進上する。

史料A(5)

従　武庫様（義弘）、本田源右衛門尉殿（親商）にて、頃長曽我部殿より、大船一艘進上之由候、然者、彼船日州如内海（宮崎郡）、急度可被廻せ候、

この史料に注目して秋澤繁氏は、「高岡郡久礼の商人天野屋、須崎の鉄炮鍛冶植木氏の渡海が伝えられる薩摩との関係では、秀吉臣従後の天正十四（一五八六）年に至っても、なお元親は「大船」を進上、島津氏に好を通じており、九州南海路への執心も捨てていないのである」と指摘している(6)。

まず、「大船」が進上された天正一四年当時の長宗我部氏がおかれていた状況について確認しておきたい。

史料B(7)

先月廿八日之注進状、今月十日於京都令披見候、今度宗滴（大友義鎮）就上洛、帯条目申遣候処、其方・輝元合体之由、尤神妙之至候、然者島津事無同心之由、無是非思召候、此上者可被加征伐候、就夫長曽我部父子（元親・信親）并四国勢為先手申付候、今月廿日出船之筈候、其国着岸候者、仙石権兵衛（秀久）等令相談、諸事無越度様可被相計候、（中略）

七月十二日　　秀吉（御朱印）

大友（義統）左兵衛督殿

これは天正一四年七月の秀吉朱印状写であり、秀吉は「島津事無同心之《之》由、無是非思召候、此上者可被加征伐候」と島津氏攻撃を決定した旨を大友義統に伝えている。こうした内容から「九州征伐令」(8)あるいは「九州攻撃令」(9)を示す文書として著名であるが、この文書からは長宗我部元親・信親父子が仙石秀久ら四国勢とともに七月二〇日には「先手」として出撃する予定であったことも知られる。当然、秀吉は七月中旬の段階で長宗我部氏に出撃命令を下していたはずである。

ところが、史料Aが示すように長宗我部氏は八月一八日頃に豊臣政権の攻撃対象であるにもかかわらず島津氏に「大船」を進上したのであり、豊臣政権に対して面従腹背の姿勢をとっていたことになる。豊臣政権との関係悪化を招く危惧があるにもかかわらず、長宗我部氏は「大船」を進上し、「島津氏に好を通じて」いたのである。こうした事実にもとづくならば、土佐—南九州あるいは長宗我部—島津の交流を考察するにあたり、次のような作業仮説がたてられよう。まず、以前から長宗我部—島津には良好な関係が構築されていた。また、秋澤氏が指摘するように長宗我部氏は「九州南海路への執心」を有していた。次節以下では、これらを念頭において考察をすすめてゆくことにしたい。

2　長宗我部—島津の交流

本節では、冒頭でふれた近年の研究をふまえつつ、薬丸兼将書状（写）そして元親宛書状（写）を検討してゆく。次に掲げる史料Cはその前者である。

史料C(10)

一雖（土佐へ）未申馴候、令啓候、仍①島津豊州方肝付弓箭取合最中候、海上警固相調候処、御領浦戸之船罷通候、夜中懸合既決勝負候処、土佐船と申候之間、相退候、船中箭三射籠候、其々当一人越度之由候、言語同断、不及是非候、然者彼船頭帰国申間敷之由、雖被申候、弓箭怱劇之儀不及力候、罷登有之儘可被申分之処、肝要之由申渡候、細砕御納得専一候、随而②至櫛間湊御領無出入之由申候、彼地去六月已来、肝付被致手裏候、於自今已後者、廻船上下之舟、相互可有出入之事所希候、委曲船頭口状可申之条、閣筆候、恐々、『老中

薬丸出雲守』

兼将

御宿所

『当永禄十一年戊辰』

江村（親家）備後守殿

管見の限りでは、はじめてこの史料Cに注目したのは福島金治氏の研究である(11)。まず、年代比定に関する見解をみておこう。福島氏は、年月日欠の「禰寝殿」宛肝付良兼書状写の「如仰去十一、櫛間働申候、上下両城相之野作相散候、敵不出相候間、無何事候、満足御察之前候(12)」なる記述は「家譜類にみる永禄十一年（一五六八）五月十二日に日向国南部の櫛間を確保した事態を示すものと思われる」とし、本章の史料Cとくに傍線部①の内容は島津豊州家との合戦であり、傍線部②のように「合戦後の櫛間湊の肝付氏による管理を伝えている」ことから、史料Cは右の肝付良兼書状写の「後の事態を示すもの」と指摘している。すなわち、福島氏は肝付氏による櫛間確保の時期をふまえて、史料Cの年代を永禄一一年に比定したのである。そのうえで、福島氏は史料Cの内容について次のように述べている。

土佐の長宗我部氏の一族の家臣江村備後守に宛てたものである。肝付氏と島津豊後守家の合戦中に海上の警固を

していたところ、長宗我部氏領浦戸の船が通過し、夜中に肝付氏の検問にかかった。船に矢があたり死者も発生したことをわび、船頭の帰国の許可を申し入れ、今後の廻船の通交を申し上げた内容となっている。文中の「御領浦戸」は『土佐日記』にも登場する浦戸湊（高知市浦戸）で、永禄三年に長宗我部氏は領主本山氏を破って直轄の湊に編成したとされており、合戦での事故の報告は、南海路の海上保全のためになしておくべき最低限の作業だったのである。

史料Cの年代に関しては福島氏が提示した永禄一一年説が妥当と考えられるが、[13] その論拠となっている傍線部②の「彼地去六月已来、肝付被致手裏候」なる記述を吟味しておきたい。『日本国語大辞典』では「手裏」の語義は「掌中（しょうちゅう）。転じて、自由にできること」とされている。[14] 次の史料Dにみられる「手裏」の使用例からすると、「致手裏」とは掌中に収めているといった意味であろう。

史料D[15]

此日、支岐（鎮経）之使僧宿へ、伊右衛門（伊集院久治）兵衛尉殿・拙者両人被遣候て返事申候、趣者、肝付手裏ニ属し候祝言承候、大慶ニ被思召之由申候、

これは『上井覚兼日記』の天正二（一五七四）年一一月二三日条の記事である。これによれば、島津義久は支岐鎮経の使僧のもとに伊集院久治・上井覚兼の両名を派遣して、鎮経が義久に「肝付手裏ニ属し候祝言」を伝えてきたことに対して「大慶ニ被思召之由」を返事している。この応酬から明らかなように「肝付手裏」に属すとは祝うべき事柄だったのであり、具体的には島津氏が肝付氏を掌中にした事態を意味している。実際、後述のごとく天正二年に肝付氏は島津氏に降伏している——ただし、以降もしばらく微妙な姿勢をとっている——。なお、後掲の史料Hには「御手裏参」なる記述がみられ、この場合も「手裏」は掌中と解してよく、掌中に収まったという意味である。よっ

て、「彼地去六月已来、肝付被致手裏候」とは福島氏が指摘するように永禄一一年の肝付氏が櫛間（現宮崎県串間市）を確保した「後の事態」と考えてよく、年代もやはり同氏指摘のごとく永禄一一年とみなされる。

年代を確認したところで、内容を検討してゆきたい。史料Cは肝付氏老中の薬丸兼将が長宗我部氏の「家老」として知られている江村親家に宛てた書状（写）である[16]。まず、この書状が発給される契機となった事件に関する「島津豊州方肝付弓箭取合最中候、海上警固相調候処、御領浦戸之船罷通候、夜中懸合既決勝負候処、土佐船と申候之間、相退候、船中箭三射籠候、其々当一人越度之由候」なる記述について考えてみたい。福島氏はこの記述について、「肝付氏と島津豊後守家の合戦中に海上の警固をしていたところ、長宗我部氏領浦戸の船が通過し、夜中に肝付氏の検問にかかった。船に矢があたり死者も発生した」と述べている。つまり「海上警固」を「検問」をともなう「海上の警固」と理解しているわけだが、次の史料E・Fについて提示した見解をみる限りでは「警固」に関する福島氏の理解は必ずしも明瞭ではないように思われる。

史料E[17]

一依遼遠之堺、雖未申馴、令啓候、仍廻船之商売人細々下向候、然者、当時爰元弓箭取相海陸共最中候之条、警固相調候、敵方到出入者、雖何方船候、堅相支可決勝負候、雖為如此御方分之時、聊御隔心之儀有間敷之候旨、意趣細砕彼新五郎方可為口上候、以御納得御領浦之可致上下之者、宜可被仰含之事専要候、恐々、

兼将

大貫大和守殿
外城三河守殿

御宿所

史料F(18)

□先日沙汰候売鷹□へ共、能未然之由聞得候、其上島殿鷹御尋之由、彼方風聞候、然者義祐（伊東）様被聞食付候て、種子島殿へ従伊東殿少も無御隔心候之処、自彼方隔心之儀如何之通、長倉出雲守方以書状雖申越候、兎角不被取合候、無得心之通被仰候、自然自島就御用者、拙者御秘計無用之由、自知人被申越候、日州其方御間何程子細候哉、無異儀御校量専一候、随而自御屋形様、菱刈殿被召失候、渋谷之面々一大事被極之通、代々中組候所、無余儀候条、対守護方去十九以前被仕出候、就其内渡警固申付候、宮内・加地木・鹿児島・山川・坊之津出入之船者、何方船候共、剪捕可申候、先日豊州方出入之船伐申候、同前候、御領之分堅可被仰付候、縦雖剪捕候、聊対御方御等閑有間敷之候、於海上警固候者、雖仕損候、互同前候、此旨能々御得心可為肝要候、

これらのうち史料Eに関して、福島氏は次のように述べている。

大貫大和守・外城三河守の両者は不明だが、肝付氏の遠隔地との交流を語るものに伯耆行直の書状また伯耆宛の書状があり（肝属三四六・三四七・三四八）、両者はその家中の人物とみられる。「伯耆守」や「行」の通字を使う者には肥後国宇土の名和氏があり、『系図纂要』では名和顕孝の本名が「行直」で天正十五年まで生存しており、宇土氏宛であろう。廻船によって商人が肥後から肝付氏領に下向しているが、合戦最中でも船の警固を行っており、宇土からの船の来航を歓迎する旨を述べているのである。

「合戦最中でも船の警固を行っており」「来航を歓迎する」なる記述からすると、ここでは「警固」が交流相手の廻船のいわゆる護送と理解されているようである。しかし、一方で、福島氏は史料Fに関して次のように述べている。

伊東・種子島両氏の仲介を行いながら、島津氏との対抗のなかで「宮内・加地木（治）・鹿児島・山川・坊之津出入之船者、何方船候共、剪捕可申候、先日、豊州方出入之船伐申候、同前候、御領之分、堅可被仰付候、縦雖剪捕候、

聊対御方御等閑有間敷之候（ママ）、海上警固候者、雖仕損候、互同前候」とみえ、宮内・加治木・鹿児島・山川・坊之津へ出入りする船は島津方とみなして、これを制圧することを述べている（肝属三五〇）。本文書は肝付氏方のものであろう。

「島津方とみなして、これを制圧する」なる記述からすると、ここでは「警固」は敵対勢力に対するいわゆる海上封鎖として理解されている。

このように、史料E・Fについて提示した見解をみる限りでは「警固」に関する福島氏の理解は必ずしも明瞭ではないように思われる。たしかに、「海賊衆」の別名が「警固衆」であったことを想起するならば[19]、肝付氏関係の史料にみられる「警固」の両義性を想定すべきかもしれない。しかし、史料Eの「弓箭取相海陸共最中候之条、警固相調候」の部分は「条」なる文言に注意をはらうならば、「合戦最中でも船の警固を行っており」ではなく、合戦の最中なので「警固」していると判断すべきであろう。そして、この部分に続く「敵方到出入者、雖何方船候、堅相支可決勝負候」なる記述からすると、史料Eの「警固」も史料Fの「警固」と同義であり、史料E・Fはともに肝付氏が海上封鎖の敢行を交流のあった勢力に通知するために発給されたと理解すべきであろう。史料Fから判明するように肝付氏は広範囲にわたる海上封鎖を敢行していたのであり、永禄一一年当時もその一環として櫛間周辺を封鎖していたのである。そして、福島氏指摘のごとく、そこに長宗我部領浦戸の「土佐船」が通りかかり、「肝付氏の検問にかかった」のである。

では、この「土佐船」の目的地はどこだったのであろうか。史料Cの「至櫛間湊御領無出入之由」なる記述からすると、櫛間が目的地であったとは考えがたい。そして、そもそも「土佐船」の素性を肝付氏が把握していなかったから今回のような事件が発生したことからすると、その目的地は肝付氏と対立する島津氏の他の所領であったと考えるべきであろう――おそらく「土佐船」は志布志湾に流入する黒潮の影響で櫛間に迷い込んだものとみられる[20]――。この「土佐船」は、次の市村高男氏の指摘が示すように、長宗我部氏研究においては瞠目すべき存在である[21]。

ここで注目されるのは、永禄11年段階で浦戸に船籍を持つ「土佐船」が、志布志湾付近を通過していたことであり、この事実は、当時すでに浦戸から豊後水道を経て、大隅半島の先端《ママ》まで航海し、さらに南方へ向かう（または南方から戻る）「廻船」が現実に存在したことを明確に示したのであった。

市村氏も指摘するように、この「土佐船」の存在から永禄一一年段階つまり長宗我部氏の土佐統一以前から浦戸船籍の廻船が志布志湾付近を通過していたことが判明するのであり、その目的地は島津領であったと考えられる。つまり、永禄一一年には長宗我部領―島津領で土佐の廻船が往来していたのである。なお、「於自今已後者、廻船上下之舟、相互可有出入之事所希候」といった兼将の申し出からすると、永禄一一年以降に長宗我部領―肝付領で領主間協約のもとでの廻船往来が開始される可能性があった。しかし、後述の肝付氏と島津氏との関係や長宗我部―島津の交流からすると、これは実現しなかったと推測される。

こうした長宗我部領―島津領における「土佐船」の往来には、長宗我部氏が浦戸を当時掌握していたこと、元親家臣の江村親家に対して兼将が書状を送っていること、これらからすると長宗我部権力が関与していたと考えるべきであろう。ただし、長宗我部―島津の大名間協約のもとではなく、いわばあくまで民間レベルでの往来であったと考えられる。それは、長宗我部―島津の交流の端緒を示す次のような史料が存在するからである。

史料G[22]

雖未申馴候、令啓入候、仍其表之舟、去年従当津帰帆之刻、敵懸執候ツ、然処肝付殿累年之憚、如先規出頭之条、右之舟之沙汰堅申含候、然者在所取次、拙者相存之間、連々申通度心底候之儘、幸此舟之事進之候、到余国勿論

雖不致此扱候、貴邦之事者、廻舟彼是向後互為可申承、纔顕思慮候、万端期来信之時候、

「朱カキ」「天正四年」長宗我部（元親）宮内少輔殿

この書状（写）は差出書・年月日ともに欠いており、そのため管見の限りではこれに言及する研究はない。まず、差出書つまり発給者から検討してみたい。出典の『旧記雑録』では史料の所在などを示す原註は「義久公御譜中」となっており、島津義久関係の文書であることはまちがいない。「義久公御譜中」の原註が付された他の史料をみてゆくと概ね義久宛もしくは義久発給の文書である。よって、長宗我部元親宛の史料Gは義久発給文書と判断される。

次に年代を比定してみたい。「右之舟之沙汰堅申含候」なる箇所からすると、この当時は島津義久が肝付氏に命令をくだせる状況にあったことが判明する。肝付氏が島津氏に降るのは天正二（一五七四）年のことなので、[23] 年代の上限は天正二年となる。ここで、かつて肝付氏が島津氏と敵対していた状況を示す「肝付殿累年之憚」なる部分の「憚」の語義について補足しておきたい。

史料H[24]

菱苅殿之事、度々対御当家憚共候、先貴久様之御時、蒲生（範清）憚被申候、其砌、御帳〔張〕陣被成候処、菱苅（重豊）何程之分別にて候哉、向陣を被取候、乍勿論天道無疑、其陣驪而被切崩せ、菱苅究竟之人○衆数輩被討取せ候間、蒲生則御手裏参候、

これは『上井覚兼日記』天正二年一〇月五日条の記事である。覚兼が菱刈氏や蒲生氏の動向を説明するのに用いた「憚」なる言葉は文脈からすると敵対あるいは反逆といった意味と解してよかろう。「肝付殿累年之憚」とは肝付氏が島津氏と敵対していた状況を述べているのである。史料Gによれば、その肝付氏が「如先規出頭」したことが述べら

れている。前述のごとく肝付氏は天正二年に島津氏に降るのであるが、島津氏との関係は微妙だったようで、次の史料Ｉが示すように肝付氏当主の「出頭」は容易には実現しなかった。

史料Ｉ[25]

従肝付竹田山城入道笑我と云使者也、拙者意趣承候、趣者、三郎四郎(肝付兼亮)不堪之仁にて候つる間、出頭をも不申一返申候、然処、当肝付与一(兼護)と申候、是ハ麦生田道哲(忠能)養子として召置候を、御南(肝付兼続後室、島津忠良女)御分別以、肝付ニ御取立被成候、家中之人衆万々目出存候、既去十四日、出頭之日取を申、浄光明寺迄御案内申上候、

これは『上井覚兼日記』天正三年一二月二七日条の記事であり、肝付兼亮が島津氏に降伏したのち一度も「出頭」していなかった事実が知られる。一方、その兼亮にかわり擁立された兼護の「出頭」が一二月一四日と決定されていた事実も知られる。しかし、省略した同日条の記事によれば、伊東氏とのトラブルのためにこの「出頭」もまた実現しなかった。ただ、史料Ｇに「如先規出頭之条」とある以上、兼護の「出頭」がほどなく実現したことはまちがいない。その「出頭」実現の時期は、天正四年八月から兼護が島津方として日向攻撃に参加していること[26]、また天正五年春には島津氏が肝付氏から櫛間などを没収する——島津氏が櫛間を直接掌握する——こと[27]、これらからすると天正四年の前半と考えられる。よって、史料Ｇの発給年は「朱カキ」のごとく天正四年と判断するのが妥当であろう。

史料Ｇの冒頭に「雖未申馴候」とあるように、これ以前には義久と元親との交信はなかった。換言するならば、この史料Ｇの発給が大名権力としての長宗我部—島津の交流の端緒なのである。その契機となったのは、「其表之舟」つまり土佐の船を「敵懸執候」なる事件への対応であった。ここでいう「敵」とはかつて島津氏と敵対していた肝付氏にほかなるまい。その肝付氏は島津氏との抗争中は海上封鎖を敢行しており、こうした状況のもとまたも櫛間あるいはその周辺で土佐の船が「肝付氏の検問にかかった」のであろう。義久は当主兼護の「出頭」が実現したので「右

之舟之沙汰堅申含候」と述べており、これは「幸此舟之事進之候」なる箇所からすると拿捕した船の送還を肝付氏に命じたものと考えられる。[28]

では、今回送還される船の当初の目的地はどこだったのであろうか。史料Gには「去年従当津帰帆之刻」とあるので、それが島津領であったことはまちがいなく、義久の居所からすると「当津」は鹿児島であったと推測される。永禄一一年の段階において長宗我部領―島津領で土佐の廻船が往来していた事実をさきに確認したが、その往来は天正三年頃においても継続していたのである。こうした廻船の往来を前提にして、義久は元親に対して「廻舟彼是向後互為可申承」と肝付氏の「出頭」により勢力下においた櫛間などを経由する廻船往来を提案したのである。よって、大名間の協約のもとで長宗我部―島津の交易が開始されたと考えられ、経由地櫛間を天正五年春には島津氏が直接掌握したことからすると、これ以降さらに交易は進展していったと推測される。前述のごとく秋澤氏は土佐国高岡郡の商人・鉄砲鍛冶に関する所伝を指摘している。さらに、秋澤氏は天正一六年の長宗我部地検帳の所見をもとに浦戸に「日向細島からの来往者」がいたと推論しており[29]、この細島は天正六年一一月以降は島津氏の支配下にはいっていた。日向からの来往者や右の所伝の存在は長宗我部―島津の交易が継続しており、両者の関係が良好であったことを示していよう。次の史料もこうした両者の関係の証左となろう。

史料J[30]

此日善哉坊、去年長曽我部殿(元親)又ハ中国へ御座候　公方様(足利義昭)・毛利殿(輝元)へ使僧ニ被指登候、直ニかこ島へ被参、昨日帰宅之由候て被来候、長曽我部殿より拙者返書到来也、

この『上井覚兼日記』天正一一年二月二四日条の記事によれば、天正一〇年に島津家臣の覚兼から元親に書状が送付され、翌年には元親からの返事が覚兼のもとに届いていたのであり、長宗我部―島津の交信が確認される。

史料的所見は決して多くはないものの、天正四年以降に長宗我部―島津の関係は交易を通して良好であったと考えて大過なかろう。なればこそ、天正一四年八月の段階で長宗我部氏は豊臣政権の攻撃対象であるにもかかわらず島津氏に「大船」を進上したのである。

3　交易に占める櫛間の位置

本章で検討した土佐の船をめぐる事件は二度とも櫛間あるいはその周辺で発生していた。櫛間は長宗我部―島津の交易の経由地ともなったように、南九州の航路において重要な寄港地であったと考えられる。本節では、この点について、同地にかかわった諸勢力の変遷をおいつつ検討しておきたい。

先の史料Cにも「島津豊州方肝付弓箭取合」とあるように島津朝久と肝付氏は抗争をくりひろげていた。その大きな理由の一つは朝久の櫛間への執着であった。

史料K(31)

此日、従豊州(島津朝久)御申候也、使ハ新納意月斎(忠職)・柏原権介也、本田因幡守(親治)・拙者両人にて意趣承候、川内都名十町御給候、其御礼也、次ニ、頃肝付逆乱共候て、三郎四郎(肝付兼亮)退出被申候、去年彼方と御方和睦之砌、櫛間之事、御判形を居られ三郎四郎へ被下由、朝久へ御届共候ツ、本領之事候条、迷惑ニ存候て、菟角不承までに候通申上候ツ、然処、御判形頂戴申候三郎四郎ハ他出申候、爰よりハ、定而此方御下知法第にそ候すらん、然者櫛間之事本領候之条、朝久へ可被下之由也、即御老中へ申入候、達上聞候へと承候条、両人申上候、上意ニ、都名之御礼之御返事ハ、意得候て申候へ、次ニ者、櫛間之事、御申之条々委聞召被置候、肝付之事ハまきれぬ逆乱共出来候へとも、此方へ者無二の御奉公之由申候条、三郎四郎ハ退出候ても、肝付之家ハ未如此候、然者櫛間之事、当時御所望なとゝハ被仰かたき時分候、彼条ハ聞召被置候通にてそ候すらんと候也、此旨御老中へ申候、尤之上意之由候間、
先々両人にて返事、如右申候也、

これは『上井覚兼日記』天正三年一一月六日条の記事であり、傍線部からは肝付氏の「逆乱」すなわち内紛の発生、そしてこれと関連する櫛間に対する朝久の執着が知られる。肝付兼亮は島津氏に降伏したのちも「出頭」しておらず、その兼亮が肝付氏を「退出」することになった。この機をとらえて、朝久は櫛間を自身に与えてくれるよう義久に申し入れている。その櫛間は前年の降伏に際して肝付氏に与えられていた。しかし、その際にも朝久は不服を申し立てており、さらに今回も右のように義久に申し入れているのである。その論拠は櫛間が島津豊州家の「本領」だった点に求められている。

実際、豊州家は文明一八(一四八六)年に櫛間周辺を支配下におさめており、次の伊藤幸司氏の指摘によれば、これは同家が外交ルート上の重要な存在となる契機であった[32]。

島津忠朝は、文明一八年に守護の島津忠昌(奥州家)から日向国飫肥・櫛間地域を宛行われた島津忠廉(豊州家)の子である。油津や外浦など南九州東岸における海上交通の要港を押さえた島津豊州家は、早速、第一五次明応度の遣明船派遣時に幕府から警固命令を受けているように、外交ルート上の重要な領主であった。それ故、遣明船派遣をめぐって大内氏や細川氏からの接触があった。〔中略―津野註〕大内氏・細川氏双方から各々の遣明船への協力を期待された島津忠朝は、南海路経由の遣明船運航を左右する重要人物であったといえる。

櫛間周辺を掌握した豊州家は「外交ルート上の重要な領主」となり、当主忠朝は「南海路経由の遣明船運航を左右する重要人物」となっていたのである。右では油津・外浦が重要港としてあげられているが、若山浩章氏の指摘を紹

介し、櫛間もまた重要港であったことを確認しておこう。(33)

櫛間湊は串間市に所在する。永禄六(一五六三)年二月二十八日島津貴久は櫛間湊の天神丸の船頭日高但馬守に琉球渡海を許し(「島津貴久琉球渡海朱印状」『鹿児島県史料 旧記雑録後編1』二五〇号)、天正十(一五八二)年九月十七日には島津義久が福島湊〔櫛間湊―津野註〕の恵美酒丸船頭日高新介の琉球渡海を許している(「島津義久琉球渡海朱印状」『鹿児島県史料 旧記雑録拾遺家わけ三 町田氏正統系譜』二一六号)。櫛間は中世から琉球とのつながりをもっていた。Ⅱ―一―2の「交通の要衝飫肥」でもみたように、櫛間城跡から中国・朝鮮・タイ・ベトナムなどの陶磁器の遺物が出土しているが、これらもそうしたルートで流入していた可能性がある。

櫛間は南海路および南九州―琉球ルートの重要港なのであり、琉球はもとより中国や東南アジアにもつながっていたと考えられるのである。朝久と肝付氏はこの櫛間などの重要港が存在する櫛間地域の争奪戦を展開していたのであり、朝久が「本領」の論理にもとづいて櫛間領有に執着しているのは同地が重要港だったからにほかなるまい。史料Kの後半部分によれば、義久は朝久の申入を却下し、肝付氏の櫛間領有を認める判断をくだしている。ところが、天正五年春には島津氏は肝付氏から櫛間などを没収した。つまり、島津氏は豊州家あるいは肝付氏を介することなく、櫛間を直接掌握したのである。先の若山氏の指摘にもあるように、義久は天正一〇年に櫛間の船頭日高新介に対して「琉球渡海朱印状」を発給しており、島津氏はこの櫛間を琉球につながる交易港として実際に活用していたのである。

櫛間は南海路および南九州―琉球ルートの重要港なのであり、まさに諸勢力垂涎の地であった。それゆえ、この櫛間あるいはその周辺は土佐の船をめぐる二度の事件の舞台となったのであり、また櫛間は長宗我部―島津の交易の経由地ともなったのであろう。

4　元親宛書状（写）の史料的価値

本節では、南海路と長宗我部氏とのかかわりに関する事項のうち、史料的裏付けがえられているものを概観することで、本章で史料Gとして検討した元親宛書状（写）の史料的価値を確認しておきたい。

まず、長宗我部氏が土佐—畿内の航路として南海路を使用した例としては以下のような事項があげられる。天正四～五年の近衛前久の帰京に際する送迎。文禄の役に際する家臣の大坂からの土佐帰国[34]。慶長元（一五九六）年のサン＝フェリペ号事件に際する没収品の大坂への送付。慶長五年の長宗我部改易時の大坂への盛親「御供」の移動。これらのうち、近衛前久の帰京に関しては比較的史料に恵まれており、また土佐—九州の航路にもかかわる具体的な様相も判明するので、少し詳しくみておこう。

近衛前久は天正四～五年にかけて薩摩から帰京する際、土佐を経由している。その概要については次のような橋本政宣氏の指摘がある[35]。

〔近衛前久は—津野註〕肥後よりの帰途はおそらく阿蘇越えをしたのであろう、豊後府内に至る。ここにて大友宗麟・義統父子の懇切な接待を受け、かつ土佐への船の馳走になり、〔天正四年—津野註〕十二月十九日に豊後を出船したようである。土佐浦戸に入津し、この地にて長宗我部元親の接待を受けてしばらく逗留し、かつ兵庫までの船の馳走になる。不穏な状況の渡海ということで、警固船の随行もうけた。帰洛したのは、天正五年二月二十六日のことであった。

以下、この指摘の論拠となった諸史料を再検討してみたい。

史料L(36)

年内之儀者、可令抑留之由候へ共、連々如被存、従京都節々申下、可令帰洛之由候間、近日乗船之覚悟候、千万々々御残多次第、難忘候、向後弥不相替可申通候、於無疎意者、可為本望候、自然、至京都相応之儀、不可有如在候、猶貞知可申越候、かしく、

追而、手火矢之薬払底之刻、喜悦之至候、かしく、

芳札喜入候、誠今度者逗留中種々馳走、懇志共、祝着之至、更難尽紙面候、大友父子懇意之儀候、土州まて船之事、宗麟被申付候、かしく、

（折紙切封ウハ書）

「極月十六日　義陽（相良）　久（近衛前久）」

史料M(37)

（見返シ奥切封ウハ書）

「伊因（伊勢貞知因幡守）　□（前カ）」

空然へも、以書札可申候へ共、可然之様可被申候、如何様之事共候哉、御羨敷候、此方之徒然、可有推量候、舟之儀、明日返事あるへきよし、弥被相申可然候、舟之儀相定候者、定而近日可為乗船之条、余々残多次第候之間、空然并女房衆同道候而、それの御帰之時分、必々可有御出候、道標（蜷川親長）同前候、昼夜雑談共可申候、女房衆へも言伝申候、文にて可申候へ共、これ又被相意得可給候、猶々此方へ御帰之時分、空然両人并道標同道待入候、返々向後元親別而可申談候、於京都之儀、雖為何様之儀候、無二ニ令馳走、不可有

疎意候、此等之趣、可然之様、能々可被申達候、かしく、

昨日者、書中令披見候、

①一彼船之事、元親（長宗我部）弥無疎意馳走之由、誠寄（奇）特、頼母敷次第、難申尽候、空然被申談、可然様伝達肝要候、此舟於爰許も風聞、一段慥なる由候、至無表裏者、加様之舟之様なるハ有間敷候由申候、先以珍重候、如分別、一日も片時も急上洛申度候之条、此度無異儀之様、猶以元親へ能々可被申候、

②一従当国警固船之事、是又同心之様ニ候之由、令祝着候、淵底如被存、自薩州豊州迄送之儀、被申付候も、豊州ニハ六ヶ敷被存、更不入義与存、申留候、③又従豊州親貞（吉良）領内迄送之儀、可申付之由候而、既田近入（田原親賢）仁体申付候様ニ候へ共、不入事与存、達而令斟酌候、今度之儀も静謐之時分候者、被申付候て、可申留候へ共、外聞旁候之条、不及是非候、六ヶ敷事耳、所存之外候、能々伝説専一候、

史料Lは天正四年一二月一六日に近衛前久が相良義陽に送った書状である。続く、史料Mは出典の『大日本古文書蜷川家文書』によれば「次号文書ト筆蹟相同ジ」であり、その「次号文書」とはのちに史料Nとして掲げる近衛前久書状（案カ）のことである。よって、史料Mは前久が当時同行していた伊勢貞知に宛てた書状とみなしてよい。また、その年代については、『大日本古文書蜷川家文書』は「コノ文書、天正五年ノモノナルベシ」と判断しており、内容からすると前久は土佐滞在中なので、この判断にしたがうべきであろう。

史料Lの傍線部および史料Mの傍線部③からは、豊後から土佐の吉良親貞領までは大友氏が前久を送ったことが知られる。吉良親貞は長宗我部元親の実弟であり、天正二年から土佐西端の幡多郡中村に進駐していた[38]。地理的関係からすると、親貞領のうちでも豊後水道に面する幡多郡宿毛まで大友氏が送ったと推測される。当時の長宗我部氏の本拠地は土佐中央部の長岡郡岡豊であり、その外港にあたるのが史料Cにも登場する浦戸であった。幡多郡からその浦

戸まで前久を送ったのは親貞であったとみて大過なかろう。史料Mとくに追而書の内容からすると、土佐からの前久帰京に関して貞知が元親と岡豊で交渉にあたっていたようで、前久は浦戸で交渉の結果を待っていた。その交渉により、史料Mの傍線部①にあるように元親は前久帰京のために船を用意することを承諾している。また、史料Mの傍線部②にあるように元親は「警固船」もつけることを承諾しているが、「可申留候へ共、外聞旁候之条、不及是非候、六ヶ敷事耳」と漏らしているように前久としては「警固船」については必ずしも必要ないと考えていたようである。こうした交渉の結果、長宗我部氏は前久を浦戸から兵庫まで送ることになり、それが実現したことを示すのが次の史料である。

史料N[39]

今度至浦戸逗留中、種々馳走、懇意之儀共、殊更船之事、海上不通之刻、被申付之段、祝着之至候、無異儀、於兵庫令着津候、池隼人無油断令才覚候、別而可被加詞候、次船頭共令辛労候、何様自是重而可申候、猶委曲伊勢因幡守(貞知)可申越候之条、不能詳候也、

二月廿四日　　　　（近衛前久花押）

長宗我部信濃守(ママ元親)とのへ

これは前久が元親に送った書状——おそらく案——である。ここで前久は浦戸滞在中の馳走と同地からの船の手配に対する礼を述べるとともに兵庫に無事到着したことを報じている。ただ、前久が「海上不通之刻」と述べているように、阿波や讃岐を勢力圏に入れていなかった長宗我部氏は浦戸—兵庫の航路を自在に使用できる状況にはなく、橋本氏指摘のごとく「不穏な状況の渡海」であったとみられる。そのため、やはり橋本氏指摘のごとく「警固船の随行もうけた」のであろう、長宗我部水軍の「水将池隼人」[40]が同行していた[41]。

次に、土佐―九州の航路として南海路を使用した例としては以下のような事項があげられる。天正一四年の島津氏への「大船」進上。同年の島津氏攻撃に際する長宗我部元親・信親らの豊後渡海。慶長二年の朝鮮再出兵に際する長宗我部勢の豊後佐賀関への渡海。(42)

これまでみてきた事項は長宗我部氏の使用例であるが、秋澤繁氏は天正一六年の長宗我部地検帳の所見をもとに「堺の千一族・樽屋・塩屋・尼崎商人」が浦戸にいた事実を指摘しており、(43)また山内氏治世の御用商人として著名な播磨飾磨出身の高島氏（播磨屋）もすでに来住していたのであり、こうした畿内方面の商人も南海路を使用していたとみなされる。

南海路と長宗我部氏とのかかわりに関する事項のうち、史料的裏付けがえられているものを概観してきたが、史料的所見が豊富とはいえない状況が了解されよう。その傾向は土佐―九州に関してはとくに顕著であり、交易に関連する文書は皆無に等しいのである。よって、福島・市村の両氏が注目した史料Cもさることながら、本章で検討した史料Gすなわち元親宛義久書状（写）はきわめて貴重な史料といえよう。

おわりに

本章では江村親家宛薬丸兼将書状（写）に関する近年の研究をふまえつつ、元親宛義久書状（写）の検討を中心に考察をすすめてきた。最後に、この両書状に関する検討の結果をふまえて、長宗我部―島津の交流の意義を考えてみたい。

まず、長宗我部氏をとりまく政治的状況に着目して考えてみよう。戦国期土佐の西部は幡多郡中村を拠点とする一条氏の勢力圏であった。この一条氏は豊後大友氏や日向伊東氏との間に婚姻関係を結んでいた。一条兼定の母は大友義鎮（宗麟）姉妹であり、妻は義鎮娘、また兼定の姉妹は伊東義益（義祐嫡子）の妻となっていた。こうした婚姻関係について、市村高男氏は一条氏が「豊後水道西側から日向灘に至る海域での活動をより有利に展開しうる条件」と指摘している(44)。婚姻関係にもとづいて一条氏が交易など経済的な活動を展開したと想定されるわけだが、この婚姻関係は天正二（一五七四）年に長宗我部勢力によって追放された兼定が舅義鎮をたより豊後に渡り、翌天正三年に義鎮の援助をうけて渡川の戦いで失地挽回を目指した事実が示すように軍事的にも大きな意味を有していた。こうした一条―大友・伊東の協調関係を念頭においた場合、長宗我部―島津の交流については次のような意義が認められよう。

薬丸兼将書状によれば、長宗我部氏が土佐を統合する以前の永禄一一（一五六八）年の段階ですでに長宗我部領―島津領で「土佐船」が往来していた。これはいわば民間レベルでの往来であったものの、前述のごとく長宗我部権力が関与していたと考えるべきである。元親は天正三年に兼定を渡川の戦いで撃退し、同年土佐を統合した。かつて幡多郡を支配した一条勢力を完全に駆逐したことにより、長宗我部領―島津領の廻船往来は活発化したとみられ、こうした状況を前提として天正四年に発給されたのが元親宛義久書状であった。これによれば、義久は元親に対して櫛間などを経由する廻船往来を提案している。よって、天正四年以降には大名間の協約のもとで長宗我部―島津の交易が開始されたと考えられる。この交易は経由地の櫛間を天正五年春に島津氏が直接掌握したことで、さらに進展していったであろう。その島津氏は元親宛義久書状が発給された当時すなわち天正四年頃もそうであるが、かねてより伊東氏と対立していた。この対立関係や長宗我部氏と一条氏との対立関係、そして先にみた一条―大友・伊東の協調関係、これらからすると長宗我部―島津の交流は軍事的にはまさに遠交近攻策にあたる。さらに、長宗我部領―島津領の交易ルートには土佐西部の一条領、豊後大友領、日向伊東領を迂回しうる利点が存在した点も勘案した場合、長宗我部

―島津の交流には一条―大友・伊東の協調に対する軍事・経済の両面における対抗策としての意義が認められよう。[45]

次に、秋澤氏が指摘する長宗我部氏の「九州南海路への執心」に着目して、長宗我部―島津の交流の意義を考えてみよう。豊臣政権に服属した段階の長宗我部氏にとっては右でみたような対抗策としての意義は消失していたはずである。しかし、長宗我部氏は島津氏との関係を断絶せずにいた。それは、交易ルートの確保のためには島津氏との良好な関係を維持する必要があったからにほかなるまい。なればこそ、長宗我部氏は島津氏に「大船」を進上し、豊臣政権に対して面従腹背の姿勢をとっていた。この事実をふまえて、島津氏攻撃における長宗我部勢の動向を検討してみたい。

史料O[46]

長曽我部、是も二百計にて、にうの島《(豊後北海部郡丹生島)》ニ在由候、召烈候衆も、兵具等然々不帯、商人なと様の、無分者と聞得候由也、

これは『上井覚兼日記』天正一四年一〇月八日条の記事である。これによれば、秀吉の島津氏攻撃命令にしたがって豊後に渡海した長宗我部勢約二〇〇人は、「兵具」をしかるべく帯しておらず「商人」のような「無分者」たちであった。長宗我部氏の軍役人数は三〇〇〇人で固定されており、[47]右の約二〇〇人はあくまで長宗我部勢の一部とみられるので、兵数の多寡はおくとしても、その武装は不十分で「商人」のようにたわいない者たちだったのである。史料Bで確認したように秀吉が七月中旬の時点で長宗我部勢などの出撃を命じていたことからすると、長宗我部氏に時間的な余裕がなかったとは考えにくい。むしろ、長宗我部氏は「大船」を進上する関係にあった島津氏に対する攻撃に消極的であったと考えるべきではなかろうか。たしかに、一二月には戸次川の戦いで元親嫡子の信親が戦死する。しかし、戦闘開始前に元親は慎重論を唱えて、総攻撃を主張する指揮官仙石秀久を諭していたとされる。[48]よって、こ

の戸次川の戦いからは長宗我部氏が島津氏との交戦に消極的であったことがうかがえよう。

こうした長宗我部氏の島津氏攻撃における消極性は「九州南海路への執心」にもとづくものであろう。縷説のごとく、天正四年以降は大名間の協約のもとで長宗我部―島津の交易が開始されたと考えられ、この交易は天正五年春に島津氏が経由地櫛間を直接掌握したことでさらに進展していったであろう。この櫛間は南海路だけでなく南九州―琉球ルートにおいても重要な位置を占めていた。『長宗我部氏掟書』には「諸廻船之事、随分売買仕、当国住居之覚悟肝要之事」なる条文がある。(49)この条文が示すように、長宗我部氏は廻船による交易とともに廻船業者の土佐居住も奨励する政策をとっていた。『長宗我部氏掟書』は慶長元(一五九六)~慶長二年制定とされているが、この時点ではじめて右の政策が登場したのではなく、あくまで従来の政策を明文化したものとみなされる。実際、天正一六年の段階で浦戸には堺商人がおり、また島津領細島からの来往者もいたと推論されている。長宗我部氏はかねてより廻船による交易を発展させる政策をとっており、『長宗我部氏掟書』制定以降もそれを維持していたのである。その成功例の最たるものが前述の高島氏(播磨屋)の来住であろう。このような交易に対する政策からすると、「九州南海路への執心」はなみなみならぬもので、大名間の協約のもとで交易している島津氏との良好な関係は長宗我部氏にとって堅持すべき関係であったと考えられよう。島津氏への「大船」進上や島津氏攻撃における消極性にみられる長宗我部氏の豊臣政権に対する面従腹背の姿勢は、「九州南海路への執心」にもとづいているのである。

それほどに「九州南海路」による島津氏との交易が長宗我部氏にとって魅力的だったのはなにゆえであろうか。まさに想像を逞しくすれば、次のような状況が想定される。たとえば、本章で交易に占めた位置を検討した櫛間は南海路および南九州―琉球ルートの重要港で琉球はもとより中国や東南アジアにもつながっていたと考えられる。この櫛間のような国際交易港を島津氏は他にも有しており、その島津氏との交易は間接的にではあるが、国際交易に連なることを意味しよう。よって、長宗我部氏は島津氏との交易を通して対明交易・対琉球交易・対東南アジア交易に参入しえたと想定されるのである。長宗我部氏の立場にたってみれば、こうした国際交易への参入こそが長宗我部―島津の交流の究極の意義として認められよう。

ここで、長宗我部氏が国際交易に直接参入する可能性があった点について付言しておきたい。次に掲げる二つの史料は島津氏が豊臣政権に降伏した天正一五年の国分に関するものである。

史料P[50]

条々

（中略）

一去年、千石権兵衛(秀久)置目を破、不届働をいたし、越度を取候刻、長曽我部息弥三郎(信親)を討死させ、忠節者之事候間、為褒美大隅国――を長曽我部宮内少輔(元親)に為加増被下候条、長曽我部居候而能城に置、普請等申付、国之内に置候ハて不叶城を三ツも□□□、普請何茂申付、長曽我部に可相渡事、

（中略）

天正十五年五月十三日　御朱印

羽柴中納言(秀長)殿

史料Q[51]

猶々大隅之事、重畳侘可申心底候、事成間敷段必定存候、

防戦之成立依不覃是非、頓川内江差出相順迄候、然者厥表之儀等色々雖致侘候、隅州事ハ国分ニ而長宗閑(我)部被遣由堅被仰候、猶々可申理覚悟候へ共、迚可難成様子候、（中略）

義久（花押）

五月十六日

北郷入道《時久》殿

史料Pによれば、とくに信親戦死の忠節を理由に秀吉は褒美として大隅国を長宗我部氏に与える決定をくだしていた。また、史料Qによれば、島津義久もこの秀吉の決定が確固たるものであることを認識していた。すなわち長宗我部氏には島津領のうち大隅国を獲得する可能性が存在したのである。しかし、これは実現せず、大隅国は義久の弟義弘に与えられることになった。その理由について、平尾道雄氏は次のように述べている。(52)

元親は「戦功もなく、大隅の国を拝領すべきいはれなし」と辞退した。秀吉は「然らば近国に欠領あらばそれを補ふべし」と伝えたけれども、元親はそれをも辞退したと『南海治乱記』に記している。

このように元親が大隅拝領を辞退したとみる説が通説となっている。(53)しかし、その論拠は右にあがっている『南海治乱記』などの軍記物の記述である。史料Pに「為加増被下候」とあるように、長宗我部氏の大隅拝領は転封ではなくあくまで加増である。本章でみてきた「九州南海路への執心」も勘案するならば、長宗我部側が辞退したとは考えにくい。むしろ、史料Qにも「猶々可申理覚悟候」とあるように島津氏が豊臣政権と交渉した結果と考えるべきではなかろうか。大隅領有は同国に存在した国際交易港の支配も意味するのであり、島津氏が明・琉球などとの交易を従来どおり維持するためには大隅領有が是非とも必要であった。こうしてみると、長宗我部氏の大隅拝領が実現していたならば、「九州南海路への執心」を有していた同氏が国際交易に直接参入する可能性があったと想定されよう。なお、本章で検討した日向国櫛間は島津氏ではなく秋月種長に与えられてしまうのであるが、同じ志布志湾の大隅国志布志は義弘が獲得することになる。(54)

本章では、一通の元親宛義久書状（写）の検討を中心に考察をすすめ、南海路を介した長宗我部―島津の交流には一条―大友・伊東の協調に対する軍事・経済の両面における対抗策、長宗我部氏の国際交易への参入、これらの意義が存在したとみる私見を提示した。もとより、かかる私見は史料的裏付けに乏しく、いまだ想像の産物にすぎないかもしれない。擱筆にあたり、史料の渉猟とそれにもとづく実証が本章の今後の課題であることを銘記しておきたい。

註

（1）秋澤繁「『日本一鑑』からみた南海路」（『長宗我部元親・盛親の栄光と挫折』高知県立歴史民俗資料館、二〇〇一年）。
（2）小葉田淳『中世日支通交貿易史の研究』（刀江書院、一九六九年、初版は一九四一年）。
（3）『増補続史料大成蔭凉軒日録二』（臨川書店、一九七八年）。
（4）註（1）秋澤論文。なお、過書（写）は『高知県史古代中世史料編』（高知県、一九七七年）所収『土佐国蠹簡集』七五七号。
（5）『上井覚兼日記下』（岩波書店、一九五七年）天正一四年八月一八日条。
（6）秋澤繁・荻慎一郎編『土佐と南海道』（吉川弘文館、二〇〇六年）。
（7）『大分県史料（33）第二部大友家文書録（3）』（大分県中世文書研究会、一九八〇年）二〇九八号。
（8）藤木久志「豊臣九州停戦令と国分」（同『豊臣平和令と戦国社会』東京大学出版会、一九八五年、初出一九八〇年）。
（9）藤田達生「豊臣国分論（三）」（同『日本近世国家成立史の研究』校倉書房、二〇〇一年、初出一九九五年）。
（10）『鹿児島県史料旧記雑録拾遺家わけ二』（鹿児島県、一九九一年）所収「新編伴姓肝属氏系譜」三三二号。
（11）福島金治「戦国島津氏琉球渡海印判状と船頭・廻船衆」（有光友学編『戦国期印章・印判状の研究』岩田書院、二〇〇六年）。
（12）「新編伴姓肝属氏系譜」三三二号。
（13）史料Cの『当永禄十一年戊辰』なる記載は、出典『鹿児島県史料旧記雑録拾遺家わけ二』が「新編伴姓肝属氏系譜」の底本として採用した東京大学史料編纂所架蔵謄写本をみる限りでは異筆である。あくまで謄写本なので、異筆が謄写本作成の段階のものか、それ以前からあったものか判断しかねる。こうした点を考慮して、福島氏もあえて慎重に年代を比定したのであろう。

(14)『日本国語大辞典第二版第六巻』(小学館、二〇〇一年)。
(15)『上井覚兼日記上』(岩波書店、一九五四年)天正二年一二月二三日条。
(16)本書第三章において「家老」について考察しているものの、長宗我部権力の「家老」に関する史料はきわめて乏しく、史料Cは長宗我部氏の「家老」研究においても貴重な所見となろう。
(17)「新編伴姓肝属氏系譜」三四五号。
(18)「新編伴姓肝属氏系譜」三五〇号。
(19)桜井英治「山賊・海賊と関の起源」(同『日本中世の経済構造』岩波書店、一九九六年、初出一九九四年)参照。
(20)茶圓正明・市川洋『黒潮』(春苑堂出版、二〇〇一年)。
(21)市村高男『海運・流通から見た土佐一条氏の学際的研究』(科学研究費補助金(基盤研究C)研究成果報告書、二〇〇八年)。
(22)『鹿児島県史料旧記雑録後編一』(鹿児島県、一九八一年)八三五号。
(23)註(11)福島論文、日隈正守「島津氏の領国形成と九州制覇」(原口泉・永山修一・日隈正守・松尾千歳・皆村武一『鹿児島県の歴史』山川出版社、一九九九年)参照。なお、根拠となる史料としては天正二年(月日欠)肝付兼亮起請文案(「新編伴姓肝属氏系譜」三七二号)などがあげられる。
(24)『上井覚兼日記上』天正二年一〇月五日条。
(25)『上井覚兼日記上』天正三年一二月二七日条。
(26)「肝付氏略伝」(『鹿児島県史料旧記雑録後編一』八七六号)。
(27)「忠元勲功記」(『鹿児島県史料旧記雑録後編一』九〇六号)。
(28)今回送還される船は史料Cに登場する「土佐船」のこととみられなくもない。しかし、永禄一一年と天正四年との間には八年の懸隔があり、また史料Cに示されている肝付氏の「土佐船」への対応からすると拿捕したままだったとは考えにくいので、別の船であるとみなされる。
（29）註（6）秋澤・荻編著。
（30）『上井覚兼日記上』天正一一年二月二四日条。
（31）『上井覚兼日記上』天正三年一一月六日条。
（32）伊藤幸司「大内氏の琉球通交」（『年報中世史研究』第二八号、二〇〇三年）。
（33）若山浩章「海に生きる」（安藤保・大賀郁夫編『高千穂と日向街道』吉川弘文館、二〇〇一年）。
（34）拙稿「長宗我部氏から山内氏へ」（小島毅編『義経から一豊へ』勉誠出版、二〇〇六年）。
（35）橋本政宣「近衛前久の薩摩下向」（同『近世公家社会の研究』吉川弘文館、二〇〇二年）。
（36）『大日本古文書相良家文書』五八八号。
（37）『大日本古文書蜷川家文書』八一八号。
（38）通説では親貞は天正四年七月に死去したとされており（『高知県人名事典新版』〈高知新聞社、一九九九年〉など）、その根拠はおそらく系図類と思われる。しかし、「天正五年六月吉日」付幡多郡入野八幡宮棟札に「吉良播磨守平親貞」の名が確認され（『土佐国蠹簡集』三九八号）、この所見をもとに『土佐国蠹簡集』の編者奥宮正明は長宗我部系図を同書に所収する際に「四年当作五年世伝恐誤也」との見解を示している（『土佐国蠹簡集』二二二号）。よって、むしろ史料Mは親貞が天正五年の段階でも存命であったことを示すあらたな根拠として評価すべきであろう。
（39）『大日本古文書蜷川家文書』八一九号。
（40）註（6）秋澤・荻編著。
（41）戦国大名の水軍の多くは「海賊」を出自としており、「水将池隼人」もまた同様ならば、瀬戸内にみられる「上乗」の慣行が浦戸—兵庫の海域にも存在していた可能性が想定される。「海賊」「上乗」については註（19）桜井論文参照。
（42）本書第五章参照。
（43）註（6）秋澤・荻編著。
（44）註（21）市村報告書。

（45）前述のように近衛前久の上洛に際しては大友氏と長宗我部氏（吉良氏）との連携がみられたのは、前久が「日薩和睦」のために下向した和平の使者だったからであろう（註（35）橋本論文参照）。
（46）『上井覚兼日記下』天正一四年一〇月八日条。
（47）秋澤繁「豊臣政権下の大名石高について」（同編『戦国大名論集15長宗我部氏の研究』吉川弘文館、一九八六年、初出一九七五年）によれば、豊臣期における長宗我部氏の軍役は三〇〇〇人で固定されていた。
（48）山本大『長宗我部元親』（吉川弘文館、一九六〇年）。
（49）『長宗我部氏掟書』（『中世法制史料集第三巻武家家法Ⅰ』岩波書店、一九六五年）七〇条。
（50）『大分県史料（33）第二部大友家文書録（3）』二二四九号。
（51）『鹿児島県史料旧記雑録後編二』（鹿児島県、一五八二年）二九〇号。
（52）平尾道雄『長宗我部元親』（人物往来社、一九六六年）。
（53）たとえば、中野等「豊臣政権と国郡制」（『宮崎県地域史研究』一二・一三号、一九九九年）なども註（52）平尾著書に依拠して元親辞退説を踏襲している。
（54）註（53）中野論文など参照。

第九章　安国寺恵瓊の虚像と実像

はじめに

一六世紀に来日したルイス＝フロイスは日欧の聖職者を比較して、「われわれの間ではどんな場合でも修道士が王侯や領主の伝令となって行くことはない。日本の殿 Tonos は坊主らを伝令としてまた戦争の武略 buriaqos として使う」(1)と述べている。当該期の政治史研究にかかわっている者なら誰しも、まっさきにこの坊主の具体例として安国寺恵瓊を想起することであろう。岩波文庫の解説も、やはり「毛利氏や秀吉に用いられた安国寺恵瓊などとくに有名である」としている。

この恵瓊に言及する研究は、本章で取り上げる諸論考をはじめとして膨大な量にのぼる。ところが、これらの研究は大きく隔たった二つの恵瓊像を提示してきた。その一つは秀吉から知行を与えられた豊臣政権下の一大名とみる見解で、もう一つは毛利権力の中枢を構成した年寄とみる見解である。前者の大名説は早くも二〇世紀初頭には登場して現在通説となっているが、とりわけ豊臣政権の対大名政策を考察した研究に継承されている。これに対し、後者の年寄説は一九七〇年代の登場以来やはり通説化しているが、とりわけ戦国〜豊臣期の毛利権力の支配体制を考察した研究に継承されている。いわば二つの恵瓊像がそれぞれ一人歩きをする状況が続いているのである。この状況は双方の研究の間で十分に議論がなされていないことを示しており、その点でも深刻である。しかし当面の課題として憂慮されるべきは、大名説を継承した前者の研究が豊臣政権や毛利権力の像を構築しつつあることである。なぜなら、本章で明らかにしてゆくように恵瓊は大名ではないのであり、ただ単に一人物の誤った像を継承しているのみならず、そのことを前提として提示された豊臣政権や毛利権力の像にも歪みが生じる結果になっているからである。

こうした状況が放置されてきた原因は、政治に深くかかわっていた僧侶に対する考察を好事家的なものとみなしてきた歴史学の姿勢にあるのではないだろうか。しかし、なにゆえ政治の舞台に僧侶が登場するのかという問題は、個々の政権の構想ともかかわる根本問題であり、その説明を放置したままでは、政治史に関する考察は不十分であろう。本章ではこうした問題意識の上にたち、諸先学の見解を検証しつつ安国寺恵瓊の実像を求めてゆくが、かかる作業を通じて、豊臣政権や毛利権力の支配体制が有していた特質も指摘したい。

1 恵瓊大名説

本節では恵瓊大名説を検討するが、それに先立ち恵瓊研究の集大成ともいうべき河合正治『安国寺恵瓊』(2)を参考に、恵瓊の僧侶としての経歴を一瞥しておきたい。恵瓊は安芸国銀山城主武田信重の子息で、天文一〇(一五四一)年に毛利氏によって武田氏が滅ぼされた際、東福寺末寺の安芸国安国寺に入った。天文二二年、彼は同寺の住持であった竺雲恵心の弟子となり、字を瑶甫、諱を恵瓊とする。天正七(一五七九)年に法兄の真渓円侃から東福寺塔頭退耕庵の庵主を譲られた恵瓊は、慶長三(一五九八)年には同寺の住持に就任、さらに慶長五年には南禅寺住持の公帖をうけている。その一方で恵瓊は、遅くとも永禄一二(一五六九)年には安国寺の住持に就任し、生涯を通じて兼住していた。そのため恵瓊は「安国寺」「西堂」などと称されている。(3)このような経歴は、師恵心や法兄円侃のそれと比較しても順当なもので[4]、恵瓊が一貫して臨済宗の僧侶であったことが確認される。

さて恵瓊に言及する論考は一九〇〇年代初頭にみえはじめるが、それらはいずれも右のような僧侶としての経歴をふまえながらも恵瓊を大名とみなしている。天正一〇年、織田軍指揮官の秀吉と毛利氏は備中で対峙していたが、六月に本能寺の変が勃発、恵瓊の画策によって両者は高松城講和を結んだ。藤浪健二氏は、秀吉がこの画策を賞して「伊予六万石」を恵瓊に与えたとみた[5]。藤浪氏は恵瓊が大名であるとは明言していないが、右の講和以降も秀吉―毛利間で仲介にあたっていた恵瓊の行為を評価した渡辺世祐氏は「秀吉も大に之を徳とし伊予に於て六万石を食ましめた位に用ゐられました、即ち僧徒より立身して大名となりましたのです[6]」と、恵瓊大名説をはじめて明確に提示した。上村閑堂氏もやはり恵瓊を「六万石の大名」とみなしたが[7]、注目されるのはその論拠として『廃絶録[8]』の所見をあげていることである。藤波・渡辺の両氏も依拠したとみられるこの所見は、大名説の有力な論拠として以後も重視され続ける。こうして生まれた大名説は一九五〇年代の研究にも継承されてゆき、辻善之助氏も恵瓊を「僧侶といはんよりは寧ろ一大名である[9]」と評した。そしてこの一九五〇年代末に、現在の研究に大きな影響を与えている河合正治『安国寺恵瓊』が発表されたのである。史料を博捜したこの著書の発表により大名説は通説化したといってもよいが、しかしその主張には少なからぬ疑義を提示せざるをえない。以下、河合氏による恵瓊大名説の根幹をなす家臣と大名領の存在について検討してみたい。

まずは家臣の存在についてであるが、その例として五名があげられている[10]。慶長五年、恵瓊は関ヶ原合戦の前哨戦にあたる伊勢国津城の攻防に参加したのち、頸注文[11]を大坂城の増田長盛・堅田元慶（輝元家臣）に送ったが、そこには竹井惣兵衛・植木五郎兵衛尉・平川新蔵・裳懸福寿の四名が「安国寺与力」として記されている。この所見に注目した河合氏は、ここには記載されていない北村五郎左衛門も含めて五名を「安国寺与力衆」と命名して、彼らは「恵瓊の領国内で知行を与えられていた」とも、「恵瓊の旗本である」とも述べている。しかし一般的にいって、与力とは加勢もしくは助勢する者のことであり、必ずしもその統率者と主従関係にあるわけではなく、このような理解には無理があろう。では「安国寺与力」とはいかなる存在なのであろうか。『佐々部一斎留書』[12]には、「彼（恵瓊―津野註）の与力の粟屋平右衛門、上野保庵」ならびに「安国寺組の内、粟屋平右衛門、上野保庵」という記述がある。よって、「与力」とは「組の内」の者であることはまちがいないが、ならばこの「組」とはいかなるものであろうか。

慶長期の毛利氏では、豊臣政権から課される軍役・普請役の内容に応じて家臣が組に編成されていた。この組については加藤益幹氏の研究[13]とそれを批判的に継承した中西誠氏の研究[14]がある。両者の間には組編成に血縁関係などの要素を認めるか否かをめぐり見解の相違もみられるが、いずれにしても組頭と構成員の間に主従関係が存在したとは主張していない点で一致している。恵瓊はこの組頭を、慶長二年の慶長の役出兵、同四年の大坂普請、年未詳の塀普請でつとめているのであるが、こうした経緯よりするならば、『佐々部一斎留書』の「安国寺組」もまた恵瓊を組頭として毛利氏家臣により編成された組と判断される。上野保庵については未詳であるが、粟屋平右衛門は毛利氏から長門国豊東郡で給地を与えられているので[15]、毛利氏家臣であることは明らかである。

以上より、頸注文の「安国寺与力」とは「安国寺組の内」の者であり、津城の攻防において恵瓊が組頭として率いていた毛利氏家臣と判断される。事実、竹井惣兵衛は備中国上房郡で、平川新蔵は備後国神石郡で、それぞれ毛利氏から給地を与えられているので[16]、両人が毛利氏家臣であることは明らかで、他の二人も同様であると考えるのが自然であろう。よって、頸注文の所見は、竹井惣兵衛ら四名が「安国寺組」に編成された毛利氏家臣であることを示しているのであり、むしろ彼らが大名恵瓊の家臣ましてや「旗本」などではないことを明示しているのである。

さてもう一人の北村五郎左衛門は頸注文に記載されておらず、河合氏のいう「安国寺与力衆」になにゆえ加えられたのかは不明であるが、天正一五年の肥後一揆に加担した辺春親行が切腹に際して恵瓊に託した子息で、やがて恵瓊の従者となり武名を馳せたとする『陰徳記』[17]の所見を河合氏はあげている。彼については『佐々部一斎留書』にも所見がある。それは、関ヶ原合戦に際して石田三成と結託していた恵瓊が、輝元同意の実否をめぐって熊谷元直・益田元祥により詰問されていたおり「安国寺内北村五郎右（ママ）衛門と申す一老」が「御両所の御口上はや相聞へ候。只今御切腹候へ、介錯仕るべしと申し罷り出で」たというエピソードである[18]。また同書は、合戦後の恵瓊逃走劇について「北村五郎左衛門、小姓の少次郎只二人相届け候」とも記している[19]。してみると、北村五郎左衛門は恵瓊に諫言もしうる、またその最期までしたがう忠実な恵瓊の家臣であると考えられる。「安国寺内」は「安国寺組の内」の意ともとれるが、恵瓊が湯原元綱（毛利氏の外様家臣）に宛てた書状[20]に「北　五郎左所まて御細書令披見候」とあることよりすれば、彼は「安国寺与力」とは異質の存在で、恵瓊の家臣であるともみられる。ただ右の書状では、文禄の役に出陣中の元綱父子の帰国と子息元経の官途について帰国した輝元に取り成す件が述べられているので、恵瓊大名説にとってその内容は否定的な材料となる。

恵瓊にも北村五郎左衛門という家臣がいた可能性はあるが、しかし竹井惣兵衛・平川新蔵は「安国寺組」に編成された毛利氏家臣であることは明らかで、植木五郎兵衛尉・裳懸福寿も同様であると考えられる。河合氏が一次史料を論拠として「安国寺与力衆」と命名した者は、いずれも恵瓊の家臣とはみなされないのである。よって、恵瓊が大名として家臣を有していたとする説は甚だ脆弱な根拠しかなく、疑わしいものであるといえよう。

次に大名領の存在について検討するが、河合氏の主張は以下の三点に要約される[21]。①天正一三（一五八五）年の四国国分の段階で「恵瓊は隆景に給与された伊予一国の内で二万三千石の地を分与され」、②同一五年の九州国分の段階で「伊予の領国はもとのままであったが、北九州の隆景の手前から三千石が与えられ」、③慶長五（一六〇〇）年の没収の段階で伊予の領国は「六万石になっていた」。①の論拠は『陰徳記』[22]、③のそれは前述の『廃絶録』であり、ともに編纂物でしかも後者には誤謬がままみられるので、これらの記述を軽々に信頼することはできないが、ただまったく荒唐無稽なものとも考えにくい[23]。これらの編纂物は恵瓊が住持であった安国寺の寺領を大名領と誤認したものと思われるが、こうした混乱は②にかかわる河合氏の理解にもみられる。②の論拠は天正一九年三月一三日付の小早川隆景宛秀吉朱印知行目録[24]であり、そこには「一　参千石　安国寺」と記載されており、一見すると大名領の存在を証明する有力な証拠にみえる。しかし、この所見についての河合氏の理解には齟齬がみられるのである。大名領とは別に、寺領が存在したと考えた河合氏は、その根拠として次の史料をあげている。

史料A　天正一九年三月一三日付安国寺宛秀吉朱印知行目録[25]

知行方目録之事

拝領分

一　五千石　伊与国和気郡内

一　千五百石　豊前ニテ黒田甲斐守（長政）領内ヨリ

一　五百石　豊前ニテ毛利壱岐守（吉成）分領内ヨリ

一　三千石　於筑前隆景手前より

合壱万石

一　千五百石　輝元手前より

都合壱万千五百石

右領知方全可知行者也

天正十九年三月十三日　○（秀吉朱印）

安国寺

この史料をもとに河合氏は次のように述べている。[26]

> この知行目録は宛先が安国寺となっており、寺宛ではなく恵瓊自身に与えられたものともとれないことはないが、この文書が現在まで寺に伝来してきていること、その他の理由で寺に与えられたものと考えたい。

恵瓊個人宛の文書も寺に伝来している以上、明示された理由は説得力に欠けるものである。先の小早川隆景宛秀吉朱印知行目録とこの史料Aがまったく同時に発給されていること、また数値が完全に一致していることからも、前者の「一　参千石　安国寺」と後者の「一　三千石　於筑前隆景手前より」は同一の知行とみるのが自然であろう。史料Aの知行を寺領と考えるならば、隆景宛知行目録のそれも寺領と考えるべきであろう。河合氏の主張のうち①③はその論拠となっている史料の信憑性に問題があり、②は一次史料を論拠としているが、その理解には齟齬がみられるのである。

ところで、史料Aの知行を大名領とみることも不可能ではなく、①③の存在を裏付ける確証として史料Aをあげる『愛媛県史』[27]の見解は注目されるが、石高の大きな変動について納得のできる説明がなされていない。あるいは河合氏がいう「その他の理由」とは、このことだったのかもしれない。史料Aは最大で六万石にも達する大名領の存在を直接裏付ける史料ではない。もっとも、編纂物は実在した大名領の規模を誇張したとの推測も成り立ち、いまだ史料Aには証拠能力が残されてはいる。その意味で大名領の存在は完全に否定されたわけではなく、また独立した大名としての家臣とは考えにくいものの、恵瓊にも北村五郎左衛門という家臣が存在した可能性もあるので、大名説は完全に否定されたわけではない。

そこで別の視点から、恵瓊大名説に対する反証をあげてみたい。まず、文禄の役に動員された西日本の大名の兵力を示す「陣立書」には恵瓊に関する記載が見当らないことである[28]。恵瓊も実際に渡海しているのであるから、動員をうけた四国・九州などで最低でも一万一五〇〇石の知行を有している大名ならば「陣立書」にその兵力が記載されていてしかるべきであろう。次に、恵瓊には継嗣がいないことである。生涯を通じて臨済僧であった恵瓊は妻帯しておらず、実子は当然いなかったわけで、かつ養子をとった形跡もない。家名の存続に窮極の意義を見出だす日本的なイエの思想からすると、恵瓊が大名ならば彼にも継嗣が用意されていてしかるべきであろう。これらの反証に関する説得的な説明がなされない限り、わずかに可能性の残されていた恵瓊大名説も認めるわけにはいかない。

2　恵瓊大名説の継承

前節では恵瓊大名説が認められないことを示したが、この説は現在も通説の地位を占めており、豊臣政権の対大名政策を考察した昨今の研究にも継承されている[29]。本節では、この大名説を踏襲する研究が提示した豊臣政権や毛利権力の像を検討してみたい。

秀吉による中国・四国の国分を武力征服とみた藤田達生氏は、国分にしたがった大名の自立性について、毛利氏を事例に「秀吉とのパイプ役をはたしていた小早川隆景や安国寺恵瓊が、独立した大名に取り立てられ」たことが、①「毛利氏権力の豊臣政権に対する弱体化につながらないであろうか」と展望している。さらに、恵瓊を「秀吉側近の豊臣大名」と判断した藤田氏は、②「秀吉は、国分を通じて戦国大名の部将層で有能な人物を積極的に登用することによって、大名の力を削ぐとともに、彼らに君臨しうる強力な家臣団編成をおこないえたのであった」とも展望している。[30]両川体制を支えていた隆景の独立化に着目した場合には①②のような展望も妥当であろうが、恵瓊も事例としている点は問題であろう。なぜなら、恵瓊大名説が認められない以上、恵瓊を「秀吉側近の豊臣大名」とみなすことはできず、こうした恵瓊像をもとに秀吉の政策に対する評価を②のごとく導くべきではないし、①のような毛利権力と豊臣政権との関係も導くべきではないからである。また①と関連して、③「反面、国分の完了した地域の大名が、豊臣権力を背景として、かつてないほどに強固な領国支配を展開したことも重要で」、「毛利氏や長宗我部氏が、この時期になってはじめて全領国規模での検地を実施しえたことが、それを如実に物語っているであろう」とも展望している。こうした見方も大筋では認めてよいが、しかし問題となるのは毛利領国の検地を主導していたのが恵瓊であった事実との関係である。じつは、後述のごとく恵瓊は毛利権力の一員として検地を主導していたのであるが、もし豊臣大名として主導していたと判断したのであれば、③にも①②と同様の問題がある。またそう判断したのではないならば、③と①②との間には齟齬が生じることになろう。

さて、豊臣政権の対大名政策を研究するにあたり秀吉―大名間の交渉を担った「取次」は最近欠くことのできない考察の対象となっている。[31]その「取次」について山本博文氏は、「戦国大名たちは、秀吉に伺いを立てるときは安国寺のような有力な側近を介してしか通信を行うことができなくなった。秀吉もそのような存在を認め、かれらを「取次」としてなかば公的な役割を与えていた[32]」と述べている。天正一五年五月、秀吉は川内泰平寺で会見した島津義久に薩摩を安堵し、その弟義弘には大隅（肝付一郡は伊集院忠棟）を新恩として宛行ったが、二六日付朱印状[33]であらためて義弘らの所領を安堵、同時に抵抗を続ける北郷時久に対する方針も伝えた。山本氏は、この朱印状を例に「「猶、安国寺・石田治部少輔申すべく候也」とあり、かれらは連署で朱印状の意図を補足する添状を発給するのである」と「取次」の役割を説明し、「島津氏への取次は、当初安国寺恵瓊と石田三成があたった[34]」と判断している。「取次」とは「諸大名への命令伝達や個々の大名を服属させ後見するといった諸機能を果たし、かつそのような役割を公的に認められ期待される政権の最高級メンバー」「豊臣政権の公的な職制」であるという山本氏の定義からすると[35]、豊臣政権に占めた位置からして三成が秀吉—島津間の「取次」であったことはまちがいないが、恵瓊もそうであろうか。氏の定義よりするならば、氏が恵瓊を「取次」と判断したのは、恵瓊を秀吉の「有力な側近」とみなしたからであろう。そしてその前提は、「毛利氏から自立して大名となった[36]」との発言からも明らかなように、恵瓊大名説であると考えられる。しかしこの説はすでに否定されたのであり、当然の帰結としてこれを前提とした「有力な側近」さらには「公的な職制」としての「取次」とみる見解にも修正が必要となってこよう。よって、恵瓊を事例として山本氏が定義した豊臣政権の「取次」を論じるべきではないと考えられる。

ところが先の朱印状によれば、恵瓊が秀吉—島津間の「取次」三成と共通する役割を果たしていたことは事実である。こうした点から注目されるのが、次の二つの史料である。

史料B　（天正一五年）一〇月二一日付恵瓊宛秀吉朱印状[37]

肥前国松浦肥前守（鎮信）・同道嘉・大村・波多・有馬・草野・宇久此者共事、小早川・其方両人一左右次第、何之口へ成共、無緩可相動旨、被遣朱印候、猶以堅可申触候也、

十月廿一日　○（秀吉朱印）

安国寺

史料C　（天正二〇年）四月二八日付毛利輝元宛秀吉朱印状[38]

（前略）名護屋へ御着座候へハ、片時も急御渡海有度候条、各手前舟有次第、艪奉行相添、至名護屋可差越候、（中略）、此時にて候間、少も於由断者、不可有其曲候、委細安国寺西堂（恵瓊）・寺沢忠次郎（正成）両人申含遣候、（後略）

吉川弘文館 新刊ご案内

●2012年1月

〒113-0033 東京都文京区本郷7丁目2番8号
電　話 03-3813-9151（代表）
ＦＡＸ 03-3812-3544
（表示価格は５％税込
振替 00100-5-24

変革の先にあるものは何か。あるいは変革はできるのか。
現在の政治システムの歴史的背景を探り、今後を展望する！

現代日本政治史 全5巻

●第1回配本

②独立完成への苦闘 1952—1960

池田慎太郎著

一九五二年、講和条約発効により日本の独立が回復した一方、日米安保条約により米軍の駐留が継続された。国交・領土・基地をめぐる米・ソ・中などとの外交と国内政治から、「独立完成」を目指す吉田・鳩山・池田・岸ら政治家の苦闘を追う。

二三八頁／一八九〇円

刊行開始

未曾有の変革期にある日本政治。二〇〇九年の政権交代後、「改革」の多くが壁にぶつかるなど混迷が続いている。日本政治は今後いかなる道を進むのか。現在の政治システムの歴史的背景を探り、政治の在り方と今後を展望する。

四六判・平均二七六頁
『内容案内』送呈

◆続刊書目

①占領から独立へ 1945—1952　楠 綾子著
③高度成長と沖縄返還 1960—1972　中島琢磨著（2月刊）
④大国日本の政治指導 1972—1989　若月秀和著（2月刊）
⑤「改革」政治の混迷 1989—　佐道明広著

http://www.yoshikawa-k.co.jp/

変わる、近世史。

惣無事令の否定・徳川家の代替わり・近世の天皇・幕政改革・開国・明治維新…。最新の研究成果を盛り込んだ、新しい通史！

【企画編集委員】藤田　覚・藤井讓治

四六判・平均二七〇頁／『内容案内』送呈

日本近世の歴史

全6巻 刊行中

信長・秀吉・家康の時代から西南戦争まで、政治の動きを中心に、最新成果に基づいて描き出す通史。徳川家の代替わりや幕政改革・開国など、平易な記述と豊富な図版や年表による立体的編集により、新たな歴史の捉え方を示す。隔月に1冊刊行中

❶天下人の時代

藤井讓治著

信長・秀吉・家康、そして秀忠へ…。〝天下人〟がめざした〝近世〟のはじまりを鮮やかに描き出す。〈発売中〉

❷将軍権力の確立

杣田善雄著

2940円

強権を発動し幕府の政治・軍事組織、鎖国体制を完成する三代将軍家光。島原の乱と寛永飢饉。牢人とかぶき者。幼少の四代将軍家綱。「神国」の威光と虚構のもとに内外の秩序が確定し、将軍権力が確立していく過程を描く。（第2回配本）

続刊書目

❸綱吉と吉宗（2月刊）……深井雅海著
❹田沼時代……藤田　覚著
❺開国前夜の世界……横山伊徳著
❻明治維新……青山忠正著

志士・政治家・文化人・軍人・学徒兵・農業経営者・留学生…。

さまざまな人びとが書き綴った激動の近代史！

日記に読む近代日本 全5巻

好評刊行中

史料であるとともに、興味ある読み物でもある日記。激動する幕末─第二次大戦期に各界各層の人々が綴った日記の魅力とそれを書いた人々の生涯を紹介。日記原文を読み、自らが近代日本を考える楽しみに誘うシリーズ！

四六判・平均二七〇頁／『内容案内』送呈

●第2回配本

⑤アジアと日本

武内房司編

二八六頁／3045円

帝国主義の時代、アジアと日本のはざまで活動し交流を深める人たちがいた。竹内好・河口慧海をはじめ、人類学者、実業家、アジア人留学生…。民間レベルの外交に活躍した人々に光をあて、知られざる波瀾の生涯を描き出す。

④昭和前期

土田宏成編

〈発売中〉二八〇頁／3045円

昭和恐慌から戦争へ、人々はどのような思いを抱きこの時代を生きたのか。木戸幸一・林芙美子・古川ロッパ、学徒兵や女子挺身隊員らの日記を紹介。さまざまな生き方が綴られた日記から、激動の昭和前期を描く。

続刊書目

①幕末・明治前期……井上　勲編

②明治後期……千葉　功編

③大　正（2月刊）……山口輝臣編

対日宣伝ビラが語る太平洋戦争

土屋礼子著

敵軍の士気低下をはかり投降を促すべく、制作し撒布された戦時宣伝ビラ。連合国軍が撒いた対日宣伝ビラは、戦時メディアとしていかなる効果を発揮したのか。対日心理戦の実像に迫り、戦時プロパガンダを読み解く。Ａ５判・二八〇頁／二四一五円

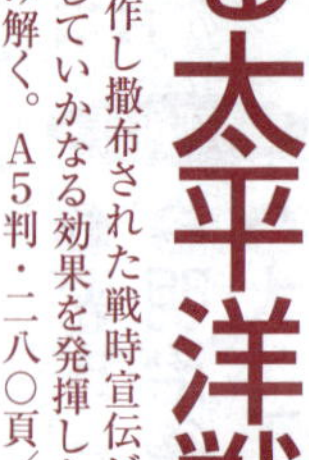

小熊英二氏（慶應義塾大学教授）推薦

皇軍兵士とインドネシア独立戦争

ある残留日本人の生涯

林　英一著

二三一〇円

戦後もインドネシアに残り、オランダからの独立戦争に参加した日本人の中心人物「フセン」藤山秀雄。現地での聞き取りと自らの半生の記録から、両国の架け橋として生きた戦後を重点に描き、現代史に新たな光をあてる。

四六判・二〇四頁

多胡碑《たごひ》が語る 古代日本と渡来人

土生田純之・高崎市編

四六判・三〇〇頁・原色口絵四頁／二九四〇円

「昔を語る多胡の古碑」と上毛かるたに詠われる多胡碑。その歴史的背景を探り、律令時代前史の渡来人や東国古墳の実態を追究。最新の考古学成果を取り上げ、古代上毛野地域特有の文化に迫る。散策に便利な現地遺跡ガイド付き。

秦《はだの》河勝《かわかつ》

井上満郎著

二一〇〇円

（人物叢書／通巻267）四六判・二八六頁

聖徳太子の側近として、ヤマト政権の軍事・外交に貢献した渡来系氏族の代表的人物。太子から仏像を下賜され京都太秦に広隆寺を創建。能楽の祖とされる伝承など謎の多い生涯を、京都を地盤とする秦氏の伝統から描く。

〈通訳〉たちの幕末維新

木村直樹著

四六判・二〇八頁／二九四〇円

もはやオランダ語だけでは通用しない。幕末のオランダ通詞たちは苦悩しながら日本中へ散って行った。欧米諸国との外交交渉、英語など新しい言語への対応や維新後のありよう、激動の時代を語学力で生き抜いた姿を追う。

豊富なイラストで「見て学ぶ」ユニークな民俗学入門

図解案内 日本の民俗

福田アジオ・内山大介・小林光一郎
鈴木英恵・萩谷良太・吉村　風　編

A5判・三五二頁／三四六五円

移りゆく社会の中で変貌し、言葉だけではイメージをつかむことが難しい日本の伝統的な生活文化。その具体的な姿を、一八〇〇点以上の豊富な図版で再現する。初めて学ぶ人にも最適な、「見て学ぶ」ユニークな民俗学入門。

黎明期を生きた女性たち

幕末明治の阪谷・渋沢・三島・四条家

阪谷芳直著／阪谷綾子編

四六判・一九二頁／二五二〇円

阪谷朗盧《ろうろ》・渋沢栄一・三島通庸《みちつね》・四条隆謌《たかうた》。幕末明治に活躍した彼ら四人を曾祖父にもつ著者が、その妻たちの波瀾に満ちた生涯を辿り、親族しか知りえない挿話を交えつつ鮮やかに描きだす。名著『三代の系譜』女性篇。

大震災と歴史資料保存

阪神・淡路大震災から東日本大震災へ

奥村　弘著

A5判・二三四頁／三三六〇円

大地震、大水害にさいし、歴史文化関係者はなにができるのか。阪神淡路大震災から東日本大震災に至る「歴史資料ネットワーク」の活動を通して、史料保全、震災資料保存、災害に強い地域社会づくりを提言する問題の書。

歴史文化セレクション

第Ⅴ期（9冊）　毎月1冊ずつ刊行中

古代蝦夷

工藤雅樹著

四六判・三五二頁／二五二〇円

蝦夷の文化や社会はどのようなものだったのか。蝦夷とアイヌの関係はどうなのか。東北・北海道考古学研究の成果、文献史料、アイヌ資料、アイヌ語地名などを駆使して古代蝦夷の実像に迫り、北日本古代史論を提示する。　解説＝熊谷公男

雑穀の社会史

増田昭子著

A5判・三五六頁／三九九〇円

日本人の生活や信仰は、稗《ひえ》・粟《あわ》などの雑穀を含めた多様な価値意識のもとに発展してきた。稲と差別された一方で、聖なる供物でもあった事例を広い地域にわたり考察。様々な視点から雑穀文化を位置づけ、その意味を問う。　解説＝増田昭子

子どもの中世史

斉藤研一著

四六判・二八〇頁／二四一五円

無事な誕生と健やかな成長を願われる一方、売買され労働力として期待された中世の子ども。また賽《さい》の河原や石女《うまづめ》地獄に、人は何を見ていたのか。中世の子どもをめぐる様々な実態を文献・絵画・文学・民俗史料から検証する。　解説＝斉藤研一

歴史文化ライブラリー

●11年11月〜12年1月発売の6冊　四六判・平均二二〇頁　全冊書下ろし

人類誕生から現代まで／忘れられた歴史の発掘／常識への挑戦／学問の成果を誰にもわかりやすく／ハンディな造本と読みやすい活字／個性あふれる装幀

333 都はなぜ移るのか 遷都の古代史

仁藤敦史著

古代の都はどのように移り変わってきたのか。頻繁に遷都が行われた飛鳥・難波の宮から千年の都平安京まで、都城の役割と遷都の意味を検討。「動く都」から「動かない都」へと転換した理由を解き明かし、古代都市の成立に迫る。

二五六頁／一八九〇円

334 アマテラスと天皇 〈政治シンボル〉の近代史

千葉　慶著

明治政府は、統治を正当化するためにアマテラスを政治シンボルとした。その経緯や後の変貌と暴走、戦後の解体を分析。近代天皇制の政治神話を解き明かし、現代の「象徴」天皇制を「安全・無害」と考える日本人に警鐘を鳴らす。

二五六頁／一八九〇円

335 〈甲賀忍者〉の実像

藤田和敏著

江戸時代、自らが忍者だと主張した人々がいた。武士身分への復活を求めて幕府へ請願、甲賀隊を結成して戊辰戦争に参加した。忍術書『万川集海』や出版文化による忍者イメージの形成と、「甲賀古士」の実像を解明する。

二〇八頁／一七八五円

336 米軍基地の歴史 世界ネットワークの形成と展開

林　博史著

現在の米軍基地ネットワークはいかに形成されたか。第二次世界大戦を経て核兵器の時代を迎える中、米国本土への直接攻撃を回避するため巨大な基地群が築かれる。普天間の形成過程も明らかにした、基地を考えるための一冊。

二一八頁／一七八五円

337 陸軍登戸研究所と謀略戦 科学者たちの戦争

渡辺賢二著

陸軍登戸研究所関係者が明らかにする謀略戦・秘密戦の実態とは。最新の科学技術を駆使して研究・開発された風船爆弾・スパイ用兵器・偽造紙幣などの兵器。戦争に動員された科学者たちの姿から、戦争と科学の関係を描き出す。

二二四頁／一七八五円

338 江戸時代の遊行聖

圭室文雄著

全国津々浦々を廻国し、布教活動をした時宗の遊行上人たち。その選出や熊野参詣、廻国コースなどを探り、将軍と天皇の権威を得て、民衆の現世利益と来世での極楽往生を保証するカリスマとして崇められた姿を描き出す。

二四〇頁／一七八五円

【近刊】

書名は仮題のものもございます。

339 聖武天皇が造った都 難波宮・恭仁宮・紫香楽宮
小笠原好彦著
二八八頁／一八九〇円

340 江戸の政権交代と武家屋敷
岩本　馨著
二四〇頁／一七八五円

341 〈身売り〉の日本史 人身売買から年季奉公へ
下重　清著
二五〇頁予定／価格は未定

342 江戸の流行《はや》り病 麻疹《はしか》が語る医療社会史
鈴木則子著
二二〇頁予定／価格は未定

好評の現代語訳シリーズ

鎌倉時代のもっとも基本的な歴史書。その難解な原文を、はじめて現代語訳化！

現代語訳 吾妻鏡 全16巻 刊行中

四六判 平均二九六頁

五味文彦・本郷和人・西田友広編

11 将軍と執権

暦仁元年（1238）〜寛元二年（1244）

将軍頼経は京都で検非違使別当に任命され、内裏や公家の邸宅、寺社等を訪問して帰還した。隠岐で後鳥羽上皇が没し、鎌倉に大仏が造営される。執権北条泰時が没すると、孫経時が後を嗣ぎ、頼経の子頼嗣を新将軍とした。

〈最新刊〉三二〇頁／二九四〇円

既刊10冊 『内容案内』送呈

1 頼朝の挙兵【5刷】 二三一〇円
2 平氏滅亡【2刷】 二四一五円
3 幕府と朝廷 二三一〇円
4 奥州合戦 二一〇〇円
5 征夷大将軍 二七三〇円
6 富士の巻狩 二五二〇円
7 頼家と実朝 三三六〇円
8 承久の乱 二七三〇円
9 執権政治 二四一五円
10 御成敗式目 二五二〇円

初代将軍家康から始まる江戸幕府の大編年史を、初めて現代語訳化！

現代語訳 徳川実紀 家康公伝 全5巻 完結！

大石 学・佐藤宏之・小宮山敏和・野口朋隆編

四六判・平均二八〇頁

5 【逸話編】家康をめぐる人々

時には信長の浅井攻めに諫言し、時には敗れた武田勝頼に礼を尽くす。農民には憐憫の涙を流し、幾多の戦いの中で名を馳す高名な武将、優れた家臣たち。家康を取り巻く様々な人々とのエピソードを綴った逸話編第三冊。

（最終回配本） 三八四頁／三九九〇円

◆好評既刊 『内容案内』送呈

1 関ヶ原の勝利 天文十一年（一五四二）〜慶長八年（一六〇三） 二三一〇円
2 江戸開府 慶長八年（一六〇三）〜元和二年（一六一六） 二九四〇円
3 【逸話編】三河から関東の覇者へ 二八三五円
4 【逸話編】関ヶ原と家康の死 三〇四五円

国分寺の創建　思想・制度編

須田　勉・佐藤　信編　B5判・三九六頁／一五二二五円

国分寺の研究は、日本仏教史を考える上で欠かせない主題である。創建期の国分寺について、造営における思想や制度の面から追究。考古学や文献史学、建築学などの最新成果を用いて、総合的に解明し集大成。

日本古代の年中行事書と新史料

西本昌弘著　A5判・三七六頁／一〇五〇〇円

新史料の存在が明らかになってきた儀式・年中行事書。東山御文庫蔵の藤原行成編纂『新撰年中行事』など新出の書物・逸文を多数紹介し、新たな論点を提示する。史料的制約の多い古代史研究に新地平を拓く労作。

日本私年号の研究　新装版

久保常晴著　A5判・五五六頁・口絵一六頁／一四七〇〇円

日本には朝廷が定めたものではない「私年号」が存在した。それらが記された史料や金石文を博捜し、その信憑性、使われた地域や年代、込められた人々の思いから、史的背景と本質を解明。非公年号研究の名著、初の復刊。

中世武家官位の研究

木下　聡著　A5判・四一二頁／一三六五〇円

官位（官職と位階）が武家に果たした役割とは何か。南北朝から戦国期を中心に、受領官途や位階が持った意義・性格を、幕府・織豊政権による任官・叙位を含めて検討。政治や社会を規定していた「礼の秩序」を解明する。

アジアン戦国大名大友氏の研究

鹿毛敏夫著　A5判・二五四頁／九四五〇円

九州豊後の大友氏は、大陸に近い地の利を活かして、中国や東南アジアを意識した諸政策を実行した。「アジアン大名」としてのグローバルな営みを、日本・中国・インド・ポルトガルに残る史料・絵画・遺物などから解明。

豊臣政権の支配秩序と朝廷

矢部健太郎著　A5判・三〇八頁／八九二五円

豊臣政権は、秀吉の関白任官により、幕府体制とは異なる政治体制を必要とした。その実態について、公武間の交流や大名統制策の特徴から考察。豊臣政権の構造分析に「家格」という視角を加え、新たな政権像を提示する。

江戸幕府大目付の研究

山本英貴著　A5判・三六〇頁／一一五五〇円

江戸幕府官僚機構のなかで、きわめて重要な位置にあった大目付。日記や職務記録など原典資料から、その組織や具体的な職務、下役支配の実態を制度的・構造的に解明。江戸幕府職制研究に新たな展開を呼び込む注目の書。

幕末期対外関係の研究

上白石　実著　A5判・三〇二頁／一〇五〇〇円

幕末の対外政策はペリー来航を画期とし、来航以前の「海防」、来航以後の「開港」に分けられる。ペリー来航と向き合った阿部正弘政権を中心に、寛政期から明治前期まで、十九世紀における対外政策の連続性を解明する。

上野寛永寺に眠る徳川将軍家の正室・側室…。歴史・考古・人類学や自然科学など、万全なる学術調査団による詳細な研究成果を結集！　徳川将軍家墓所調査の集大成となる公式報告書

東叡山寛永寺 徳川将軍家御裏方霊廟

【本文編・図版編・考察編】

全3冊

寛永寺谷中徳川家近世墓所調査団編

『内容案内』送呈

A3判・総一三〇〇頁・原色口絵八頁／セット定価一五七五〇〇円（分売不可）

▼本書より

近代日本の外交と宣教師

中島耕二著

A5判・二八八頁／九九七五円

明治八年、文明開化の日本に米国長老教会の宣教師として来日したW・インブリー。様々な分野に足跡を残した彼の活動を通じ、「日本の近代化と宣教師」の関係を、今までほとんど検討されずにきた政治外交面から解明。

近代中国の日本居留民と阿片

小林元裕著

A5判・三六六頁／一〇五〇〇円

華北の中心都市天津や日中戦争が生み出した蒙疆における日本居留民の活動を、阿片・麻薬問題との関係も踏まえ追究。彼らの一部が日本軍に反発した新事実を発掘するなど、近代日中関係史に、新たな歴史像を打ちたてる。

近現代女性史論 家族・戦争・平和

永原和子著

A5判・三五二頁／一一五五〇円

明治から現代まで、女性たちは家族や家庭といかに向き合い、地域の中で生きたのか。母性の名のもとに戦争協力を余儀なくされていく過程と、戦後の平和と自立へのたゆみない歩みを解明し、女性史の今後への展望を示す。

日本考古学 第32号

日本考古学協会編

A4判・二〇〇頁／四二〇〇円

古文書研究 第72号

日本古文書学会編

B5判・一六八頁・口絵二頁／三九九〇円

鎌倉遺文研究 第28号

鎌倉遺文研究会編

A5判・一六八頁／二一〇〇円

宇佐神宮史 史料篇 巻十六 目次篇

竹内理三監修・中野幡能編纂

A5判・七七八頁／一〇五〇〇円

空前絶後の規模と内容―定本的歴史大百科

国史大辞典 全15巻（17冊）

国史大辞典編集委員会編 四六倍判・平均一一五〇頁／『内容案内』送呈

〈価格改定のご案内〉二〇二二年四月一日より、全17冊揃価＝三二一八五〇円となります。お求めはお早めに。※詳しくはWEBをご覧下さい。

総項目五四〇〇〇余、日本歴史の全領域をおさめ、考古・民俗・宗教・美術・国文学・地理など、隣接分野からも必要項目を網羅。一般用語から専門用語までを平易に解説した、比類なき歴史百科辞典の決定版。

全17冊揃価＝二七三〇〇〇円（分売・分割払い可）

歴史考古学大辞典

小野正敏・佐藤 信・舘野和己・田辺征夫編

四六倍判 一三九二頁 三三六〇〇円

日本古代氏族人名辞典【普及版】

坂本太郎・平野邦雄監修

菊判・七六〇頁／五〇四〇円

織田信長家臣人名辞典 第2版

谷口克広著

菊判・五六六頁／七八七五円

世界の文字の図典【普及版】

世界の文字研究会編

菊判・六四〇頁／五〇四〇円

京都古社寺辞典

吉川弘文館編集部編

四六判・四六四頁／三一五〇円

鎌倉古社寺辞典

吉川弘文館編集部編

四六判・三〇六頁／二八三五円

近現代日本人物史料情報辞典 全4巻

伊藤 隆・季武嘉也編

菊判・平均四一〇頁

【1】五三九人収載。八四〇〇円

【2】二六二人収載。六八二五円

【3】二六三人収載。七八七五円

【4】二一八人収載。八九二五円

歴代天皇・年号事典
米田雄介編
四六判・四四八頁／一九九五円

公家事典
橋本政宣編
菊判・一一〇四頁／二一〇〇〇円

源平合戦事典
福田豊彦・関 幸彦編
菊判・三六二頁／七三五〇円

戦国人名辞典
戦国人名辞典編集委員会編
菊判・一一八四頁／一八九〇〇円

戦国武将・合戦事典
峰岸純夫・片桐昭彦編
菊判・一〇二八頁／八四〇〇円

明治維新人名辞典
日本歴史学会編
菊判・一一一四頁／一二六〇〇円

日本古代中世人名辞典
平野邦雄・瀬野精一郎編
四六倍判・一二二二頁／二一〇〇〇円

日本近世人名辞典
竹内 誠・深井雅海編
四六倍判・一三二八頁／二一〇〇〇円

日本近現代人名辞典
臼井勝美・高村直助・鳥海 靖・由井正臣編
四六倍判 一三九二頁 二一〇〇〇円

歴代内閣・首相事典
鳥海 靖編
菊判・八三二頁／九九七五円

日本女性史大辞典
金子幸子・黒田弘子・菅野則子・義江明子編
四六倍判 九六八頁 二九四〇〇円

事典 日本の名僧
今泉淑夫編
四六判・四九六頁／二八三五円

日本仏教史辞典
今泉淑夫編
四六倍判・一三〇六頁／二一〇〇〇円

神道史大辞典
薗田 稔・橋本政宣編
四六倍判・一三七六頁／二九四〇〇円

福田アジオ・神田より子・新谷尚紀・中込睦子・湯川洋司・渡邊欣雄編
日本民俗大辞典 上・下（全2冊）
四六倍判
上＝一〇八八頁・下＝一一九八頁／揃価四二〇〇〇円（各二一〇〇〇円）

精選 日本民俗辞典
菊判・七〇四頁
六三〇〇円

新谷尚紀・関沢まゆみ編
民俗小事典 死と葬送
四六判・四三八頁／三三六〇円

神田より子・俵木　悟編
民俗小事典 神事と芸能
四六判・五一〇頁／三五七〇円

渡邊欣雄・岡野宣勝・佐藤壮広・塩月亮子・宮下克也編
沖縄民俗辞典
菊判・六七二頁
八四〇〇円

鈴木敬三編
有識故実大辞典
四六倍判・九一六頁／一八九〇〇円

加藤友康・高埜利彦・長沢利明・山田邦明編
年中行事大辞典
二九四〇〇円

西本豊弘・新美倫子編
事典 人と動物の考古学
四六判・三〇八頁／三三六〇円

木下　良著
事典 日本古代の道と駅
菊判・四三四頁／八四〇〇円

大石　学編
江戸幕府大事典
菊判・一一六八頁／一八九〇〇円

大石　学編
近世藩制・藩校大事典
菊判・一一六八頁／一〇五〇〇円

田中健夫・石井正敏編
対外関係史辞典
四六倍判・九二八頁／二六二五〇円

吉川弘文館編集部編
日本史必携
菊判・七二〇頁／六三〇〇円

吉川弘文館編集部編
近代史必携
菊判・四九六頁／四九三五円

知っておきたい日本の名言・格言事典
大隅和雄・神田千里・季武嘉也・山本博文・義江彰夫著
A5判・二七二頁／二七三〇円

知っておきたい日本史の名場面事典
大隅和雄・神田千里・季武嘉也
森　公章・山本博文・義江彰夫著
A5判・二八六頁
二八三五円

知っておきたい名僧のことば事典
中尾　堯・今井雅晴編
A5判・三〇四頁／三〇四五円

誰でも読める［ふりがな付き］
日本史年表 全5冊
吉川弘文館編集部編
菊判・平均五二〇頁
古代編 五九八五円
中世編 五〇四〇円
近世編 四八三〇円
近代編 四四一〇円
現代編 四四一〇円
全5冊揃価＝二四六七五円
第11回学校図書館出版賞受賞

大好評のロングセラー
日本史年表・地図
児玉幸多編
B5判・一三六頁／一三六五円

日本の食文化史年表
江原絢子・東四柳祥子編
菊判・四一八頁／五二五〇円

日本史総合年表 第二版
加藤友康・瀬野精一郎・鳥海　靖・丸山雍成編
四六倍判・一一八二頁／一四七〇〇円

対外関係史総合年表
対外関係史総合年表編集委員会編（代表・田中健夫）
四六倍判・一一〇四頁／三六七五〇円

事典 有名人の死亡診断 近代編
服部敏良著
四六判・三九二頁／三一五〇円

日本仏像事典
真鍋俊照編
四六判・四四八頁／二六二五円

世界史年表・地図
亀井高孝・三上次男・林　健太郎・堀米庸三編
B5判
二〇四頁
一四七〇円

●近刊

日本地図史
金田章裕・上杉和央著
四六判・四三六頁／三九九〇円

日本葬制史
勝田　至編
四六判・三五四頁／三六七五円

日本古代の王権と東アジア
鈴木靖民編
A5判・四〇〇頁／一二六〇〇円

日本古代の地域社会と周縁
鈴木靖民編
A5判・四〇〇頁／一二六〇〇円

古代王権と支配構造
仁藤敦史著
A5判・三八四頁／一一五五〇円

日本古代の祭祀考古学
笹生　衛著
A5判・三八四頁／一二六〇〇円

永青文庫叢書 細川家文書 近世初期編
熊本大学文学部附属永青文庫研究センター編
A4判・四一六頁　二一〇〇〇円

近世瀬戸内の環境史
佐竹　昭著
A5判・二五六頁／九九七五円

幕末明治見世物事典
倉田喜弘編
A5判・二五〇頁／三一五〇円

副島種臣《そえじまたねおみ》（人物叢書／通巻268）
安岡昭男著
四六判・二五六頁／一九九五円

関東大震災を歩く 現代に生きる災害の記憶
武村雅之著
A5判・三二四頁／二五二〇円

日本軍事史年表 昭和・平成
吉川弘文館編集部編
菊判・四四八頁／六三〇〇円

石橋湛山《たんざん》論 言論と行動
上田美和著
四六判・四四八頁／三九九〇円

被災地の博物館に聞く 東日本大震災と歴史・文化資料
国立歴史民俗博物館編
A5判・二五〇頁／価格は未定

※書名は仮題のものもあります。

〝明治〟を知れば〝いま〟が見える！

日本人が自ら創造し生きた、激動の明治時代を理解するための約9500項目

宮地正人・佐藤能丸・櫻井良樹編

明治時代史大辞典

全4巻◆刊行開始！

混迷する日本の進路を考える上で、日本人が自ら創りあげた〝明治時代〟を知ることは不可欠である。あらゆる分野の事項・人物約九五〇〇項目を詳細・正確に解説。近代日本の出発点〝明治時代〟がわかる総合歴史大辞典。

四六倍判・平均一〇〇〇頁予定／『内容案内』送呈

第1巻（あ～こ）発売中！

刊行記念特別定価二七三〇〇円

（特価期限3月末）期限後、定価二九四〇〇円

半年毎に一冊配本　第2巻以降は予価各二九四〇〇円

七草・バレンタインデー・花祭り・ゴールデンウィーク・お彼岸・煤払い・歳の市…。

行事にこめられた願いとは？暮らしの中の季節を読み解く！

知っておきたい日本の年中行事事典

福田アジオ・菊池健策・山崎祐子・常光　徹・福原敏男著

Ａ5判・二〇八頁／二八三五円

▼祇園祭

史料Bは天正一五年の肥後一揆の際に秀吉が発給した朱印状であるが、これをもとに山本氏は、肥前の諸氏が「隆景の指揮下に置かれている」「当初隆景は、「九州取次」に準ずる存在であった」[39]と述べている。ここには恵瓊に関する言及はないが、この朱印状自体が恵瓊宛とされていること、そして「小早川・其方」とあるように隆景同様の権限を恵瓊が付与されていることからすると、恵瓊もやはり「九州取次」に準ずる存在であり、それと共通する役割を果たしていたと認められよう。次の史料Cは、文禄の役に際して渡海する意向をもっていた秀吉が船を名護屋へ廻送しておくよう命じた朱印状である。山本氏によれば、文禄・慶長の役における秀吉―出兵軍間の「取次」は寺沢正成であった[40]。この朱印状の「委細安国寺西堂・寺沢忠次郎両人申含遣候」という箇所からは、恵瓊が「取次」の正成と共通する役割を果たしていたことが知られる。もっとも、この朱印状は輝元宛であり、恵瓊と毛利氏との特殊な関係からこうした役割を与えられたとも考えられるが、じつは史料Cと同文の朱印状が福島正則、鍋島直茂、島津義弘、同忠豊、宗義智、来島通之・同通総、伊東祐兵、黒田長政、加藤清正にも発給されているのである[41]。恵瓊は秀吉―出兵軍間の「取次」と共通する役割も果たしていたのである。以上のように恵瓊は、秀吉―島津間や秀吉―出兵軍間の「取次」ならびに「九州取次」と共通する役割を果たしていたが、山本氏が定義した「取次」であったとは考えにくい（ただ、氏の定義そのものに問題がある点にも留意しておきたい）[補註1]。

本節では、長足の進歩をみせている豊臣政権の研究が恵瓊大名説を継承したために孕んでしまった問題点を指摘したが、その過程でも確認されたように恵瓊は秀吉とも、そして毛利氏とも深くかかわっていた。こうした関係がいかなる事情により生じたのかを解明することが次の課題となろう。

3　恵瓊年寄説

恵瓊を毛利権力の中枢を構成した年寄とみる見解は、一九七〇年代の登場以来、戦国〜豊臣期の毛利権力の支配体制を考察した研究に継承され、やはり通説化している。本節ではこの恵瓊年寄説を継承する諸研究に検討を加え、恵瓊の実像に迫る視点を探ってみたい。

豊臣政権への服属以降、毛利権力の行政機構では譜代が排除されるのに対し、〈なりあがり〉の者が奉行として抜擢され、当主輝元の権力は強化されたとみられている。(42)この様相を端的に示すのが、天正末惣国検地の最終段階（天正一九年〜翌年）で大量に発給された打渡状である。そのうち国衆など有力家臣や寺社への打渡状には穂田元清・福原広俊・渡辺長・恵瓊・内藤元栄・佐世元嘉・二宮就辰・林就長の八人が、防長の外様や譜代への打渡状には内藤元栄以下の四人が連署していた。加藤益幹氏は、これらのうち元清〜恵瓊の四人を小早川・吉川が独立化の傾向を示し福原・口羽との四家による輝元補佐体制が崩れるにしたがって、彼らにかわって「輝元を補佐した年寄層」、元栄〜就長の四人を隆元以来の五奉行体制が消滅するなかで登場した「輝元独自の奉行体制を構成する者」とみた。(43)かかる見解は毛利権力の支配体制を考察した以後の研究に継承されてゆき、彼らがこうしたメンバーに加わった理由が詳細に検討されてきたものの、恵瓊については当初加藤氏が「毛利氏の代表的使僧で秀吉との関係も深い」(44)と述べているくらいである。ただ、恵瓊以外のメンバーに対する諸見解は、恵瓊について考える場合にも参考になると思われる。

そこで、恵瓊以外のメンバーを概観しておきたい。［年寄］穂田元清は元就の四男で一門。(45)福原広俊は親類衆・譜代の筆頭。(46)渡辺長は譜代で、祖父勝は元就に家督相続を要請した重臣の一人であったが、何らかの事情で討ち果たされ、家は一時断絶しているので、のちの軍功などにより年寄に加えられたとみられる。(47)「奉行」(48)内藤元栄は中郡衆内藤氏の庶子家の出身で、祖父は泰勝、父は元方と称しているので、毛利氏の家臣となったのは父の代からとみられる。佐世元嘉は出雲尼子氏の旧臣佐世清宗の次男で、輝元の右筆を勤めていた。二宮就辰は元就の妾の子と伝えられ、永禄五（一五六二）年に元就の加冠をうけてその被官となって、元就の死後は輝元に側近として仕えた。林就長は肥後菊池氏の一族と称しているので牢人として安芸に来て、元就の加冠をうけてその被官になったとみられる。

従来の研究はとりわけ奉行に関心を示してきたが、加藤氏の研究以前つとに松浦義則氏が佐世元嘉・二宮就辰は「能吏としての才能を買われて抜擢された者」(49)であると指摘している。かかる視点から注目されるのが、次の史料である。

史料D　九月八日付大多和元直宛恵瓊書状写(50)

御方御奉公むきの事、数度面々申、又以ヶ条雖申候、一事もなをり候とかりそめ出頭申候つるも、さて奉公あるへく候事と存候事無之候、佐《佐世元嘉》　与よりも一両日以前被申越候、彼仁もくやミ一篇にて候、さて〱御方御事、親父河内《就重》よりも男もよく、生たちよりいやしくもそたゝす、分限も親の分限持候て年わかく候之間、今より殿様《輝元》へ奉公たにもよく、傍輩衆ニ人とたに被思候ハヽ、乍《恐カ》色やくにたち候ハす候共、うしろつめにハわれら佐与居候間、引立可申候を無是非候、今之分候者、我等ハ引切候て、中ちかひ仕まゝ候、御方のわるき心中ニてはな御つき候をひいき申事成間敷候、（中略）

条々

一御奉公むきの事ハ御小姓衆ニハ児玉小次郎・平佐源七郎なとの儀を次の間にても見とり、さて〱上様の御身ちかく、あれほとにめしつかハれ度事かなとそんし又御としより衆の内ニ佐　与・二《二宮就辰》　太なとのやうになりあ

かり度ものと、かた〳〵奉公の上よりハ、むねにふたんもたれ度事候、

（後略）

傍線部に注目した西山克氏は、「既往の官僚集団に比較して、遥かに固有権（圏）の欠如した新官僚群の台頭を、正確に「なりあかり」と表現している」と恵瓊の慧眼を評価し、こうした様相は豊臣政権への服属と照応しており、新たな奉行組織はその支配政策を受け入れる「窓口」であり、同時にそれを現実化しうる能力を持った機構であると論じた(51)。

これらの所論をふまえて秋山伸隆氏は、奉行の四人の特徴について「有力譜代の出身ではなく、（中略）まず元就ついで輝元の側近として仕えるとともに領国支配の実務に通じ、次第に権力機構の中枢に登場してきた」と述べている(52)。また池享氏はとくに〈窓口〉という指摘をふまえて、豊臣政権と毛利氏との間で連絡など重要な役割を果たしていた年寄の渡辺長や奉行の林就長が天正一六（一五八八）年に豊臣姓を授与され形式的には豊臣政権内部に直接編成されていた点に着目し、彼らが「統一政権の支配政策を学び、それを毛利領国に具体化するに際して、重要な役割を演じたであろうことは、想像に難くない」と推測した(53)。

ここで、年寄・奉行という従来の呼称について検討しておきたい。惣国検地の打渡状をみる限りでは、先の八人が二つのグループに分かれていた事実は否めないが、両者に対する呼称は判然と区別されてはいなかった。これまでも注目を集めてきた前掲の史料Dの傍線部をみると、そこで恵瓊は元直が目標とすべき家臣として佐世元嘉・二宮就辰をあげているのだが、彼らは「御としより衆の内」に「なりあかり」を遂げた人物とされている。省略部分で恵瓊は礼儀についても元直に対して助言しているが、そこで「年寄衆」の例としてあげられているのは渡辺長である。つまりいわゆる奉行の元嘉・就辰も、いわゆる年寄の長も、ともに「年寄衆」と呼ばれていたのである。ただ、「なりあ

かり」とあるので、惣国検地の時点では元嘉らは「年寄衆」ではなかったとみることも可能である。そこで史料Dの年代比定が必要となるが、省略部分で恵瓊は元直の父就重の弔いに触れているので、就重が死去した天正一五年七月が上限と判断される。[54]一方下限は、やはり省略部分で恵瓊が渡辺長のことを「渡　石」と記しているので、石見守であった長が飛驒守に任じられる天正一六年七月と判断される。[55]さらに史料Dの月日が九月八日であることから、その年代は天正一五年と確定される。ならば、惣国検地で打渡状の発給が開始された天正一九年よりも以前の段階ですでに元嘉・就辰は「年寄衆」への「なりあかり」を遂げていたことになる。よって、打渡状の連署者に対する年寄・奉行という呼称は再検討を要するのであるが、署判の状況からすると穂田元清ら四人と内藤元栄ら四人とが区別されていた事実は否めず、また今のところ妙案もないので、当面はこの呼称を使用してゆくことにしたい。

こうした呼称を再検討するためには同グループのメンバーの共通性だけではなく、その差異についても考えてゆく必要があろう。天正一六年の輝元上洛に同行した奉行の元嘉・就辰・就長のうち、就長のみが豊臣姓を授与されている。その理由を池氏は、元嘉・就辰は「輝元側近としての性格を強くもっていたため」と考え、奉行のメンバーを「均質な存在とみなすこと」はできないと指摘している。[56]元嘉・就辰は奉行のうちでもとくに輝元とのパーソナルな関係が強かったとみられる。史料Dでは、まさに彼らが「なりあかり」の例とされていた。こうしてみると、「能吏としての才能」も有していたであろうが、輝元とのパーソナルな関係があったことにより、彼らは〈なりあがり〉を遂げたと考えられる。また、秋山氏は惣国検地における打渡状の署判位置の分析などにもとづいて、打渡状発給にともなう大幅な知行替や寺社領没収は「元清・恵瓊―佐世・二宮のラインで強力に推進された」[57]と明快に論じた。つまり、年寄・奉行は一様に検地に携わっていたのではなく、前者では元清・恵瓊が、後者では〈なりあがり〉の元嘉・就辰が主導する役割を果たしていたのである。

本節では恵瓊年寄説を継承する諸研究に検討を加えてきたが、その結果、奉行の佐世元嘉・二宮就辰は輝元とのパーソナルな関係により〈なりあがり〉を遂げたこと、年寄の渡辺長・奉行の林就長は豊臣政権との関係にもとづいて、その支配政策を受け入れる〈窓口〉であったと推測されること、この二点が奉行や年寄のメンバーの特徴として確認された。

4　恵瓊の実像

毛利権力の支配体制を考察した研究は、惣国検地の状況から恵瓊を毛利権力の中枢を構成する年寄と規定したのであるが、なにゆえ恵瓊がかかる位置を占めていたのかについては十分な説明がなされていない。本節では、この疑問を前節で確認した奉行や年寄のメンバーの特徴を手掛かりとして解くと同時に、恵瓊と輝元との関係ならびに秀吉との関係を検討することで恵瓊の実像に迫ってみたい。その出発点として次の史料は重要である。

史料E（天正一三年）三月一五日付島津義久宛恵瓊書状[58]

雖未申通候、令啓達、仍愚拙事毛利備（帰）依之儀候、然者近年羽筑（秀吉）・芸州和睦之儀相調、上下仕候故、筑州（秀吉）被相雇候之条、至豊州為使令下向候、就其対貴家御鷹為所望、以一札被申入候、尤雖可致持参候、遠境候条、至休庵（大友義鎮）飛脚申請、令進覧候、（後略）

大友義鎮に茶道具を所望する秀吉は使者として恵瓊を下向させたが、一方で島津義久にも鷹を所望していたので、その旨を恵瓊が義久に知らせたのがこの書状である。輝元との関係を考えるにあたり注目されるのは、「毛利備（帰）依之儀候」と恵瓊自身が述べている点である。慶長五（一六〇〇）年、恵瓊は関ヶ原合戦の西軍の首謀者として処刑されるが、『当代記』[59]はその頃の恵瓊を「森《毛利》輝元帰依之僧」としているので、毛利氏とりわけ当主輝元の帰依を終生うけていたことになる。また恵瓊は、慶長四年の七将襲撃事件を契機に輝元と家康が一触即発の危機に直面した際、輝元を諫めて家康と和睦協調させたが、朱子学者姜沆はその恵瓊を「輝元の参謀僧」[60]と記している。輝元への諫言からして、この「参謀僧」という評は首肯できる。恵瓊を、輝元が帰依する「参謀僧」と規定することができよう。

恵瓊は、惣国検地を主導していたが、右のような規定が妥当ならば、これ以外にも年寄・奉行のメンバーとともに果たした役割が確認されるはずである。慶長二年の蔚山の戦いで毛利氏家臣の冷泉元満は討死したが、その戦功は毛利秀元吹挙状と福原広俊・恵瓊連署吹挙状によって在国中の輝元に吹挙された[61]。これをうけて輝元は元満の子息に跡目を保障し、安堵状を発給している[62]。同様の広俊・恵瓊連署吹挙状はほかにも二例確認され[63]、恵瓊が広俊とともに論功行賞の際に吹挙していたことが知られる。また文禄五（一五九六）年の淀川普請の「堤築掟之事」も広俊・恵瓊の連署状[64]で発布されており、さらにその普請における吉川氏の分担を記した注文が広家に交付されているが、それも両人の連署状[65]である。こうした役割のうち論功行賞の吹挙から想起されるのが、先の史料Ｄである。これによれば、恵瓊は輝元への奉公について今までも面談や書面で何度か元直を戒めてきたが、元直は輝元のもとに「出頭」するにはするものの、あいかわらず奉公ぶりは芳しくなく、佐世元嘉（元直の舅）もそのことを悔やんでいた。そこで恵瓊は今回も元直を戒めているが、人柄・生い立ちなど元直が備える好条件を列挙したうえで、輝元への奉公をよく勤め、傍輩衆の印象がよければ、「うしろつめ」には自分と元嘉がいるので元直を引き立てることができるのだが、と述べている。自分はそれほど役には立たないけれどもという挿入句は謙遜の表現と解すべきで、むしろそれに続く言葉から恵瓊が元嘉とならんで家臣を吹挙でき、かつこれにかかわる相当の発言力を有していたことが読み取れる。また恵瓊はこの元嘉との連署状[66]で、天正二〇年に人掃令の施行命令を吉川氏家臣に伝達してもいる。

以上のように恵瓊は多岐にわたる役割を年寄の広俊や奉行の元嘉とともに果たしていたが、ならば恵瓊と彼らはまったく同等の地位にあったのであろうか。秋山氏は「年寄四名のうち元清と恵瓊は、必ず打渡状の日下か奥に署判を加えており、他の連署者より一段上位にある」(67)と指摘している。元清と恵瓊の署判位置が入れ替わる場合があることからすると両者は限りなく同等の地位を占めていたと考えられる点も重要ではあるが、ここでは恵瓊が同じ年寄の広俊や長よりも上位者であった点に注目したい。当時の毛利氏関係の文書では、署判は奥よりも日下が上位であったと考えられ(68)、本節で検討した広俊・恵瓊の連署状ではいずれも恵瓊が日下、広俊が奥であり、やはり恵瓊は広俊よりも上位者であったことになる。また最早当然のことではあるが、人掃令の施行命令を伝達した連署状では、恵瓊が日下、元嘉が奥であり、恵瓊が奉行の元嘉よりも上位者であったことを確認できる。

さらに、毛利氏の組編成に注目して、そこに占めた恵瓊の役割とその地位についても考えてみたい。慶長二年の慶長の役出兵時における組編成を分析した中西誠氏は、宍戸元次組・毛利元康組・天野（毛利）元政組を①「毛利一門組」、恵瓊組を②「安国寺恵瓊組→国衆組」、福原広俊組・椙杜元縁組を③「譜代重臣組」と類型化し、①は有力大身の国衆・外様で構成され、毛利一門の権威と血縁関係を活用した人格的編成がなされていた、②は国衆・外様が多く、譜代・新参家臣も確認されるが、有力国衆の益田氏がもつ血縁関係をもとに有力国衆・外様が人格的に編成されていた、③は譜代家臣を中心に構成され、軍役・普請役ごとの編成替や法度による非人格的な編成がなされていた、と論じた(69)。

この類型のうち②が組頭の固有名詞を冠している点、二重構造をとっている点で他と異なっているが、それは、恵瓊・益田元祥の共同指揮体制がしかれ、渡海後には組が二分された事実、構成員のうち国衆・外様の大身層に元祥の血縁者が多い事実に注目した中西氏が、恵瓊の性格規定よりも恵瓊組が組内組（国衆組）を有していた点を重視したからであろう。[70] 中西氏の関心は国衆組にあり、かって組内組であった熊谷元直組が慶長四年の段階で正規の組として成立したこともふまえて、国衆組の編成について「当時の毛利一門に匹敵するほどの有力かつ身分的格式の高い国衆を毛利権力の軍事指揮中枢に引き込み、彼のもつ血縁関係を基に有力国衆・外様を「組」編成に組み込むという、毛利一門組に近い人格的色彩のある編成構造をもっている」と述べている。恵瓊はかかる国衆組をも含む組の組頭をつとめていたことになり、共同指揮体制とはいえ軍事指揮において国衆をも凌ぐ位置を占めていたことになる。事実、第1節で検討したあの頸注文によれば、「安国寺与力」のほかに中西説の国衆組である益田元祥組・熊谷元直組などが恵瓊組に含まれているのである。してみると、②も「安国寺与力」と国衆組により編成されていたと推測されるが、ここでは国衆組に対する軍事指揮権を恵瓊が行使していた事実を重視したい。

また組の構成員に注目すると、概ね②は、①と③の中間形態とみられる。ならば、恵瓊は軍事指揮において毛利一門と譜代重臣の中間にあたる位置を占めていたことになる。このことは、先に文書の署判位置から考えた毛利一門の元清や広俊と恵瓊との上下関係にも、よく符合している。恵瓊は慶長四年三月の大坂普請と年月日未詳の塀普請でも組頭をつとめており、普請においても組頭として指揮をとっていたことが知られる。[71]

恵瓊は、一門で年寄の穂田元清や〈なりあがり〉で奉行の佐世元嘉・二宮就辰らと惣国検地を主導していたが、検地に参画していた譜代重臣で年寄の福原広俊や右の元嘉とともにこれ以外にも多くの役割を果たしており、毛利権力における地位は、広俊や元嘉よりも上位で、元清に比肩するものであった。また恵瓊は軍事行動・普請における組編成では一門と譜代重臣の中間的な役割を果たしており、国衆に対する軍事指揮権も行使していた。まさに恵瓊は毛利権力の中枢を構成していたわけだが、それは輝元の帰依する「参謀僧」であったからだと考えられる。そして、このような存在が登場する背景には、当該期における毛利権力の支配体制の変化があろう。豊臣政権への服属以降、

〈なりあがり〉の者が奉行として抜擢されるようになったが、史料Dによれば〈なりあがり〉の者とは佐世元嘉・二宮就辰のことで、彼らは輝元とのパーソナルな関係によって、抜擢されたと考えられる。こうした現象から想起されるのが、ほかでもない出頭人の存在である。高木昭作氏は武士の主従関係を「太郎冠者ないしは出頭人型」と「家老型」に二類型し、前者は「その存在を主君に依存し、主君との間に情緒的一体感が成立しているところに特徴がある」とし、特別の君寵により取り立てられた出頭人は「常時君側に出頭して主人と家臣との間の取次ぎに従事した。この主人の言葉を取り次ぐ機能の故に出頭人の言葉は主人の意志と見做され、出頭人は国政や藩政に絶大な権勢を振った」と述べている[72]。この出頭人の典型例としては秀吉の石田三成、家康の本多正信・本多正純などがあげられるが、主君の信頼によってのみ家臣団における自らの立場およびこれに派生する諸権限をえている点を重視するならば、元嘉・就辰は毛利氏いや輝元の出頭人であったと判断される。事実、先の史料Dによれば、輝元のもとに「出頭」することが〈なりあがり〉を遂げるためには不可欠であったとみられる。このように輝元とのパーソナルな関係を形成することで台頭してきた出頭人により構成された行政機構は、まさに「輝元独自の奉行体制」といえよう。

ところで、出頭人の特徴はその非世襲性にあり、これは譜代ではない元嘉・就辰らにも認められるので、この点からも彼らは出頭人であったと判断できるのであるが、抜擢にあたりその特徴が重視されたとみられる。戦国大名は自分への忠誠を第一義とする一本化した家臣団を創出すべく、「自力救済行為をささえた「縁」にもとづく行為規範（自分の所属する集団に対する忠誠義務）に優先する大名に対する忠誠義務という行為規範の確立」を戦国家法の基本原則としていたが[73]、秋山伸隆氏によれば、元就や輝元もかかる行為規範の確立を目指していたものの困難であったため、「所属集団をもたない個人を登用することによって大名への忠誠を第一義とする新しい官僚群を創出しよう[74]」としていた。個々の能力のみならず、所属集団をもたないことが登用の要件であったことになるが、こうした場合、元嘉・

就辰ら出頭人の特徴である非世襲性が重視されてしかるべきであろう。

さて、この非世襲性という点で注目されるのは、妻帯してもおらず、継嗣などもいない僧侶であろう。初期徳川政権のブレーンとして名高い以心崇伝も家康の出頭人とみなされており、[75]こうした存在は豊臣期の長宗我部権力でも確認される。[76]豊臣政権への服属以降、長宗我部権力では当主元親とその後継者盛親を頂点とする集権的な支配体制が形成されつつあったが、その過程でかつて領国支配を支えていた一族・家老などはさして重要な存在ではなくなり、かわって滝本寺の僧侶非有の台頭がみられた。非有は、領国各地の奉行・代官・庄屋や中央（浦戸）の奉行に対する指揮権、法の遵行における長宗我部氏の一族に対する統制権、訴訟の裁許権など広汎な権限を行使していた。[補註2]この非有を「年寄」[77]あるいは「国政の奉行」[78]とする所見もあり、毛利権力の年寄・奉行との関連性もじつに興味深いが、それ以上に注目されるのは非有を「元親公帰依」の真言僧とする『土佐軍記』[79]の所見である。非有は真言宗、恵瓊は臨済宗という宗派のちがいはあるものの、ともに僧侶である点で一致している。そしてなにより見逃せないのが、非有も恵瓊もともに主君の帰依をうけている点である。実際、このような両者について、『土佐軍記』は「諸人誉毛利に安国寺、長宗我部に非有とて、一対坊主と諸人云し也」と記しているのである。豊臣政権への服属以降、豊臣権力を背景として強固な領国支配を展開した大名、とりわけ服属以降はじめて全領国規模での検地をともに実施した毛利氏・長宗我部氏はその政治体制においても当主の帰依する僧侶が台頭するという変化を共有していたのである。「大名に対する忠誠義務という行為規範の確立」を目指しながら達成できなかった大名が、豊臣権力を背景として、「所属集団をもたない個人を登用すること」で大名への忠誠を第一義とする権力中枢の創出を目指していた動向を窮極のかたちで具現していたのが、主君の帰依を権勢のよりどころとする恵瓊や非有のような僧侶身分の出頭人であったといえよう。

恵瓊は輝元の帰依する「参謀僧」であったが、では秀吉とはいかなる関係にあったのであろうか。ここで再び史料Eに注目してみると、秀吉が恵瓊を使者として下向させた理由を恵瓊自身が「近年羽筑（秀吉）・芸州和睦之儀相調、上下仕候故、筑州（秀吉）被相雇候之条」と説明している。「和睦之儀」とは天正一〇（一五八二）年五月の高松城講和のことであり、「上下仕候」とはこの講和から天正一三年まで継続された中国国分交渉において恵瓊が畿内・安芸間を往復したことである。つまり、高松城講和を画策し、それに続く国分交渉にあたったので秀吉は自分を「雇」うことになったと恵瓊は説明しているのである。「雇」うとは、自己と主従関係にない者を短期間使用する意であり[80]、この段階では明白に、そしてこれ以降も恵瓊と秀吉との関係は主従関係ではなく「雇」関係であったと考えられる。

では、なにゆえ秀吉は恵瓊を「雇」うことにしたのであろうか。国分交渉の毛利側の担当者は恵瓊・林就長、秀吉側のそれは黒田孝高ら「中国取次」であった[81]。この交渉は割譲領域の削減要求を毛利側がエスカレートさせたことで長引いていたが、その状況を打開すべく恵瓊は天正一一年九月、軍事的に勝算のない毛利氏は秀吉の割譲案を即時に受諾するか、もし延引するのであれば人質を提出するなどの対応が必要であることを佐世元嘉に説いている[82]。その際、恵瓊は「羽柴（秀吉）存分者悉申上候条」「御使なと申候とて」などと述べているので、この時は秀吉の使者として下向していると思われ、これが「雇」関係の端緒とみられる。恵瓊は、同年一二月になっても割譲案に難色を示す毛利氏の説得にあたっていたが、そのとき大内・山名・土岐・細川・朝倉の諸氏が滅亡してしまったこと、今現在も長宗我部氏により河野氏が、龍造寺氏により大友氏が窮地に追い込まれていること、また「天下」をみくびり信長に武田氏が、秀吉に柴田氏・滝川氏が即座に敗北したことなどを引き合いに出している。こうした豊富な情報を提供した恵瓊は続けて次のように警告している。

史料F　（天正一一年）一二月一五日付佐世元嘉・福原広俊等四名宛林就長・恵瓊連署状[83]

（前略）、芸州之御事も、いまた六七ヶ国御たもち候間、各御丈夫ニて可為御長久候、誠鉢ひらきのやうなる此間之正慶《（恵瓊）》小僧か如此申候事、口広申事ニて候へ共、けにとは京都・五畿内之儀ハ不及申、日本半国者見廻申候条、世上不被御覧衆之御目とハちと違可申候、（後略）

ここで恵瓊は「鉢ひらきのやうなる」と謙遜しつつも、右で例示したように「京都・五畿内」はもちろん「日本半国」の情勢を把握している自分の見識は「世上不被御覧衆之御目とハちと違可申候」と捲し立てるようにして元嘉・広俊らに警告している。ここに恵瓊の見識や弁才が看取されよう。さらに交渉能力という観点から注目されるのは、長宗我部元親が阿波・讃岐を放棄するかわりに伊予の安堵を秀吉に対して要求しているとの情報をこのとき恵瓊が伝えていることである。これは当時の情勢からして恵瓊が「中国取次」の黒田孝高と捏造したものとみられ(84)、交渉成立のためには手段を選ばぬといった恵瓊の態度を知ることができ、ある意味での交渉能力の高さがうかがえる。当然、こうした恵瓊の見識や弁才これらにもとづく交渉能力は秀吉も評価するところとなり、秀吉は中国国分交渉の過程さらに交渉成立以降も恵瓊を「雇」うようになったのであろう。

恵瓊は、この「雇」関係にもとづいて第2節で検討したように「取次」と共通する役割を果たしていたと考えられるのであるが、毛利権力で重要な位置を恵瓊が占めたもう一つの背景にはこうした秀吉との関係があろう。西山氏による〈窓口〉という指摘をふまえて、池氏は林就長や渡辺長が「統一政権の支配政策を学び、それを毛利領国に具体化するに際して、重要な役割を演じたであろうことは、想像に難くない」と推測したのであるが、恵瓊についても同様のことが指摘できよう。たとえば史料Fからも明らかなように、林就長とともに国分交渉以来、豊臣政権と毛利氏との間で恵瓊は連絡などにあたっていた。また、僧侶身分なので豊臣姓を授与されてはいないものの、恵瓊には秀吉との「雇」関係が認められるのである。こうしてみると恵瓊が毛利権力で重要な位置を占めるようになったのは、豊臣政権との密接な関係にもとづいてその支配政策を受け入れる〈窓口〉にもなりえたからだと考えられよう。

恵瓊は、秀吉との間には「雇」関係を有していたが、秀吉から知行地を与えられた大名では決してない。恵瓊は、輝元の帰依する「参謀僧」なのであり、毛利権力の中枢を構成していたのである。これが本稿で求めてきた恵瓊の実像である。

本節の最後に、ここまでの考察をふまえて先の史料Aを検討しておきたい。恵瓊大名説が認められない以上、史料Aの秀吉朱印知行目録は、河合氏もそう判断したように、安国寺の寺領を示すものと考えられる。この目録によれば、秀吉により一万一五〇〇石もの寺領を安国寺は認められており、このこと自体に「雇」主である秀吉がいかにその住持恵瓊を厚遇していたのかは示されているが、構成にも注目しておきたい。内訳は、前半の「拝領分」である一万石と後半のそうではない一五〇〇石とに大きく分類されている。後者は輝元の帰依する「参謀僧」であったことによるものであろう。前者の冒頭にある「伊与和気郡内」の五〇〇〇石は伊予の蔵入地から支給されたものとみられ[85]、秀吉取立の大名である黒田長政・毛利吉成の豊前領内から支給されたつづく一五〇〇石・五〇〇石とともに、秀吉との「雇」関係にもとづくものと考えてよかろう。また前半部分の末尾にある「隆景手前より」の三〇〇〇石も大きな分類からすると、秀吉との「雇」関係によるとみられるが、後半の「輝元手前より」の一五〇〇石と同様に「手前より」といった表現がとられている点を重視するならば、隆景は独立したとはいえ毛利一門であり、毛利権力との関係にもとづくものとも考えられる。このように「隆景手前より」については二通りの説明が可能であり、その判断は後考を期すほかないが、この秀吉朱印知行目録に示された寺領の規模と構成は、豊臣政権および毛利権力と恵瓊との関係を明瞭に反映しているといえよう。

おわりに

従来の研究は、大きく隔たった二つの安国寺恵瓊像を提示してきた。すなわち、大名説と毛利氏の年寄説がそれぞれ通説の位置を占めてきたのだが、本章における考察の結果、前者は認められないこと、後者は年寄という呼称には問題があるものの、とくに毛利権力の中枢を構成した存在とみる点で妥当であることが明らかとなった。確かに恵瓊は秀吉―大名間で「取次」と共通する役割を果たしていたが、それは決して恵瓊が秀吉により大名に取り立てられたからではなく、中国国分交渉を契機として秀吉との間に「雇」関係が生じたからである。その恵瓊はじつは輝元が帰依する「参謀僧」なのであり、毛利権力の中枢を構成する存在であった。こうした恵瓊の実像をふまえるならば、豊臣政権や毛利権力の支配体制が有していた特質を以下のように指摘できよう。

本当の対外戦争を日本史上はじめて遂行しえたことが示すように、豊臣政権は空前の全国支配を確立した。しかしその大名支配の体制は、秀吉存命中にはいわゆる五大老・五奉行などによる合議機関はなく、秀吉に直結する「取次」が秀吉―大名間の交渉を担いつつ大名を統制するものであったが、この「取次」体制は戦国大名間の交渉方法を活用したものと評価されている(86)。その意味で豊臣政権の政治体制は機構として脆弱なものであったが、恵瓊のような使僧を「雇」関係をもって取り込まざるをえなかったのも、こうした体制のあり方に規定されたのであろう。換言するならば、恵瓊のような存在を必要とするほどに、豊臣政権の政治体制は機構として整備されていなかったのである。

豊臣政権への服属以降、毛利権力は検地に象徴されるようにかつてないほど強固に領国を支配しえたのであるが、それは当主輝元の権力の強化をともなっていた。その過程で〈なりあがり〉の者や、豊臣政権の政策を受け入れる

〈窓口〉となりうる者が毛利権力の中枢を構成するようになったのである。恵瓊が毛利権力の中枢に加わりえたのは、こうした動向が背景にあったからであるが、しかし恵瓊のような存在が政権の中枢に参加していることが、むしろ右のような動向を端的に示しているといえるのではなかろうか。〈なりあがり〉と評したのは誰あろう恵瓊なのであるが、僧侶である彼自身も有力譜代ではなく、まさにそうした存在であったというべきであろう。権力の強化をはかろうとした輝元にとって、世襲的に権限を行使してきた譜代の多くは排除されなくてはならず、輝元とのパーソナルな関係を有した〈なりあがり〉の者はその非世襲性のゆえに奉行に抜擢されたと考えられる。この非世襲性という点で、好都合なのはほかでもない恵瓊のような僧侶である。また恵瓊が輝元の帰依僧であった点を重視するならば、輝元とのパーソナルな関係についても他の追随をゆるさぬものであったと思われる。こうしてみると、恵瓊の存在こそが当時の政治動向を具現しているといえよう。恵瓊が〈窓口〉となりうる者であった点も重要ではあるが、輝元とのパーソナルな関係から出頭人とみられる点に注目しておきたい。当該期の長宗我部権力においても僧侶非有が広汎な権限を行使していたが、[補註3]その長宗我部権力でもまた当主の権力が強化されていた。このように当主権力の強化が志向される政権に僧侶が出頭人として出現する現象は、ある程度普遍化できると予測される。

だが、政治の舞台に恵瓊が登場した背景として、彼が使僧であった事実にも注意しておく必要があろう。そもそもなにゆえ僧侶は使者となりえたのであろうか。この点について網野善彦氏は次のように述べている。(87)

室町・戦国時代、互いに争い合う大名たちの間を往来する使僧の中に、禅僧が数多く見出される事実である。(中略)それは彼等が「敵味方の沙汰に及ば」ぬ「公界者」だったからにほかならない。僧侶の中でも、大名と私的な関係をもつ人は、決してこうした役割は果しえなかったので、無縁の輩、「公界者」にしてはじめて、戦乱の渦中にあって「平和」の使者たりえたのである。

とはいえ、戦国時代以後、こうした人々に対する大名の警戒心は強まり、「無縁」の場が次第に狭められていったのと同じように、これらの人々の「自由」な活動も不可能になっていく。（後略）

この発言は、恵瓊が使僧であった理由を考えるにあたり示唆的である。輝元の帰依僧であった恵瓊は「大名と私的な関係をもつ」のであり、この点で網野氏の見解もなお検討を要するであろうが、中国国分交渉のなかで恵瓊が呈した言辞にうかがえるように、その段階で恵瓊は毛利氏から一歩距離を置いた存在だったとみられる。だからこそ「平和」の使者たりえたのであろう。ところが、のち恵瓊は毛利権力の一員という以上に権力内部に取り込まれていったのである。そして一方で秀吉により取り立てられた大名と見紛うばかりに、豊臣政権にも取り込まれていったのである。ところで、諸先学が恵瓊を大名と見誤った一つの原因は、恵瓊と豊臣政権との関係が親密になれば、そく恵瓊と毛利氏との関係が疎遠になるといった二律背反的な発想にあるのではなかろうか。しかし、むしろ豊臣政権への服属以降、輝元の帰依する「参謀僧」として恵瓊は台頭してきたと考えられるのである。そして、その恵瓊は毛利権力では当主輝元と、豊臣政権では毛利氏の「取次」となった石田三成とあまりに密接な関係を形成したことで[88]、本来ならば中立的な立場を体現していたはずの禅僧でありながら、後世の目からみるとあたかも大名として関ヶ原合戦に臨んで、その結果処刑されるという末路をたどることになったと思われる。恵瓊の死をもってルイス＝フロイスが注目した、あの日本的慣行、すなわち使僧の歴史もその幕を閉じたということができるのではなかろうか。検討すべき点をなお多く残しているが、これらの問題はすでに本稿の課題を越えているので、今後の課題として確認するにとどめておきたい。

註

(1) 岡田章雄訳注『ヨーロッパ文化と日本文化』(岩波書店、一九九一年)七二頁。
(2) 吉川弘文館、一九五九年。白石芳留『東福寺誌』(東福寺、一九三〇年)も参照。
(3) 安芸国安国寺は永享一一(一四三九)年四月三日以前に諸山に列座しており、諸山・十刹の住持は西堂と呼ばれる(今枝愛真『中世禅宗史の研究』〈東京大学出版会、一九七〇年〉二〇六頁、三六九頁参照)。
(4) 『大日本古文書東福寺文書』七四号。
(5) 「安国寺恵瓊の墳墓」(『禅宗』一六二号、一九〇八年)。
(6) 「安国寺恵瓊と建仁寺(一)」(『禅宗』一六二号、一九〇八年)。
(7) 「安国寺恵瓊伝(補遺)」(『禅宗』一六三号、一九〇八年)。
(8) 藤野保校訂『恩栄録・廃絶録』(近藤出版、一九七〇年)二〇七頁。
(9) 「軍師となった僧」(辻善之助『日本文化史別録三』春秋社、一九五三年)。
(10) 『安国寺恵瓊』八三頁、九四〜九五頁、一三八頁。
(11) (慶長五年)八月二五日付増田長盛・堅田元慶宛恵瓊頸注文(『大日本古文書毛利家文書』〈以下『毛』と略、同様に『同小早川家文書』を『小』、『同吉川家文書』を『吉』、『同島津家文書』を『島』と略〉三七九号)。
(12) 『関原陣輯録』(三坂圭治校注『戦国期毛利氏史料撰』〈マツノ書店、一九八七年〉、以下『関』と略)三八三頁、三九三頁。
(13) 「豊臣政権下毛利氏の領国編成と軍役」(『年報中世史研究』第九号、一九八四年)。
(14) 「近世初期毛利氏家臣団の編成的特質」(藤野保編『近世国家の成立・展開と近代』雄山閣出版、一九九八年)。
(15) 岸浩編『資料毛利氏八箇国御時代分限帳』(マツノ書店、一九八七年)一五五頁。
(16) 『資料毛利氏八箇国御時代分限帳』三七二頁、一九九頁。なお平川新蔵は同書では「平川孫兵衛」と記載されているが、『平川九郎右衛門系譜』(『萩藩閥閲録』〈マツノ書店、一九九五年、以下『閥』と略〉第二巻六一五頁)や『譜録平川孫兵衛成道書出』(『関』四〇八頁)によれば同一人物と判断される。
(17) 『陰徳記』には、万治三(一六六〇)年成立の香川正矩の著作と、元禄八(一六九五)年頃成立の正矩次男宣阿による改補版とがある。前者は米原正義校訂『陰徳記』（マツノ書店、一九九六年）として、後者の正徳二（一七一二）年板本は『陰徳太平記』と題され、同校注『正徳二年板本陰徳太平記』（東洋書院、一九八〇～一九八四年、以下『板本』と略）として刊行されている。両者の記述を比較すると、河合氏は後者（『板本』六巻一〇九～一一〇頁）に依拠しているとみられる。

(18)『関』三八四頁。

(19)『関』四四七頁。

(20)『閥』第三巻四七四頁一七九号。

(21)『安国寺恵瓊』八二～八三頁、九二頁。

(22)『板本』五巻三一一頁。

(23) ①については『長元物語』（『続群書類従第二十三輯上』続群書類従完成会、一九二七年）、川添昭二・福岡古文書を読む会校訂『黒田家譜第一巻』（文献出版、一九八三年、以下『黒』と略）、黒川真道編『四国軍記』（国史研究会、一九一四年）など多くの編纂物に同様の記述がみられる。

(24)『小』一八〇号。

(25)『広島県史古代中世資料編Ⅳ』（広島県、一九七八年）所収『不動院文書』二〇号。

(26)『安国寺恵瓊』八五頁。

(27)『愛媛県史近世上』（愛媛県、一九八六年）一六～一七頁。

(28) 三鬼清一郎「朝鮮役における軍役体系について」（論集日本歴史刊行会・藤木久志・北島万次編『論集日本歴史6織豊政権』有精堂出版、一九七四年、初出一九六六年）参照。

(29) 小林清治「秀吉の書札礼」（同『秀吉権力の形成』東京大学出版会、一九九四年、初出一九九二年）も大名説を踏襲し、（天正一三年）七月二一日付恵瓊宛秀吉書状（『小』二八二号）を例に交えて「第Ⅲ期」（秀吉の天正一二年一〇月少将補任から同一三年七月関白補任まで）における最も厚礼の「ⅢＡ型」（書止め―謹言、差出書―秀吉〈花押〉、宛所―殿）は「独立大名およびその族また重臣、さらには秀吉の有力直臣にあてた書札礼」と規定している。さしあたりこの規定自体に影響は与えないが、恵瓊を「秀吉の有力直臣」「秀吉から所領を与えられて主従関係に入っている大名クラスの者」とみた点は修正されるべきで、後述する毛利氏との関係よりするなら恵瓊は氏のいう「重臣」に該当する。
(30) 「豊臣期国分に関する一考察」(『日本史研究』第三四二号、一九九一年、のち藤田達生『日本近世国家成立史の研究』〈校倉書房、二〇〇一年〉収録)。
(31) 豊臣期の「取次」については、山本博文「豊臣政権の「取次」の特質」(同『幕藩制の成立と近世の国制』校倉書房、一九九〇年、初出一九八四年)、同「豊臣政権の「指南」について」(同右、初出一九八九年)、斉藤司「豊臣期関東における増田長盛の動向」(『関東近世史研究』第一七号、一九八四年)、国重(佐島)顕子「秀吉の国内統一過程における小西行長」(箭内健次編『鎖国日本と国際交流上巻』吉川弘文館、一九八八年)、藤田達生「近世成立期の首都京都」(『歴史科学』第一五四号、一九九八年、のち註(30)同『日本近世国家成立史の研究』収録)、同「秀吉書札礼にみる豊臣政権像」(『日本史研究』第四三七号、一九九九年、のち同右収録)、小竹文生「豊臣政権と筒井氏」(『地方史研究』第二七九号、一九九九年)、播磨良紀「豊臣政権と豊臣秀長」(三鬼清一郎編『織豊期の政治構造』吉川弘文館、二〇〇〇年)、拙稿a「豊臣政権における「取次」の機能」(『日本歴史』第五九一号、一九九七年)、拙稿b「豊臣〜徳川移行期における「取次」」(『日本歴史』第六三四号、二〇〇一年)など参照。
(32) 山本博文『島津義弘の賭け』(読売新聞社、一九九七年)五一頁。
(33) (天正一五年)五月二六日付島津義弘宛秀吉朱印状(『島』三七九号)。
(34) 註(32)山本著書五一〜五二頁。註(31)播磨論文も恵瓊を「取次」とみている。
(35) 註(31)山本第一論文、同第二論文。
(36) 註(32)山本著書五〇頁。
(37) 『小』三三四号。
(38) 『毛』八七七号。
(39) 註(31)山本第一論文。
(40) 註(31)山本第一論文。
(41) 三鬼清一郎編『豊臣秀吉文書目録』(私家版、一九八九年)七八〜七九頁参照。さらに『島』九五三号によれば、小早川隆景、松浦鎮信、有馬晴信、長宗我部元親、五島純玄、大村喜前らにも同文の朱印状が発給されたとみられる。

(42) 松浦義則「戦国大名毛利氏の領国支配機構の進展」(藤木久志編『戦国大名論集14毛利氏の研究』吉川弘文館、一九八四年、初出一九七六年)。加藤益幹「戦国大名毛利氏の奉行人制について」(同右、初出一九七八年)・同「毛利氏天正末惣国検地について」(同右、初出一九八一年)。西山克「戦国期大名権力の構造に関する一試論」(永原慶二編『戦国大名論集1戦国大名の研究』吉川弘文館、一九八三年、初出一九八二年)。秋山伸隆「戦国大名毛利氏領国の支配構造」(同『戦国大名毛利氏の研究』吉川弘文館、一九九八年、初出一九八五年)、同「惣国検地の実施過程」(同右)。

(43) 註(42)加藤第一論文。この天正末惣国検地の開始年とみられてきた天正一六年を境に輝元発給の家臣宛文書の尊大化が顕著になるとされている(山室恭子「西国の大名たち」〈同『中世のなかに生まれた近世』吉川弘文館、一九九一年〉)。ただ検地の開始は天正一五年まで遡ることが、註(42)秋山第二論文で確認されている。

(44) 註(42)加藤第一論文。

(45) 註(42)加藤第一論文、註(42)秋山第一論文。

(46) 註(42)加藤第一論文、註(42)秋山第一論文。

(47) 註(42)秋山第一論文、池享「豊臣期毛利権力の行政機構の性格」(同『大名領国制の研究』校倉書房、一九九五年、初出一九八六年)。

(48) 註(42)秋山第一論文。

(49) 註(42)松浦論文。

(50)『閥』遺漏二九〇~二九一頁一号。

(51) 註(42)西山論文。

(52) 註(42)秋山第一論文。

(53) 註(47)池論文。

(54)『閥』第三巻六三四頁三九号、同六三五頁『大多和惣兵衛系譜』。

(55)『閥』第一巻六八九頁三七号。

(56) 註（47）池論文。
(57) 註（42）秋山第二論文。
(58) 『鹿児島県史料旧記雑録後編二』（鹿児島県、一九八二年）一五号。
(59) 『当代記』（続群書類従完成会、一九九五年）七三頁。
(60) 朴鐘鳴訳注『看羊録』（平凡社、一九八四年）一七〇頁。なお、同書には次のような記述もある。「安国寺なる者がいます。倭僧であります。初めその身を［毛利］輝元に寄せていました。輝元と賊魁［秀吉］との間にあらそいがあったのを、安国寺が往来してとりまとめ、遂に仲直りをさせました。賊魁が多くの土地を賞とし［て与え］たのを固辞して受けず、二万石の土地を受けるに止めました。二度の［朝鮮への］入寇に軍［の参］謀となり、頗る機略があるのだと自負しておりました」（四二頁）。これは一見大名説の有力な根拠となりそうだが、姜沆自身が慶長四年の段階で恵瓊を「輝元の参謀僧」としているので、恵瓊が大名になったとはやはり考えられない。恵瓊が与えられた土地とは寺領のことであろう。
　ところで、小和田哲男『軍師・参謀』（中央公論社、一九九〇年）は「秀吉の参謀の範疇に含めてよいものかどうか」と躊躇しつつ恵瓊をあげ、右の所見をもとに「毛利輝元に仕えていたころは軍師だったのだろう。軍師の時代から参謀の時代へ移りかわるちょうどその時期にあたっていたため、安国寺恵瓊自身が軍師から参謀への転身をとげたということになる」としている（二三三頁）。後述のごとく恵瓊は秀吉との間に「雇」関係を有していたが、「輝元に仕えていたころ」という言葉が示すように大名説を踏襲した「秀吉の参謀」という規定は問題であろう。
(61) （慶長三年）正月七日付榎本元吉宛毛利秀元吹挙状写、同日付榎本元吉宛広俊・恵瓊連署吹挙状写（『閥』第三巻二一九～二二〇頁六二号、六三号）。吹挙状という文書名は、『閥』第三巻二二二～二二三頁七一号による。
(62) 『閥』第三巻二二〇頁六五号、六七号。
(63) 『閥』第一巻七六〇頁一〇号、『閥』第三巻六〇三頁一三号。
(64) （文禄五年）二月九日付福原広俊・恵瓊連署掟書（『福原家文書上巻』渡辺翁記念文化協会、一九八三年）二九～三〇頁五号。
(65) （文禄五年）六月一三日付福原広俊・恵瓊連署注文（『吉』九七六号）。なお、同日付で広家に対する輝元の謝意を伝える広家宛福原広俊・恵瓊連署奉書も発給されている（『吉』九七七号）。

（66）（天正二〇年）三月六日付粟屋就光・桂春房宛元嘉・恵瓊連署状（『吉』九七五号）。これには天正一九年の付年号が付されているが、天正一九年八月・天正二〇年正月の人掃令にもとづく施行命令を内容としているので、その年次は天正二〇年と確定される。なお勝俣鎮夫「人掃令について」（同『戦国時代論』岩波書店、一九九六年、初出一九九〇年・一九九三年）参照。[補註4] また、三月一七日付で宛所を欠く以外はほぼ同様の連署状が存在しており（日下寛編『豊公遺文』〈博文館、一九一四年〉三四三～三四四頁）、吉川氏以外にも両人が施行命令を伝達したと推測される（三鬼清一郎「人掃令をめぐって」〈名古屋大学文学部国史学研究室『名古屋大学日本史論集下巻』吉川弘文館、一九七五年〉参照）。

（67）註（42）秋山第二論文。

（68）たとえば両川体制の一角を構成した隆景と恵瓊が連署する場合、（天正一九年）六月一三日付吉川広家宛連署状（『吉』一二一三号）・（天正末年）一二月三日付山内隆通宛連署状（『大日本古文書山内首藤家文書』三三八号）などのように、隆景が日下に、恵瓊は奥に署判している。[補註5] なお後者に注目した鴨川達夫「戦国大名毛利氏の国衆支配」（石井進編『都と鄙の中世史』吉川弘文館、一九九二年）は、隆景・恵瓊が山内氏に対して「上位の行政官として活動している」とみている。

（69）註（14）中西論文。この組編成について註（13）加藤論文は、「組頭は毛利氏の代官的存在であり、組の構成者との関係も、日常的な結び付きは薄く、軍役を実現することに限定されたものであった」と論じており、①②についての指摘は、加藤説に修正を迫る論点となる。なお中西氏は、小早川・吉川の両氏は組編成には含まれず、独自の軍団をもって役を果たすとみているので、吉川広家組は①に分類されていない。

（70）註（14）中西論文では、恵瓊と益田元祥との関係には言及がなく、また他の構成員との関係も、「安国寺恵瓊に関係の深い家臣（竹井・大多和・香積寺）を含んでいる」とするのみで、その論拠も不明である。竹井・大多和については本章で述べたような恵瓊との関係が論拠かもしれない。なお中西氏は恵瓊を「輝元側近」としている。

（71）註（13）加藤論文。この時の組編成を註（14）中西論文の類型にしたがい概観すると、前者では①宍戸元次組・毛利元康組・毛利元政組、②恵瓊組・熊谷元直組、③福原広俊組・椙杜元縁組、後者では①なし、②恵瓊組・熊谷元直組、③福原広俊組という状況であった。

（72）「「秀吉の平和」と武士の変質」（高木昭作『日本近世国家史の研究』岩波書店、一九九〇年、初出一九八四年）。出頭人については、辻達也「近習出頭人について」（同『江戸幕府政治史研究』続群書類従完成会、一九九六年、初出一九六二年）も参照されたい。

（73）勝俣鎮夫「戦国法の展開」（註（42）永原編著、初出一九七八年）。

（74）註（42）秋山第一論文。

（75）高木昭作「江戸幕府の成立」（『岩波講座日本歴史9近世1』岩波書店、一九七五年）。

（76）本書第三章参照。

（77）『高知県史古代中世史料編』（高知県、一九七七年）所収『土佐国蠹簡集拾遺』三三七号。

（78）『土佐物語一』（国史研究会、一九一四年）一二五頁。

（79）東京大学史料編纂所架蔵謄写本「土佐国群書類従」。

（80）桜井英治「中世職人の経営独占とその解体」（同『日本中世の経済構造』岩波書店、一九九六年、初出一九八七年）。

（81）拙稿a参照〔補註6〕。

（82）（天正一一年）九月一六日付佐世元嘉宛恵瓊書状（『毛』八六〇号）。

（83）『毛』八六一号。この連署状では日下に恵瓊、奥に林就長が署判している。文中の「鉢ひらき」について河合氏は、恵瓊の風貌が「頭の鉢の大きいいわゆる頭でっかち」であったことを指す言葉と理解しているが（『安国寺恵瓊』七四〜七五頁）、この恵瓊による謙遜の表現と考えるべきで（『日本国語大辞典第二版第十巻』〈小学館、二〇〇一年〉「鉢開」の項②参照）、この連署状は恵瓊により作成されたと判断される。

（84）この点については、註（30）藤田論文参照。

（85）文禄四年七月二一日付加藤嘉明宛秀吉朱印伊予国御蔵入目録（『松山市史料集第二巻』〈松山市役所、一九八七年〉加藤文書二三号）、『元親記』（註（23）『続群書類従第二十三輯上』）九三頁。

（86）註（31）山本第一論文、同第二論文参照。

（87）『増補無縁・公界・楽』（平凡社、一九八七年）七九〜八〇頁。

(88)　三成が毛利氏の「取次」となった点については、拙稿b参照。

［補註1］　山本博文氏による「取次」の定義をめぐる問題に関しては、拙稿「豊臣政権の「中国取次」について」(『織豊期研究』第一三号、二〇一一年)参照。

［補註2］　本書第三章［補註10］参照。

［補註3］　本書第三章［補註10］参照。

［補註4］　三月六日付粟屋就光・桂春房宛元嘉・恵瓊連署状(『吉』九七五号)の年次に関する記述は註(66)勝俣論文に依拠しているが、そもそもこの連署状の年次を天正二〇年に比定したのは註(66)三鬼論文である。なお、金子拓「人掃令を読みなおす」(山本博文・堀新・曽根勇二編『消された秀吉の真実』柏書房、二〇一一年)では天正一九年説が提示されている。

［補註5］　本書第二章註(82)参照。

［補註6］　「中国取次」の存否に関する山本博文氏との議論については［補註1］拙稿参照。

補論二　恵瓊大名説の再検討

はじめに

本書第九章のもとになった旧稿[1]に対して、藤田達生氏より反批判が提示された[2]。藤田氏は安国寺宛秀吉朱印知行目録の知行を恵瓊の「給分」と判断して恵瓊大名説をとり、これを前提として旧稿に対する疑問を呈している。

本稿では、知行に関する若干の私見を述べたのち、旧稿発表後に接した史料も紹介しつつ藤田氏の疑問に対する私見を述べてゆきたい。

1　知行に関する私見

藤田氏は天正一九（一五九一）年三月一三日付安国寺宛秀吉朱印知行目録[3]（第九章の史料A）の知行一万一五〇〇石は安芸国安国寺の寺領ではなく、恵瓊の「給分」であると判断している。本稿では、この判断の検討に深入りすることは躊躇される。なぜなら、第九章でも「史料Aには証拠能力が残されてはいる」と述べたように、この知行目録およびこれと関連する史料からは知行が大名領（「給分」）であったか否か――換言するならば、寺領であったか否か――は判断しえないとする立場をとっており、またなにゆえか藤田論文でもかかる立場への言及はないからである。

よって、ここでは藤田説に関連させるかたちで私見を提示するのみとしたい。藤田氏は右の知行目録の知行を寺領とはみなさない理由として、同日付の小早川隆景宛秀吉朱印知行目録に(4)「一　参千石　　安国寺」とあること、「当時の地方寺院の寺領としては異常に多いこと」をあげている。一点目については、第九章でも述べたように前者の「一　三千石　　於筑前隆景手前より」と後者の「一　参千石　　安国寺」は同一の知行とみるのが自然であるが、同一の知行であることが寺領ではないことの論拠とはならないと考える。二点目については、一般論の域にあり、見解の相違というほかなかろう。

2　藤田氏の疑問

藤田氏は「年寄という呼称には問題があるものの、とくに毛利権力の中枢をなした存在とみる点で妥当である」という恵瓊年寄説に関する旧稿の記述を引用したのち、次のように疑問を呈している。

私は、津野氏のような理解には、いささか疑問を感じる。のちの幕藩体制下ならいざ知らず、豊臣大名の重臣層には大名といってよい存在も含まれており、そのなかには、秀吉から信任を得たばかりか知行も与えられた、いわば両属状態の者も存在したのである。これは、外様大名の重臣団に楔を打ち込み、その豊臣化を進めるために有効に作用した。このような重臣層のなかには、のちに大名として自立した者もいる。

たとえば、小早川隆景をどのように理解したらよいのであろうか。彼の個人的な認識では、終生毛利氏重臣であり、事実、毛利家のために身を挺したといってよいだろうが、秀吉から筑前・肥前・肥後二郡の給与を受け「五大老」にも列した隆景を、毛利家年寄として規定してよいものか。

前半部分で指摘されているような存在を否定しはしないが、しかし、かかる存在に恵瓊が該当するか否かは別の問題であろう。次節では、この点について、後半部分で例示された隆景と恵瓊とを対比して考えてみたい。

3　疑問に対する私見

文禄の役に際して作成された「陣立書」では六番隊に「壱万人　羽柴筑前侍従（小早川隆景）」なる記載がある[5]。同じ「陣立書」記載の五番隊は「四国衆」で構成されており[6]、もし恵瓊が藤田氏指摘のごとく伊予和気郡を本領とする大名ならば、五番隊の部分に恵瓊とその軍役人数に関する記載があってしかるべきである。ところが、そのような記載はこの「陣立書」のどこにも存在しない。ここに、小早川隆景と恵瓊とのちがい、すなわち軍団としての家臣団を有する大名とそうではない者とのちがいを看取すべきであろう。ちなみに、慶長の役に際して作成された「陣立書」にも恵瓊とその軍役人数に関する記載はない[7]。

ここで、旧稿発表後にえられた史料的所見をあげつつ、恵瓊が毛利権力内部の人物であったとみる私見を補強しておきたい。『義演准后日記』の慶長五（一六〇〇）年八月五日条には「毛利内安国寺（恵瓊）、尾州出陣千人斗云々、当郷罷通了」なる記事がある[8]。これによれば、恵瓊は関ヶ原合戦の一月ほど前に約一〇〇〇人の兵を率いて山科郷をとおり尾張方面に出陣していった。注目すべきは、やはり「毛利内安国寺」であろう。義演も恵瓊のことを独立した大名ではなく、あくまで毛利権力内部の人物と認識していたのである。なお、この時恵瓊が率いていた約一〇〇〇人の兵は自身の家臣ではなく、第九章で述べた「組」ないしは「与力」のかたちで恵瓊の指揮下に配された毛利家臣とみるべきであろう。

おわりに

本稿の結論として、恵瓊大名説を否定した私見を撤回する必要はないと考える。ただし、恵瓊と秀吉あるいは豊臣政権との関係は稀薄だったなどと主張するつもりは毛頭ない。第九章でも述べたように、恵瓊は「秀吉により取り立てられた大名と見紛うばかりに、豊臣政権にも取り込まれていった」のである。よって、藤田氏は「秀吉の側近としての役割」を担っていた恵瓊を「豊臣直臣大名の特殊な一形態として把握する方が、豊臣政権の官僚制や大名統制の特質を論じるうえでも有効であると考える」が、むしろ、「豊臣直臣大名」ではなく「毛利権力の中枢をなした」禅僧が「秀吉の側近としての役割」も担っていた事実をふまえることが右の特質を論じるにあたり有効であると考えられはしないだろうか。

註

（1）本稿で言及する旧稿とは、拙稿「安国寺恵瓊の虚像と実像」（『北大史学』第四〇号、二〇〇〇年）のことである。
（2）藤田達生「付論―安国寺恵瓊の評価をめぐって―」（同『日本近世国家成立史の研究』校倉書房、二〇〇一年）。以下、本稿で言及する藤田氏の見解はこの論文による。
（3）『広島県史古代中世資料編Ⅳ』（広島県、一九七八年）所収『不動院文書』二〇号。
（4）『大日本古文書小早川家文書』一八〇号。
（5）『大日本古文書毛利家文書』八八五号など。
（6）拙稿「慶長の役における「四国衆」」（地方史研究協議会編『歴史に見る四国』雄山閣、二〇〇八年）参照。

（7）『大日本古文書毛利家文書』九三二号など。
（8）『義演准后日記第二』（続群書類従完成会、一九八四年）。

あとがき

「僭称ではないか」という評が危惧される。本書命名の所以は「はしがき」で述べたとおりであり、当初より本書には「長宗我部氏の研究」という書名が相応しいと考えていた。しかし、この書名は吉川弘文館から戦国大名論集の一書として出版された秋澤繁編著とまったく同じである。この問題に気づいたのは構成案とともに仮題を提出する段階であった。そこで、苦肉の策として「豊臣期」を冠する仮題を提示したところ、諸般の状況に鑑みて同名でも何ら差し支えないとする意向が示された。名編と同名であることには正直いまも気が引けており、「不敵な書名」であると自覚している。ただ、本書に相応しい命名と信じているので、酷評も甘んじてうけることにする。

本書に収録した旧稿の発表経緯に言及しつつ、蝸牛の歩みを回顧しておきたい。

第一章は、藤田達生編『小牧・長久手の戦いの構造戦場論上』（岩田書院、二〇〇六年）に収録されたものである。もともとは平成一三〜一六年度科学研究費補助金（基盤研究（A）（1））「近世成立期の大規模戦争と幕藩体制」（研究代表者藤田達生）の研究成果報告書『近世成立期の大規模戦争と幕藩体制』（二〇〇五年）に執筆したものであり、「はしがき」で述べた理由により今回は報告書のバージョンを収録した。四年間におよぶこの共同研究への参加は、織豊期の研究者の方々に接しうる貴重な機会であった。

第二章は、『海南史学』第三九号（二〇〇一年）に発表したものである。第三章として収録した旧稿を秋澤繁先生に謹呈したところ、非有斎に関する諸史料をご教示いただくとともに、これらの分析をお勧めいただいたのが機縁となっている。投稿先についても、ご相談にのっていただいた。校正時に高知大学に奉職することになり、かたちとしては就職後初の論文となった。

第三章は、『北大史学』第三六号（一九九六年）に発表したものである。その原形は一九九〇年に北海道大学に提出した卒業論文にさかのぼる。雑誌掲載までのラグの原因は遅筆と不真面目さである。補註の多さが示すように満身創痍の観を呈しているが、私の長宗我部氏研究の根幹をなす論文であり、いまなお愛着する処女作である。

第四章は、図録『長宗我部盛親』（高知県立歴史民俗資料館、二〇〇六年）に執筆したものである。図録は盛親にスポットをあてた企画展のために刊行されたものであり、旧稿は企画展にあわせておこなった講演の原稿としての性格も有している。盛親が豊臣政権から家督継承者として認知されていなかったとみる私見や盛親の性急さに関する指摘など、「長宗我部好き」の高知県民にとっては受け入れがたい内容も含まれている。戦国武将を地元の英雄としてみるのは卒業すべきだと思っていること、私の出自が高知であること、これらが勇気の源であった。

第五章は、「慶長の役（丁酉再乱）における長宗我部元親の動向―全州会議の意義を中心に―」という原題で黒田慶一編『韓国の倭城と壬辰倭乱』（岩田書院、二〇〇四年）に執筆したものである。ここ数年は朝鮮出兵の研究にも携わっており、それに関する一拙稿の謹呈を機に黒田氏より依頼されて執筆した論文である。全州会議の諸決定を明らかにした成果は以後の朝鮮出兵研究そのものにも裨益するところがあったと自負している。

第六章は、高知大学人文学部人間文化学科『人文科学研究』第一六号（二〇一〇年）に発表したものである。高知県立歴史民俗資料館の寄託資料となっている垣見一直宛元親書状に接したことが執筆の動機の一つであり、長宗我部領国であった地域で研究に携わっている幸福を実感した。

第七章は、『戦国史研究』第五八号（二〇〇九年）に発表したものである。「作申所土佐国ニ候」なる文言を有する石川光元書状は大学院生の頃から気になる存在であった。ようやく、この書状をはじめとする一連の文書を分析し、当時の造船命令を解明できたように思っている。しかし、土佐における造船の実態の解明は課題として残されたままとなっている。

第八章は、平成一七~二一年度科学研究費補助金(特定領域研究)「東アジア海域における黒潮圏交流の総合的研究」(研究代表者津野倫明)の研究成果報告書『東アジア海域における黒潮圏交流の総合的研究研究成果報告書』(二〇一〇年)に執筆したものである。その原形は二〇〇九年一二月一二日に大正大学で開催された戦国史研究会第三六二回例会における口頭報告である。右の研究課題は「にんぷろ」として知られている平成一七~二一年度科学研究費補助金(特定領域研究)「東アジアの海域交流と日本伝統文化の形成―寧波を焦点とする学際的創生―」(領域代表者小島毅)の研究の一環として設定された。五年間におよぶこの巨大プロジェクトにおいて多分野のじつに多くの研究者とその研究に接したことは、時代・地域など様々な面で私の視野をひろげてくれたと確信している。「長宗我部氏の国際交易への参入」を「想像の産物」におわらせぬよう努めてゆきたい。

第九章は、『北大史学』第四〇号(二〇〇〇年)に発表したものである。その原形は一九九四年に北海道大学に提出した修士論文にさかのぼる。雑誌掲載までのラグの原因は大幅な加筆・修正とながいスランプである。本章は表題から一目瞭然のように本書においては異色の存在であるが、長宗我部権力のキーパーソンであった非有斎と安国寺恵瓊とを対比しつつ大名権力について論じている点を重視して本書に収録した。

以上のように、本書収録の旧稿は依頼原稿もあるが、基本的にはその時々の関心にもとづいて個別の論考として発表したものであり、そのため本書は体系性に欠けている。昨今の時世からすると初の論文集を世にだすにしては「いい年」なので、むきになって体系性を取り繕うよりも自然体を心がけた。結果として、序章・終章がないスタイルとなった。

日本史をもっと勉強してみたいと思うようになったのは、高校時代に公文新先生の授業をうけたからである。興味をそそられるエピソードも交えてよどみなく展開される授業は私の好奇心をかきたてた。その当時ご遊覧になった北海道大学について「学生に戻れるならば、北大に行きたい」と頻りにおっしゃっていた先生は、研究を志すならば博士課程もある大学が好ましいとの理由で私にも進学を強くお勧めになった。思えば、この進路指導はまさに運命的であり、今も深く感謝している。

かようなわけで北海道大学に入学したのであるが、水泳部に所属した私は「飲む」「打つ」「泳ぐ」に興じる日々を送るようになった。更生できたのは北海道大学文学部日本史研究室の諸先生そして諸先輩のおかげである。とくに、桜井英治先生に邂逅しえたことはまことに幸せであった。なかば惰性で研究室を選択したちょうどその頃、先生がご着任になったのである。顧みるに、『今川仮名目録』をテキストとする先生の演習で学んだのが私にとっては研究のはじまりであった。史料を読むときの第一印象や勘を大切にする天才ぶりに感銘をうけつつ、史料解釈とそれにもとづく諸相の再生など日本史学の醍醐味を教わった。そのおかげであろう、故郷の大名長宗我部氏を考察した卒業論文の執筆は本当に楽しく、図にのって大学院進学を希望するようになった。先生は「修羅になるかい」「茨の道だよ」と私の意思をお確かめののち指導教官となることをご快諾になった。以来、院試不合格という失態まで演じた私を大学院生時代そしてその前後の浪人時代にあくこともなく鍛えてくださった。「修羅」と化したかはおくとして、私ごときが「茨の道」を何とか歩んでこられたのは、ご指導の賜にほかならない。桜井先生をはじめとする諸先生そして諸先輩にあらためて心から感謝するとともに、学恩に報いるべく歩み続けることを銘記しておきたい。

謦咳に接する機会は少ないものの、拙稿謹呈に対するご返事などによって叱咤激励してくださってきた碩学・先学にも深く感謝したい。とくに本書刊行のご斡旋をいただいた藤田達生先生には、この場をかりてあらためてお礼を申し上げたい。

職場高知大学人文学部の諸先生にも恵まれた。ときにマイナス思考に陥る私を「一杯やらんといかんですね」と絶妙のタイミングで酒席に誘い、救ってくださる荻慎一郎先生にはことに感謝している。

あたたかく見守ってくれた身内にも感謝している。「就職は四〇歳までは待つよ」といってくれたその一人には、「もうちょっとだから」と嘯いていた。つくづく、嘘つきにならなくてよかったと思う。

最後になったが、出版事情が厳しいなかで望外のご提案をいただいた吉川弘文館の一寸木紀夫氏にも深く感謝したい。

二〇一一年一〇月　蝸室より椰子を眺めながら

津野倫明

著者略歴

一九六八年　高知県に生まれる
一九九一年　北海道大学文学部史学科卒業
一九九八年　北海道大学大学院文学研究科博士後期課程修了
現在　高知大学教育研究部人文社会科学系教授

〔主要論文〕
「豊臣～徳川移行期における「取次」」（『日本歴史』第六三四号、二〇〇一年）
「蔚山の戦いと秀吉死後の政局」（『ヒストリア』第一八〇号、二〇〇二年）
「豊臣政権の「中国取次」について」（『織豊期研究』第一三号、二〇一一年）

長宗我部氏の研究

二〇一二年（平成二十四）五月一日　第一刷発行

著者　津《つ》野《の》倫《とも》明《あき》
発行者　前田求恭
発行所　株式会社　吉川弘文館
郵便番号一一三―〇〇三三
東京都文京区本郷七丁目二番八号
電話〇三―三八一三―九一五一〈代〉
振替口座〇〇一〇〇―五―二四四番
http://www.yoshikawa-k.co.jp/

印刷＝株式会社 理想社
製本＝株式会社 ブックアート
装幀＝古川文夫

©Tomoaki Tsuno 2012. Printed in Japan
ISBN978-4-642-02907-0

Ⓡ〈日本複写権センター委託出版物〉
本書の無断複写（コピー）は，著作権法上での例外を除き，禁じられています．
複写する場合には，日本複写権センター（03-3401-2382）の許諾を受けて下さい．

索　　　引

人名は辞書類にみられる一般的な呼称を項目名として採用した．外国地名の場合は日本語の一般的な音読みにもとづいて配列している．日本の国郡名および東国(関東)・西国・北国・畿内(五畿内)・中国・四国・九州、外国の国名・地域名である朝鮮・中国は省略した．

I　人　　　名

あ　行

か　行

さ　行

た　行

な　行

は　行

ま　行

や　行

ら　行

わ　行

Ⅱ 地　　名

あ　行

か　行

さ　行

た　行

な　行

は　行

ま　行

や　行

ら　行

わ　行